U0074160

與自己
交換日記

阿飛、

李家雯（海蒂）

／著

與自己交換日記

這本書，

將一步步帶領埋首於工作、家庭，

還有永遠忙不完的瑣事的你，

找回生活的樂趣。

自我對話與書寫的力量是很強大的，

藉由每日問答，

你彷彿化身自己的心理師，

陪自己有意識地記錄生活中的珍貴片段、梳理想法，

並從迷惘中找到方向。

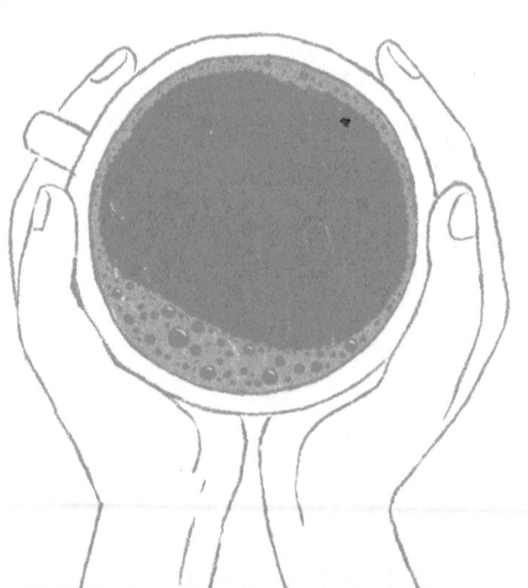

Step 01 準備好一枝筆、這本書，或任何筆記本。

Step 02 本書無書寫時效性，哪一天開始都沒問題。選定一天開始你的自我對話旅程，閱讀每週的關鍵字及指引，作為當週的核心提醒。

Step 03 依照順序，每天回答一個問題，並將答案寫在本書或筆記本上。每週第一個問題，都是從寫下你對自己的承諾開始，可以給自己一些任務，或單純記錄想法、感受。

> *Day 1*
> 這一週，關於「覺察」，你承諾要做的事情是？
> 洗澡的時候，仔細感受身體的感覺、每天找十分鐘獨處，梳理情緒。

Step 04 遇到不知如何回答的問題時，就誠實寫下「不知道」、「現在沒有答案」，也可以閱讀打氣金句及療癒短文，說不定就能找到方向。

目錄

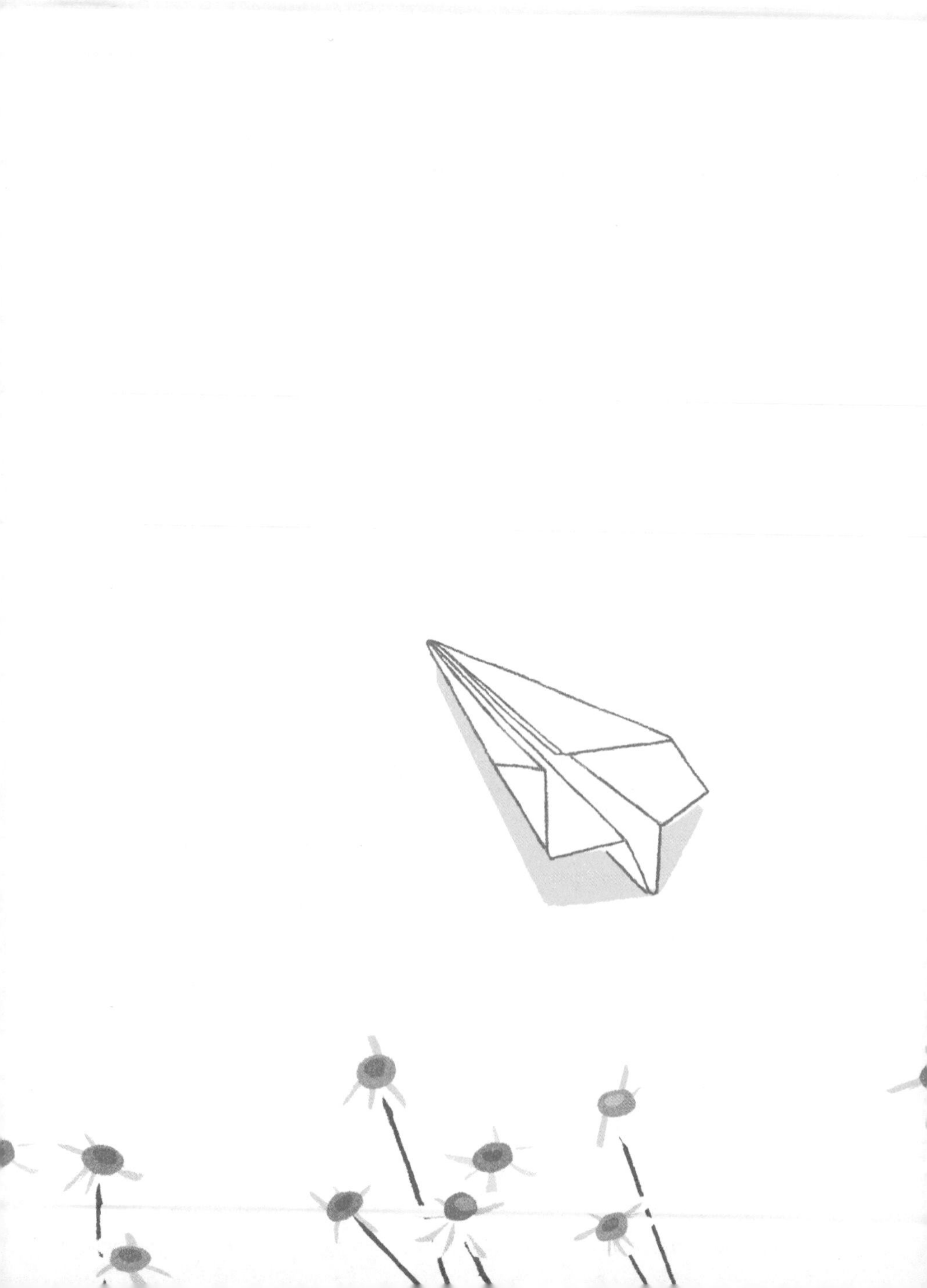

在開始這趟自我對話的旅程前，

請先完成這個句子：

未來，我想成為

__________________________________的自己。

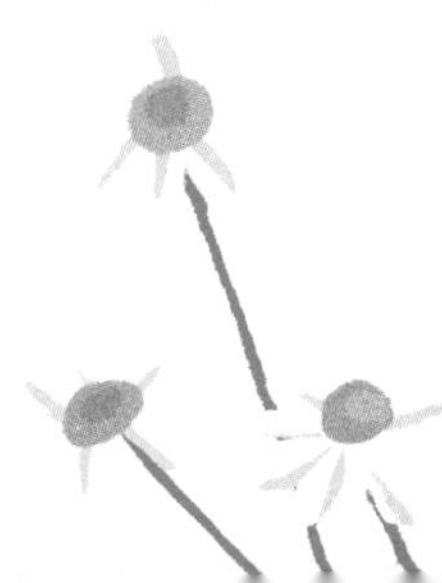

Part 1
允許過度努力的自己放鬆

請用一個字、一個詞、一句話，為這一季的目標「找到讓自己放鬆、愉快的方式」定下一個指引，作為生活的提醒，也是給自己的宣言。

ON&OFF

Week 01

覺察

身、心是一大系統，而身體會告訴我們正在經歷的一切。留意身體的變化，是一種與自己的狀態對話的方式。就算不了解某些感受的意義，也可以先從練習「覺察」身體開始。

Quotes for You

要怎麼排解那些不好的情緒，是我們畢生的功課。當壞情緒來臨，氣憤、糾結或難受，都是必經的階段，走過之後才能找到該有的淡然與豁達。

Day 1

這一週，關於「覺察」，你承諾要做的事情是？

Day 2

此刻，請先做十下深呼吸，並且數一數，你的吸氣與呼氣各自需要幾秒鐘？你有什麼感受？

Day 3

請在今天刷牙的時間，試著去感受牙刷在牙齒上來回摩擦、牙膏的泡沫越來越濃郁……等口腔裡的一切感覺。你有什麼覺察？

Day 4

每次喝水、咖啡或茶的時候，你專注感受過那些液體進入你口腔後的感覺嗎？試著在喝東西時，停下手邊的事情，刻意去感受那三到五秒，你有什麼覺察？

Day 5

你最能安靜和自己對話、覺察自己狀態的時間是什麼？例如：散步的時候、搭長途列車的時候。通常這個時刻，你會做些什麼？

Day 6

專心地安靜獨處，例如：閱讀、刷牙、走路，或者光是「好好呼吸」的時候，你的腦中有哪些意念流動呢？如果你容易思緒紛亂，又是哪些想法或感受經常來干擾你呢？

Day 7

這禮拜的「覺察」練習，你的感受是什麼？用一個字、詞、句子、一段話，或是一幅隨筆的繪圖，記錄本週的發現。

覺察即是改變

關於生活，實話是沒有任何人知道自己前進的方向到底對不對？除了相信和且戰且走，沒有其他方法。

我們總帶著「尋找標準答案」的態度進入生活，一路只想做出不令自己後悔的決定。但在那個當下，我們有時會忘記，每個決定背後所隱藏的意圖，可能只為滿足、修復、補償自己的過往，療癒那些未竟之事。

然而，畢竟我們是人而不是神，必須接受自己不可能如神一般全能，一定有局限，也會有各種失誤和遺憾。

有所覺察的人，會願意彈性調整、修復和再出發；在生命裡一路前行的過程中，也願意時時反省自身，評估現況，再微調未來目標。而無法有自覺的人，就會辛苦一點；抱持固著的信念、僵化的策略，結局往往是硬碰硬的滿身傷。

覺察，就是改變的開始，是生命的停損點。覺察令我們關注自己當下的樣貌，進而產生改變。人心是複雜的，往往得撥開好幾層才能看懂所有行動與感受。想邁向閃亮亮的人生，就由與自己同在，覺察自我開始。

Week 02

休息

休息，是照顧大腦的重要方式。不只是睡眠，也不只是放空，而是將大腦的專注力轉換到其他不同的面向，讓大腦有機會重置。網路世代的我們，幾乎人人都被螢幕綁架，而疏忽了讓大腦休息的重要性。這一週，我們只要練習，好好休息就好。

Quotes for You

人生的大部分時間，我們需要的不是奮力向前，而是好好休息、慢慢前行。你已經夠努力了，記得要讓自己放緩腳步，靜靜沉澱、安心放鬆。

Day 1

這一週，關於練習「休息」，你承諾要做的事情是？

Day 2

對你而言，真正的休息是什麼呢？

Day 3

當專注在螢幕上太久，身心都感到疲憊時，你會用什麼方法讓自己暫時休息？例如：用三十秒到一分鐘的時間，以指腹在眼眶周圍幫自己好好按摩舒壓。

Day 4

目前的睡眠狀況，有讓你感到充分休息嗎？如果沒有，可以如何改善？

Day 5

本週已經過了一半，這幾天身體上有不適嗎？有沒有哪裡感覺特別疼痛或疲憊的？這些感受，是否提醒了你需要什麼樣的休息呢？

Day 6

你認為，是什麼阻礙了你真正地休息？

Day 7

這禮拜，關於「休息」，你發現了什麼？用一個字、詞、句子、一段話，或是一幅隨筆的繪圖，記錄本週的發現。

耍廢有理、放空無罪

用近代的腦科學語言來說，在忙碌生活裡的刻意耍廢、放空，其實才是大腦神經元排毒、重置、去蕪存菁的重要階段。但忙碌的現代生活，我們總是被太多訊息轟炸，大腦就像喧鬧的月臺，所有的意念來去飛快，彷彿忙著處理很多事，但仔細思索，我們卻未必有真正踏實的感受。

若沒有刻意地為自己安排「留白」，大腦就會越囤越滿，效率也越來越差。因此，所謂好好地休息，不只是讓身體放鬆，也包括安排大腦的放空。想讓大腦好好休息，得先改變原本的慣性思維。請試著高喊「耍廢有理、放空無罪」，因為有意義的耍廢放空，就是一種休息，也絕對需要勇氣。

休息，是提醒自己生命不論再忙碌，都要刻意接納一切餘白，而留下的空白不是白，那是刻意沉澱自己的美好時光。就像莊子說的：「無用之用，是為大用！」

請每日開始覺察自己內外的一切，練習腹式深呼吸也好，練習正念冥想也很棒。當你的「耍廢」具備休息的意義，勇氣才能緩緩產出，生命自然也不「廢」。

Week 03

取捨

人生是一場漫長的馬拉松，我們在這條賽道上不斷地做出決定，並且取捨。面對琳琅滿目的選擇，與其囫圇吞棗地照單全收，是否能請你暫緩腳步，問問自己，這些活動真正吸引你的是什麼？若你是一列不停向前衝的特快車，也請辨識清楚這輛列車的實際方向與目的地吧。

Quotes for You

活得自在的人，通常能學會兩件事：珍惜與捨得。會珍惜值得的、擁有的。然後，能捨得無益的、不屬於自己的。

Day 1

這一週，關於練習「取捨」，你承諾要做的事情是？

Day 2

你有多久沒有檢視自己的桌面、抽屜、衣櫃……了呢？這些已經存在的物品都是你需要的嗎？

Day 3

請打開這一週的行事曆，檢視是否有哪些行程，不是你發自內心想要參與的？如果可以，試著練習刪減不必要的行程。

Day 4

對於「想要（Good to have）」和「需要（Must have）」，你會各自為它們下何種定義呢？

Day 5

回想過往，你曾有不得已的失去嗎？那是什麼樣的心情？

Day 6

過去有什麼東西／經驗，是你好不容易獲得了，卻在到手後發現其實自己一點也不需要？

Day 7

這禮拜，你對「取捨」的發現是什麼？用一個字、詞、句子、一段話，或是一幅隨筆的繪圖，記錄本週的覺察。

懂得，捨得

人生是由各種選擇所組成，往往選了一邊，日後就會後悔怎麼沒選另一邊。但，先不必急著懊悔自己的選擇，說不定你當時選擇另一個，到現在也仍不會感到滿意。我們總是習慣去羨慕那些不屬於自己的一切，可是，應該有不少人正羨慕著你現在擁有的，與其抱怨、羨慕，不如試著去珍惜，然後努力成為自己想要的模樣。選擇很重要，但選擇未必會比珍惜與努力還重要。

除了懂得珍惜擁有的，另一個我們該懂得的，就是捨得。

生活中總有許多捨不得，但唯一該捨不得的，是你自己。我們要捨得那些不再屬於自己的，要捨得那些會拖累你前進的，要捨得那些讓你不快樂、感到痛苦的。我們不清楚會遇見什麼樣的事情，不過，至少能夠選擇用什麼樣的心情來面對。當你不知該怎麼選擇時，請選出能讓自己變得更好的，放棄那些讓自己不開心的事。人生難免有困頓不順，我們更該盡量愉快過日子。

做出取捨後，免不了會有後悔的時候，但悔改與遺憾能夠變成動力，提供修正調整的契機，會讓我們越來越好。

不要總是用自己沒擁有的來攪亂自己擁有的一切，那才是真正不值得的想法。先懂得自己的好，以珍惜謙遜的心對待，慢慢地，你會擁有越來越多。

Week 04

放鬆

放鬆有時很難，那往往是因為我們習慣了全速前進的步調，不允許自己鬆懈下來。然而，從生理的肌肉到大腦的思緒，都需刻意練習，才能鬆動自己。

Quotes for You

每天請留一些時間給自己。無論是放鬆的時間、相處的時間、思考的時間、原諒的時間、接受的時間。或者是，對空氣大罵發洩的時間。

相信我，非常值得。

Day 1

這一週，關於「放鬆」，你承諾要做的事情是？

Day 2

雙手握拳，並用力握緊，感受整個手掌充滿緊繃的感覺，接著再慢慢放鬆，並隨意將手放在腿上舒服的位置，然後讓自己刻意去感受肌肉放鬆的過程。你有什麼發現嗎？

Day 3

你過去讓自己放鬆的慣有儀式是？今日，如果可以有一點點不一樣的嘗試，你會想做什麼？

Day 4

哪些情境能讓你放鬆？又是怎樣的情境，會令你不小心緊張起來？

Day 5

每當你無法放鬆的時候，你的腦袋會出現什麼樣的想法？

Day 6

今日，身體與大腦最能表達「放鬆」的片段是什麼？

Day 7

這禮拜，關於「放鬆」你發現了什麼？用一個字、詞、句子、一段話，或是一幅隨筆的繪圖，記錄本週的覺察。

能放手，才是一種真正的掌握

你是不是這樣？出門總是背了很大一個包包，老是把過多的東西背在身上，就像是扛著成串的護身符一樣，就算沒有特別要做什麼，背在身上，就是比較安心。

但捫心自問，這些東西真的每次都一定用得到嗎？帶著這一大包，究竟是因為有需要？還是只求心安而已？東西只是隱喻，事實上我們總有太多的信念、教條、責任、任務，都想背在身上，彷彿只要有一絲絲的遺漏，都是犯了滔天大罪。但，真的是如此嗎？

如果放鬆對你很難，或許只是你不夠允許自己。我們總以為緊緊抓在身邊就是安全，卻忽略了那往往帶來更沉重的負擔。適度「放鬆」，遠比「緊握」更難。背滿背好的行為，其實是反映更多空虛與不安。

有時候，能放手，才是一種真正的掌握。放鬆，是需要刻意練習的，你得抵抗早已被內化的信念。當你一切都要往自己身上扛的時候，問問你的心，究竟真的有「需要」背負這麼多嗎？

對自己多一點疼惜好嗎？請記得：你又不是驢子，別再老是扛這麼重了！

Week 05

留白

塞好塞滿的人生，是否有時只是我們想消除自己的不安？當你一心想「囤滿」，就會忘記其實「留白」才能更凸顯出生命的立體。

Quotes for You

生活的美好，往往被忙碌與煩躁所掩蓋。讓自己有餘裕的時間與空間，靜下來後，便能輕易地再度發現。

Day 1

這一週，關於「留白」，你承諾要做的事情是？

Day 2

如果突然得到一個意料之外的休假日，那麼，你會怎麼安排這一天？

Day 3

你是否有過把行事曆塞滿的時候呢？什麼樣的行程安排會令你感到最自在？例如：一週至少一天在家休息。

Day 4

在忙碌的生活中，你幫自己找到喘息空間的方法是？

Day 5

如果生命中有適度的留白，你可以得到哪些好處？

Day 6

即使有意識地在生活中留白了，你知道你絕對不會放棄的是＿＿＿＿＿＿＿＿，因為＿＿＿＿＿＿＿＿＿＿＿＿＿＿。

Day 7

這禮拜，關於「留白」你發現了什麼？用一個字、詞、句子、一段話，或是一幅隨筆的繪圖，記錄本週的覺察。

偶爾切換成「休眠模式」

社會教導了我們要盡力追逐：當學生時要追求好成績，在群體裡要追求好人緣，進入職場要追求好成就。我們認知的世界就是這麼運轉的，於是，許多人為了好成績、好人緣與好成就，努力把自己活得充實，卻也忙碌不堪，視線只盯著前方專注衝刺，心力也只能應付眼前一件又一件的事，無暇再關注周遭還有許多可愛的、有趣的人事物。

努力向前奔馳時，也需要有放慢步伐、喘口氣的減速。行程滿檔、生活充實，是你的實力。但，也要有可以無所事事的本領。能讓你前進的實力與能量，多數在於你停下來時的領悟，請善用暫停與獨處的時間，讓自己思考與感受。

留一些時間給自己，試著將自己切換成「休眠模式」。有多久沒有抬頭看天空？有多久沒看到夕陽了？多久沒有與所愛的人好好相處？生活的美好，往往被忙碌與煩躁所掩蓋，讓自己有餘裕的時間與空間，靜下來後，便能輕易地再度發現。

這時需要掌握切換的技巧，學會在生活中舞動出時而急行、時而停頓的節奏，給予自己重新定位和更新的機會。在這個喧囂之世，找到那值得駐足與靜聽的理由，為自己保留一些自在舒展的空間，可以稍事歇息，喘口氣，靜心思考。聆聽內心的引導，再去感受、行動，慢慢成為理想中的自我。

Week 06

快樂

快樂，不只是一種正向的情緒而已，它往往代表著內在的渴望被滿足了，是一種舒服、自在，及當下感覺安適的狀態。這一個禮拜，讓我們刻意用心去體會快樂。

Quotes for You

生活想要快樂一點，試著讓自己與能做的、喜歡做的事接近一點，與勉強的、有壓力的事遠離一點。

Day 1

這一週，關於「快樂」，你承諾要做的事情是？

Day 2

當你的身體感覺到________________，腦袋出現__________________________這樣的想法時，你會知道自己感到快樂。

Day 3

今日一整天下來，你覺察到最清楚的兩個正向情緒感受是？它們出現的情境是什麼？

Day 4

今日一整天下來，一件微不足道卻令你感到快樂的事情是？

Day 5

感覺快樂時，你發現連帶出現的其他感受是什麼？

Day 6

當你感到快樂時，最想做的事情是？

Day 7

這禮拜，關於「快樂」你發現了什麼？用一個字、詞、句子、一段話，或是一幅隨筆的繪圖，記錄本週的覺察。

讓自己做喜歡的事，距離快樂更近一點

快樂是一種正向感受，甚至是一種天賦，每個人能夠獲得它的體驗與方式未必相同。

要把容易悲觀的人完全轉變成樂觀開朗的人太不切實際，可是我們仍然能夠透過自身的選擇，讓自己更接近快樂一些。比方說，建立有益的人際關係，無論是家人、朋友或是任何社群，未必要多麼親密，用適合自己的步調與方式來往，可以分享彼此興趣、經驗或心情，互相交流與支持。

然後，盡量去做自己喜歡的、擅長的事。專注在做喜歡的事情，可以讓自己暫時遠離現實，具有平撫情緒的功能；在做擅長的事時，可以藉由良好的成果，從中獲得不少成就感。

另外，保持身體的健康，也是容易讓心理感到放鬆與愉快的方法。適當的運動、均衡的飲食、良好的睡眠和減壓技巧（例如冥想或呼吸練習），我相信都會有幫助的。

快樂不是從外在事物帶來，而是由內在狀態創造的。在日常中所面對的大小事，都可以是我們轉變內在狀態的練習。別總去看不好的一面，對周遭懷著感恩惜福的心，懂得肯定自我，自然離快樂越來越近。

要記得，時喜時憂是正常的。別努力追求快樂，越在乎，越追求，反而越容易失去。懂得放下，懂得捨去，我們才能獲得更多。

Week 07

暫停

暫停未必是物理上的逃離，有時在心中喊「停」，並立下一個清晰的結界，為自己的心打造出獨立的空間，將慌亂、失序安放其中。拒絕外在的干擾，回歸內心，為自己校準。

Quotes for You

一時不知道該如何走，暫時隨意漫步也沒關係。真的走不動，暫時坐著休息也沒關係。沒有人規定要不停向前，休息一下無妨。

Day 1

這一週，關於「暫停」，你承諾要做的事情是？

Day 2

此時此刻，你認為自己需要暫停的事情是？

Day 3

上一次，你告訴自己需要「暫停」，是什麼時候？當時，你做了什麼？

Day 4

你怎麼發覺自己需要「暫停」？

Day 5

觀察身邊的人，他們如何為自己打造「暫停」的空間呢？

Day 6

一直以來，你為生命採取「暫停」方式有哪些？哪些是你想繼續嘗試的？哪些又可以有所調整呢？

Day 7

這禮拜，關於「暫停」你發現了什麼？用一個字、詞、句子、一段話，或是一幅隨筆的繪圖，記錄本週的覺察。

先求不要惡化

與人或自己的關係陷入困境的時候，心總是慌亂的！無法和當下的自己連結，一心只想逃脫眼前的困境，就會不停「糾錯」，想找出凶手，好逃離僵局。

習慣向外歸因的人，很容易藉由攻擊別人來保護自己。而習慣向內歸因的人，更會落入自我攻擊來尋求改變的可能。於是，越慌亂的時候，攻擊與防備的姿態就越容易出現。

但不論是攻擊或是防備，都無法使我們離開僵局，反而會加深挫折及委屈感。於是陷入「可憐的我─可惡的你」，或是「無辜的你─內疚的自己」的困境，令人越陷越深。急於一時的糾錯，是一種二元對立的思維，最後容易變成「雙輸」，持續膠著。因此，心陷入慌亂的時候，要懂得暫停，先大力地深呼吸一下吧！

不用立刻糾錯，也無需責怪任何人。找到解決的方法固然重要，但當下如果無法改變現況，就想著：不要惡化就好！允許自己在挫折裡，接納脆弱與無助。

暫停的時候，可以允許自己展現本來的樣貌，讓那些情緒在、讓感覺待一下、不急著趕走負面感受。跟自己說：我可以不用act upon it（照感覺行動），但讓自己在最低限度下活著！

面對慌亂，先求「不要惡化」，往往是最重要的關鍵。接下來，只要相信就好！

Week 08

反省

反省不是為了過度苛責或批評自己，而是一種令自己進步的態度。能客觀地自我反省而不陷入情緒苛責的人，往往能翻轉出更巨大的能量。

Quotes for You

生活難免有起伏，時而茫然，時而空虛，在低潮時學會潛沉，在挫折後懂得反省。只要盡了力，之後會有最適合我們的安排。

Day 1

這一週，關於「反省」，你承諾要做的事情是？

Day 2

如果可以修正最近你說過的一句話，那會是_______________，而你會想把它改成___________________________。

Day 3

過去幾天，在你身邊發生的種種，有哪件事情，是你覺得可以再有小小進步的呢？

Day 4

最近，你曾「被」說了哪些部分需要改善呢？當你被這樣說的時候，你的感覺是？關於你被批評的部分，哪些事情是你真的可以控制的？哪些又是你可以放過自己的？

Day 5

上一次，你做得不太好的一件事是什麼？對於這件事，你是否還有能力加以調整？你想如何調整？

Day 6

對於曾經犯的錯，你想對自己說________________________。

Day 7

這禮拜，關於「反省」你發現了什麼？用一個字、詞、句子、一段話，或是一幅隨筆的繪圖，記錄本週的覺察。

自省不只是調整錯誤，也要讚賞好的部分

每個人都會有做錯判斷或大意粗心的時候，可能是最後的成果不如預期，或許是造成他人的麻煩或不愉快。你會難過，你會自責，但事情已經發生，也無法改變。在心理學家阿德勒的觀念裡，並非全然是任何錯誤或不幸影響了我們，而是自己擴大了創傷和痛苦，與其讓自己一直糾結在負面情緒，不如別在有情緒時來思考問題。

試著不要過度在意他人，不要想著與人競爭，好好體恤與接納自己，自然會慢慢變好，我們並非想像中那樣糟糕。一直把自己關在過去的錯誤與不順利，看到的肯定都是陰暗的，走出來，就有機會看到晴空萬里。我們度過的那些不順與不堪，用正面的角度看待，它是老天給我們的課題。早早遇到的打擊與教訓，讓自己有機會反省與重啟，看到自己的盲點與缺點，不會再犯同樣的錯誤，學會潛沉與知足，這樣也滿好的。

自省不只是要調整做錯的部分，應該也要反思自己做得對、做得好的部分，然後好好讚賞自己。接受自己現在的模樣，我們已經很棒了，慢慢進步，不去比較，能睡好覺，這才是最重要的生活目標。

生活難免有起伏，時而茫然，時而空虛，在低潮時學會潛沉，在挫折後懂得反省。只要盡了力，之後肯定會有最適合我們的安排。

Week 09

享受

享受可以是被動接納，允許生活中任何事情自在地發生後，體會其中的意涵；也可以是主動追求、刻意尋找，讓自己從中感受到這些事物帶來的價值。

Quotes for You

生活的真正價值，並非全在追逐未來，也要記得享受當下。適時停下腳步，好好感受生活的吉光片羽，沒有什麼事是不值得，只要用心，都能從中有所獲得。

Day 1

這一週，關於「享受」，你承諾要做的事情是？

Day 2

一說到享受，你腦海裡會浮現的畫面與經驗是？

Day 3

在你周遭，有哪些「人、事、物」，是你享受與他們一起的？

Day 4

曾有哪件事情，你原本以為自己不會喜歡，後來卻意外發現挺享受的？

Day 5

在你享受的一件事中，你最喜歡哪個部分？

Day 6

今日這一整天，你最享受的日常小事是什麼？

Day 7

這禮拜，關於「享受」你發現了什麼？用一個字、詞、句子、一段話，或是一幅隨筆的繪圖，記錄本週的覺察。

享受可以是被動接納，
也可以是主動追求。

Week 10

餘裕

人是流動且彈性的載體，要能承受預期與非預期的事物，就得允許自己保有餘裕。允許心有界線去拒絕，也允許自己有空間去接納。

Quotes for You

我們的心力有限，能顧好自己該做的事、自己愛的人，已十分難得了。能顧及該做、該在乎的人事物之後，有餘力再為其他人事物付出，這不是自私，而是懂得自愛。

Day 1

這一週，關於「餘裕」，你承諾要做的事情是？

Day 2

想想一件曾經發生、你沒有機會預備的突發事件，當時你怎麼處理？如果可以重來，你會希望可以怎麼調整自己？

Day 3

在你看來，那些生活很有餘裕的人，他們的特色是？

Day 4

為了要有能力招架突發事件，你可以怎麼預備自己？

Day 5

懂得拒絕，懂得說不，也是一種為自己製造餘裕的方式。過去曾有哪些事情，現在回想起來，是當時應該拒絕的？

Day 6

一直在阻礙你保留餘裕給自己的原因是什麼？

Day 7

這禮拜，關於「餘裕」，你發現了什麼？用一個字、詞、句子、一段話，或是一幅隨筆的繪圖，記錄本週的覺察。

讓自己充裕有餘、鬆緊有度

善待自己不只是一種心態，也是能力，是一種改善生活的能力。

盡量有充足的睡眠，保持均衡適量的飲食，學習適合自己的打扮，有空就讀書、安排課程，讓自己持續成長。刻意安排一段時間做自己喜歡的、又能放鬆的事情，例如運動、瑜伽、旅行，甚至是什麼都不做，單純地發呆、放空都沒關係。

安排任何行程，盡量讓自己充裕有餘、鬆緊有度。並不是讓日子過得緊湊充實就是對自己好，而是在每件事情之間有思考、準備與緩衝的空白，不僅能減少心理的慌忙與壓力，還能幫助我們更從容地處理好事情。

我認為的餘裕，就是即使生活中有著各種忙碌與煩惱，也會記得留出時間與空間給自己、給愛自己的人。有了餘裕，也才懂得體會日常中的小確幸，並且欣賞身邊尋常的人事物。

要不時提醒自己，別被忙碌的步調拖著走、別焦慮，你沒有不好、別擔心，你不會錯過。周圍的人都在奔跑，未必要跟著跑，只要知道自己仍在前進就好，時快時慢，時緊時鬆，這樣才能走得更遠。

我們不必事事在行，不必讓生活完好無缺，那些缺角總會有人幫忙填補。學會不卑不亢，不慌不忙，我們可以做到堅強而從容。

Week 11

逃跑

「逃避雖然可恥，但是有效」，世上無能為力的事情太多了，總不可能每件事都做得來。而人最基礎的自我保護機制，就是「戰或逃」。允許自己逃跑，允許自己不必總是堅強面對，是你可以給自己最大的溫柔與接納。

Quotes for You

輸了就認輸，錯了就認錯，並不代表我們廢，那是勇於承擔。

受不了就先逃離也沒關係，明白自己還不夠好、還應付不了，不代表我們爛，那是自知之明。

Day 1

這一週，關於「逃跑」，你承諾要做的事情是？

Day 2

當你______________時，最有想逃跑的感覺。

Day 3

過去有沒有遇到難題選擇暫時逃跑，卻意外想到解決方法的經驗？

Day 4

你身旁有人「善於逃跑」而令你感到敬佩的嗎？他做了哪些事情？

Day 5

當你發現自己過於緊繃，需要適時逃跑時，你可以怎麼提醒自己？

Day 6

即便是選擇暫時逃離眼前的壓力、難題，你依然堅持會做的事情是？

Day 7

這禮拜，關於「逃跑」，你發現了什麼？用一個字、詞、句子、一段話，或是一幅隨筆的繪圖，記錄本週的覺察。

不是不到，只是晚點到

在成長的路途上，最讓人無奈與難過的，就是會遇到超過自身能力、令人亂了步調的事情，你總覺得自己還不夠好、還沒準備好，卻還是一直被推著向前進。

偶爾會出現連逞強都沒辦法，甚至連逃跑都覺得無力的時候，讓你想要關掉眼前的一切：關掉手機、關掉電腦，關掉所有與這個世界的聯繫。

會有想逃離的念頭，是很正常的事。我們難免會有不想面對的時刻，若一時無法處理，不必勉強自己，想逃避就逃避吧，與其繼續留下來，說不定只是不斷地自我傷害，與其被打到趴在地上，不如留條活路給自己。

但，不面對問題是無法長大的，等到準備好再出來克服，暫時逃離不是不再前進，而是為了讓自己有時間調整，保有一點動力，下次出發才能走得更遠。逃跑，並不是錯，只要是對自己有幫助就好。放棄，也是另一種獲得。

不必給自己太大壓力，世界這麼大，總有無能為力的時候，人生也不是非要完成什麼事才過得下去。輸了就認輸，錯了就認錯，並不代表我們廢，那是勇於承擔；受不了就先逃離也沒關係，明白自己還不夠好、還應付不了，不代表我們爛，那是自知之明。準備好再回來就好，不是到不了，只是晚點到。

Week 12

感受

感受，是造物主給人類最棒的禮物！因為擁有不同的感受，於是我們可以盡情體悟人生。這一週的任務，是從生活裡的大小事物，尋找自己可能漏接的感受。不需要多，只要專注體會感覺就好。

Quotes for You

感受生命的方式，沒有所謂的標準模式。別人怎麼做、怎麼想，那都是他們的生活，你只要用心看顧自己就好，有餘裕就繼續，有瓶頸就放慢。

Day 1

這一週，關於「感受」，你承諾要做的事情是？

Day 2

試著寫下此時此刻的感受：______________（寫下一個心情用語）。

Day 3

對於明天的到來，你的心情是______________。為什麼？

Day 4

你認為情緒對你來說是？

Day 5

如果可以，你希望能經常保有＿＿＿＿＿＿＿的心情。為什麼？

Day 6

當你心情不好，那往往是因為感覺＿＿＿＿＿＿＿＿＿。

Day 7

這禮拜，關於自己的「感受」，你有發現什麼嗎？用一個字、詞、句子、一段話，或是一幅隨筆的繪圖，記錄本週的覺察。

感覺與感受不同

感覺（sensation），是人體的神經接受到訊息後傳遞到大腦，大腦再為這個訊息做出判斷與命名。例如：冷的感覺、熱的感覺、輕輕搔癢的感覺、疼痛的感覺……

感受（feeling），則是對這種「感覺」的再次判斷與詮釋。於是，同樣的感覺，可能會有不同的感受。例如：同樣是輕輕用手指在掌心畫圈，那樣「輕輕騷動」的感覺，如果對象是親密的愛人，我們會感到心花朵朵開、臉紅心跳並不停姨母笑；但如果是被不認識的陌生人在路上這麼來一下，可能也心跳狂奔，但卻是感到驚訝／羞愧／憤怒／噁心等各種負面情緒湧上。

這就是「感覺」和「感受」的不同。於是，就能明白「事物縱使都是客觀地發生，但詮釋這些感覺的，都是我們主觀的判定」。

學習情緒管理與自我照護的基礎，就是能夠區分出自己的真實感覺與感受上的差異。對感受有足夠的覺察與辨識，就能練習「不批判」。我們可以「有感覺」，但不需要「過度感受」。

要能做到這件事，需要刻意練習！因為大腦也跟身體一樣，你怎麼使用它，它就怎麼回應你。想與自己好好相處，冷靜理智、不過度爆炸地與他人溝通，重新訓練腦袋，練習區分「感覺」與「感受」的差異，也許是一個不錯的開始。

Week 13

歸零

體溫計、磅秤，這些東西用久了，都有需要校準歸零的時候。心與大腦，也得要定時盤點整理，將不再需要的、不合時宜的想法及念頭捨去，讓自己處於歸零的狀態，回到最單純、真實的初心。

Quotes for You

心能裝得下的有限，有時要先清空一切，才能恢復原來的自己。

心靈有盈有餘，才是富足的生活。

Day 1

這一週，關於「歸零」，你承諾要做的事情是？

Day 2

一直以來，推動著你生活、工作的核心價值是什麼？這些想法，有哪些其實是早已不再適用的？

Day 3

你也習慣透過外在成就指標來定義自己嗎？如果有一天，這些外在的指標與價值都消失了，有哪些事情是你想做的？

Day 4

你是否會想：「如果沒有做到XXX，別人會如何看待我？」問一問自己，這個「別人」是誰？假設真的沒有達成目標，最糟糕的情況會是什麼？

Day 5

你在長大的過程中，聽過最討厭的一句話是什麼？這句話在什麼情況下會隱隱地干擾你？

Day 6

活在世上，你認為自己真正要負責的對象是？

Day 7

這禮拜，關於「歸零」你發現了什麼？用一個字、詞、句子、一段話，或是一幅隨筆的繪圖，記錄本週的覺察。

歸零，不是在於事，而是在於心

人是社會性動物，很容易被環境、人際關係與社會價值觀所影響，因而會順著他人來思考一些決策、做事方式、自我認同，不希望造成別人的困擾。合群、體恤他人，固然是優點；萬一已經被不適合的框架困住自己，被太多事情壓得快喘不過氣，就必須試著調整與取捨。

為什麼常聽見有人過得不快樂或生活混亂失序，往往都是因為「太滿」。可能是事情太多，或許是人際關係太雜，也許是情緒太滿。心能裝得下的有限，有時要先清空一切，才能恢復原來的自己。

不要事事都跟別人比較，貶低自己當下的生活，磨滅自己的努力，成為別人的複製品，你未必會比較快樂。把那些讓自己不快樂的無謂比較丟掉，別人怎麼過日子，與我們無關；把那些別人貼的或社會給予的標籤撕掉，去成就自己想要的模樣，你才會真正得到滿足；把那些過多的或不該你扛的事情與責任放掉，你有其他更該做的要做。

歸零，未必是要完全放棄，或是重新開始。重點不是那些事，而是我們的心。在日常的雞飛狗跳之中，一旦感覺「太滿」就該提醒自己適時清理，思考自己什麼事可以不必扛，把內心的紛亂情緒安放，將人事物做好整理與歸納，自然就能減少負擔，繼續前行。心靈有盈有餘，才是富足的生活。

Part 2

好玩的事呀，就藏在日常裡

請用一個字、一個詞、一句話，為這一季的目標「探索有趣、新鮮的事物」定下一個指引，作為生活的提醒，也是給自己的宣言。

____

HIDE & SEEK

Week 14

好奇

好奇心是人的天性，只是在長大的過程中，我們都遺忘在路上了，逐漸把一切看得理所當然，而忽略了探究新鮮事物的樂趣。這禮拜，就讓我們一點一滴地將「好奇」找回來吧！

Quotes for You

不要害怕問問題，好奇與求知是成長的開端，它能夠帶領我們走向更深層次的理解和洞察。

Day 1

這一週，關於「好奇」，你承諾要做的事情是？

Day 2

你看過幼小的嬰兒嗎？仔細想想（或者觀察），他們會如何探索世界，發揮自己的好奇心呢？

Day 3

回想小時候，你曾對哪些事物到好奇？如果可以繼續探索，你會想如何滿足自己？

Day 4

你感到好奇、卻一直還沒有深入研究的事物是什麼？

Day 5

最近你發現自己新的一面是什麼？

Day 6

你最近對什麼事物感興趣？可以做些什麼來更深入地探究？

Day 7

這禮拜，關於挖掘自己的「好奇」，你發現了什麼？用一個字、詞、句子、一段話，或是一幅隨筆的繪圖，記錄本週的發現。

打開好奇心

保有好奇心，會使人在生命中擁有充滿意義與幸福的感受。保持好奇的態度，代表拋開生命中所有的理所當然，帶著求知若渴的意識去感知世界，像海綿一樣，不斷吸收。

當你願意打開自己的心，會發現生命中任何時候都有新鮮事。試著每天去知曉一件過去你所不知道的事情，一年後便能增加三百六十五個新知，這使人變得豐富，也變得謙遜。於是，當我們遇見困境與挫折，就更能展現彈性，轉換舊有的框架，不會作繭自縛。

在汲汲營營的生活中，我們容易因為疲於奔命，變得只想應付當下，就理所當然地忘記讓自己靜下來，尋找生活中的樂趣。容易在生命中感到無聊，同樣也是因為知覺與感官早已變得麻木了。

打開你的好奇心吧！盡情地去探索世界的美好，允許未知的事物進入你的天堂之門。你會發現你與世界的連結，將變得不同，也充滿了更多的樂趣與期待。

Week 15

驚喜

驚喜代表發生了非預期、超乎期待的好事，滿足了內心的渴望，而產生正向的情緒。有時放低自己的期待，也可能帶來意想不到的愉悅。

Quotes for You

不要讓日常的忙碌或是平淡淹沒你的心靈，有空就試著去找出生活的樂趣與驚喜。不必捨近求遠，樂趣與驚喜可以出現在任何時刻、任何地方，用心去好好感受吧！

Day 1

這一週，關於「驚喜」，你承諾要做的事情是？

Day 2

看看衣櫃裡，哪件衣服是你放了很久，久到忘記它的存在？如何用它來做出新的穿搭？

Day 3

今天街上的風景與人群，最吸引你目光的事物是什麼呢？

Day 4

最近吃到讓你覺得超乎期待的美食是什麼？

Day 5

最近令你感到驚喜的一件事情是什麼？

Day 6

平時出門，會有固定的路線嗎？如果刻意換個路線，你會怎麼安排？

Day 7

這禮拜，你有成功遇見「驚喜」嗎？用一個字、詞、句子、一段話，或是一幅隨筆的繪圖，記錄本週的發現。

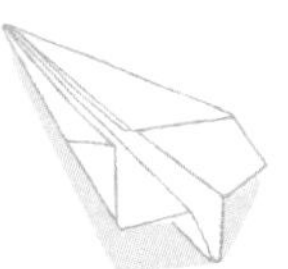

放低自己的期待，
也可能帶來意想不到的愉悅。

Week 16

觀察

觀察，不只是用眼睛看而已，而是用心去感受，用大腦去覺知，並且全心全意去體悟正在經歷的一切。觀察自己的周遭，睜開雙眼，打開雙耳，為自己探索新發現。

Quotes for You

把心打開，懂得觀察與感受，從中學習並洞察到有意義或有趣的部分。生命中發生的際遇，只要用心，無論是圓是缺，都會帶給我們一些收穫。

Day 1

這一週，關於「觀察」，你承諾要做的事情是？

Day 2

去咖啡廳、餐廳或朋友家時，你觀察過居家擺設嗎？最讓你嚮往的居住環境是什麼樣子？

Day 3

照著鏡子並想像，如果你化身為福爾摩斯，會如何描述鏡中映照出的自己？

Day 4

伸出自己的手掌，仔細端詳看看。從指尖、指甲、指紋、皮膚上的紋路，專注觀察自己的手，你發現了什麼？

Day 5

想像若有外星人降落在你的國度，他會怎麼描述這個國家的人類呢？

Day 6

你有多久沒有環視自己家中的事物了呢？找一個角落與空間，仔細觀察當初的擺飾，經過這些日子產生了什麼變化？

Day 7

這禮拜，你透過自己的「觀察」，體會到的事情是？用一個字、詞、句子、一段話，或是一幅隨筆的繪圖，記錄本週的覺察。

用心觀察都會帶來收穫

生活中，難免會陷入日常的忙碌與單調之中，被工作、家庭或其他瑣碎事物所疊壓，失去了對生活的敏銳感知。然而，若是能多加觀察周遭的事物，便會發現身旁還是有一些驚喜與樂趣。

這也意味著要放慢腳步，細細感受每一個瞬間。像是路上隨風搖曳的一朵鮮花，窗外正在下的一場雨，甚至是與朋友的一次閒聊。看似微不足道的小事，卻蘊含著無窮的美好。只要我們願意仔細觀察，就能在這些瞬間中找到日常沒注意到的小細節。

有時我們對事物的看法可能過於僵化，無法感受到其中的差異與美好。像是在平凡無奇的一天，稍稍把注意力放在身邊的人與事，就會發現他們每個人獨特的故事和魅力，透過這樣的觀察，會讓你對那些人事物產生更深的連結，生活也會因此變得更加有趣。

觀察不只是對外界，也包括自己的內心，用心梳理自身的情緒、思想和感受。這種自我觀察，除了能掌握自己的情緒和反應，還能去應對生活的不同挑戰。像是在困境中依然能找到內在的平靜，並尋找解決問題的方法，這就是一種自我成長的過程。

當你把心打開，帶著尋找新鮮與樂趣的態度，將會發現面對生活中的挑戰和困難好像沒那麼痛苦。人生中的每一場際遇，只要用心，都會帶給我們一些收穫。

Week 17

白日夢

夢與現實的差異，在於夢境能跨越限制，允許大腦有不同的創意思維。用一週的時間，練習做「白日夢」。無論是探索新的可能性、創造未來的畫面，還是展望美好的事物，白日夢都可以為我們帶來許多樂趣和啟發。

Quotes for You

夢的美好，是因為想像與遙遠。夢，可以成為生活的養分與目標，讓我們暫離現實，在幻想中心馳神往，也能讓我們為了某件事盡力振作，然後好好活著。

Day 1

這一週，關於「白日夢」，你承諾要做的事情是？

Day 2

如果可以得到一個魔法道具，你最想要什麼？你要用它來做什麼事？

Day 3

畫下一個普通的圓圈，並運用你的創意，創造出任何你想得到的東西吧！

Day 4

如果可以變成另外一個人，你想要成為誰？為什麼？

Day 5

如果你被困在一座無人島上，只能帶三樣物品，你會選擇帶什麼？為什麼？

Day 6

如果你可以進入任何一本書的故事情節，你會選擇哪本書？又會想成為其中的哪個角色？

Day 7

這禮拜，透過對「白日夢」的發想，你體會到的一件事情是？用一個字、詞、句子、一段話，或是一幅隨筆的繪圖，記錄本週的覺察。

允許自己好好妄想一次

羨慕哆啦A夢裡的大雄嗎？總能盡情地徜徉在自己的白日夢裡。無邊無際，不受束縛。你有多久，沒有允許自己做白日夢了呢？

白日夢，是讓自己進入一個沒有框架的空間，讓漫天的思緒自由飛翔。它像心底的秘密花園，在這片一望無垠的翠綠草原也罷，鬱鬱蔥蔥的幽深森林也好，你可以任由奇異美妙、不可思議的事情發生。

在白日夢裡，沒有理所當然，也沒有本該如此。它是一個只要你眨個眼就能進入的遊樂園。因為在白日夢中，你有無限的可能，可以像彼得潘一樣，任思緒自在飛翔，探索新的想法和概念，能豐富思維，啟發創造力。

你最近的白日夢是什麼？能說一說、寫一寫嗎？允許自己好好「妄想」一次吧！把心中最深度的渴望與不著邊際的想法都描繪出來，無論它們是關於冒險、科幻、愛情、奇幻或其他任何主題，都是專屬於你獨一無二的奇妙旅程。

Week 18

轉折

生命中的每一道轉折、每一次的非預期事件，都是新風景產生的契機。人生的美妙之處，也是在不同的未知裡，找到面對未知的力量。

Quotes for You

美好的結局，總要經過幾次轉折才能出現。在那之前，你要好好的感受自己的每次境遇。那些一時的事與願違，都是為了日後的如願以償。

Day 1

這一週，關於「轉折」，你承諾要做的事情是？

Day 2

你最近一次感受到生命的「轉折」，是什麼樣的事情？給你什麼樣的體悟？

Day 3

關於過往生命中的大小轉折，你怎麼看待這些經驗？

Day 4

在過去，面對未知的轉折時，你是如何保持狀態及面對的？

Day 5

過往面對「轉折」的經驗裡，曾讓你激發出什麼樣的創造力和新的想法？

Day 6

阻礙你面對「轉折」的原因是什麼？

Day 7

這禮拜，讓你感到有趣的一件非預期「轉折」是？用一個字、詞、句子、一段話，或是一幅隨筆的繪圖，記錄本週的覺察。

總有突如其來，但總會過去的

這輩子不可能沒有彎道、沒有轉折，可以一路筆直向前。挫折總是難免，遇到了，那就坐著休息一下，你已經知道哪裡出了問題，整頓之後重新出發就好。

成長，本來就是一連串的摸索，以及自我懷疑。我們並非十項全能，總有些事力有未逮，仍會有事與願違的時候，當然會感到氣餒、自責，知道自己盡了力就好，明白自己有做不到的極限，缺少的部分日後想辦法補足，這就是我們成長必須要做的功課，沒有什麼輕鬆容易的捷徑。

美好的結局，總要經過幾次轉折才能出現。在那之前，你要好好的感受自己的每次境遇。那些一時的事與願違，都是為了日後的如願以償。

不必羨慕別人，人家也未必過得比較輕鬆，別人不清楚，你歷經了多少事，同樣地，你也不會清楚，別人遭遇過什麼樣的坎。每個人的若無其事，不知道是用多少勉為其難與自我調適才撐過來的。

萬一生活遇到突如其來的轉變，不要灰心，告訴自己會沒事的，都會過去的。遭遇的那些困頓，並不代表你很差勁，你不夠努力，而是你有點無能為力，或許只是需要多一點時間重振旗鼓。

記得，要感謝給予支持溫暖的旁人，也要感謝雖不完美但努力變好的自己。

Week 19

尋找

生活是一場美妙的冒險，而你就是這場冒險的主角。生活總有無法控制的事，我們卻可以主動找到其中的樂趣與意義。這一週，讓我們一起尋找那些讓你心跳加速的事物吧！

Quotes for You

尋找，未必需要找出答案與結果，真正有意義與啟發的，往往是探索的過程。有時是我們在探尋某件事物時，卻有另一件美好事物找上我們。

Day 1

這一週，關於「尋找」，你承諾要做的事情是？

Day 2

在重看某部電影、某本書或某張照片時，你有發現過去沒注意到的細節嗎？那是什麼？

Day 3

生活總有不喜歡的人事物，但再討厭的人身上也會有值得欣賞的特質。想想身邊一個你不是很善於相處的人，他身上有哪些特質，是你也會想擁有的？

Day 4

試著找一個你不曾聽過的Podcast頻道聽聽看，哪三個部分是你最喜歡的？

Day 5

翻翻衣櫃裡那些外套、褲子的口袋，或是好久沒有使用的包包、平常堆放在某處的舊物，你發現了什麼驚喜？

Day 6

你身上的十個優點是？

Day 7

這禮拜，「尋找」為你帶來的新發現是？用一個字、詞、句子、一段話，或是一幅隨筆的繪圖，記錄本週的覺察。

一起尋找那些
讓你心跳加速的事物吧！

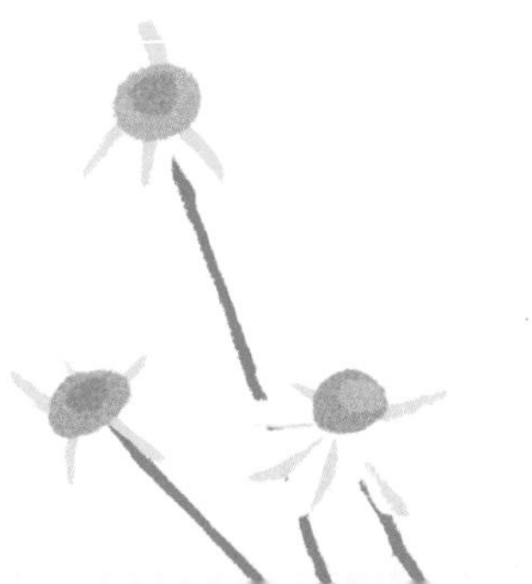

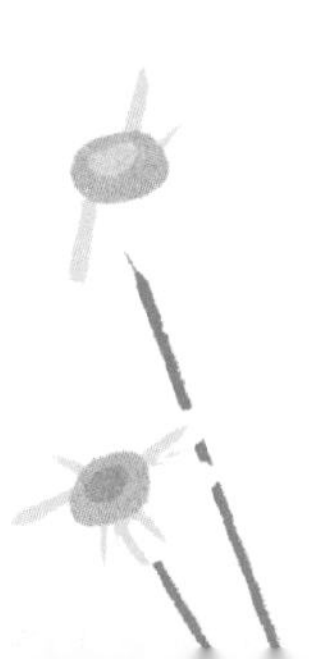

Week 20

旅行

旅行之所以有趣，是因為它能帶我們跳出慣有的日常，用新的眼光來體悟周遭。不論你是實際去異地旅行，或是讓心靈神遊，只要抱著不設限的心態來看待生活中的一切，即使再平凡的事物，也會如旅行般帶來新鮮與樂趣。

Quotes for You

旅行的重點不是去哪裡，而是能暫時離開這裡。

Day 1

這一週，關於「旅行」，你承諾要做的事情是？

Day 2

旅遊的時候，你喜歡一個人去？還是一群人？為什麼？

Day 3

你有想要去拜訪的城市嗎？這些地方為什麼吸引你呢？

Day 4

旅行的時候，你最喜歡做什麼？

Day 5

回想一個過往旅行的經驗，最令你留戀的是什麼？如果可以舊地重遊，你想在那裡做什麼呢？

Day 6

你比較喜歡謹慎規畫行程的旅行，還是沒有限制的自由行？為什麼？

Day 7

這禮拜，關於「旅行」，你感受到有趣的一件事情是？用一個字、詞、句子、一段話，或是一幅隨筆的繪圖，記錄本週的覺察。

一人旅行

旅行的時候，你喜歡一個人走？還是與人同行呢？

這兩年，我迷上了一人的旅行，漫無目的地在陌生的街道慢行、遊蕩，體悟未知的世界帶來的感受。旅遊的意義，未必是在路上吃吃喝喝，也未必是那些購物血拚，而是在一條條陌生的街道上進行由自己主導的冒險；在未知的旅途上，感受不同以往的環境所帶來的衝擊。

一個人旅行的過程，一定會發生失誤、疲憊、焦躁、不安等種種狀態，但也會留下更多冒險、挑戰、克服、滿足、興奮等幸福感受。在異地他鄉，我們發現欣賞的事物，拓展自身的視野，也感受我們不喜歡的，這些都令我們能回頭對自己原本所處的環境更加珍惜與包容，不再視為理所當然。

時間一久，旅行的記憶與畫面自然會變得模糊，然而，留下的情感與體悟卻再真實不過。旅行的意義，或許從不是為了蒐集什麼回憶，而是期待在過程中積累情感與連結，回過頭來滋養日常生活。

旅行不僅是一場娛樂自己的冒險，更是一種豐富內在的良方，讓人在成長的同時，享受世界的美好。

Week 21

期待

期待感是平凡生命中的重要能量，幫助我們在疲憊或迷茫時減少不安，生出力量來相信自己；在平靜穩定時也讓我們支撐自己，不用害怕失去底氣。生命能有期待，就能帶著微笑面對大小事，即使平凡，也是有趣。

Quotes for You

每天給自己一個小目標、小獎勵。我只要想起晚上可以喝到一口冰涼的啤酒，心情便會愉快起來，馬上就有做事的動力了。

Day 1

這一週，關於營造「期待」，你承諾要做的事情是？

Day 2

這一週，三件你可以「期待」的事情是什麼？

Day 3

最近你很想做的一件事情是？例如：吃某間餐廳、開始經營個人品牌。如果可以為自己規畫「具體的執行計畫」，你會想怎麼做？

Day 4

從小到大，最讓你期待的日子是？通常你會為這個日子做些什麼？

Day 5

最近，讓你期待的一部電影、影集或活動是？為什麼？

Day 6

試著想像未來五年，你期望自己的生活是怎樣的？

Day 7

這禮拜，關於「期待」，你發現的一件事情是什麼？用一個字、詞、句子、一段話，或是一幅隨筆的繪圖，記錄本週的覺察。

慢慢朝著心目中的方向前進

年歲漸長，一路上汲汲營營、兢兢業業，或許有些人會突然發覺「現在過的並不是我想要的人生」！

大部分的人都是這樣的，因為個性，或是觀念使然，習慣聽取他人的建議，符合多數人的期待，盡量貼近主流的想法，時間久了，就誤以為那就是自己想要的、自己該做的。

我相信這只是過程，總要在某一個階段後，重新校正方向與調整步伐。一旦出現了這樣的聲音「現在過的並不是我想要的人生」，只要你願意，就能從為了眾人的期待慢慢活成自己的期待，認真摸索適合自己的生活，懂得不特地迎合別人，好好善待自己。

練習做自己最大的後盾，持續學習、成長，不是為了別人眼光與社會觀感，單純是為了自己，然後用愉快的心情過每一天。努力，不是為了別人的期待而貶低自己真正的想法，不妨試著即使不得不為了別人或現實而妥協，也該朝著心目中的方向前進。

過去的你，想要獲得各種勳章，想要贏得眾人羨慕，當你想要過得快樂一點，勢必就得放掉一些非必要的人事物，身心才會輕盈自在，專注為了自己的期待而活。

自己的期待不必多麼遠大，即使只是一個小目標、小獎勵也可以。我只要想起晚上可以喝到一口冰涼的啤酒，心情便會愉快起來，馬上就有做事的動力了。

Week 22

挑戰

挑戰永遠都不是件容易的事，那代表要踏出自己的舒適圈，面對未知的世界。挑戰也代表要忍受一切不舒服與不適應，但辛苦未必等於痛苦，嘗試過那些新的事物之後，我們往往會發現自己有隱藏的力量。

Quotes for You

有人會把各種挑戰當成日常，也有人把日常刻意當作挑戰。無論是何者，遇到什麼狀況不是重點，端看我們用什麼心態去面對。

Day 1

這一週，關於面對「挑戰」，你承諾要做的事情是？

Day 2

對你而言，生活中最難的挑戰是什麼？

Day 3

生命中有哪些「信念」是你一直堅持的？這些想法，絕對不可動搖嗎？

Day 4

對於改變，你最害怕什麼？

Day 5

最近想要挑戰的事物是？例如：零碎時間不滑手機。

Day 6

如果要進行一段「漫遊旅程」，你會怎麼安排？例如：週末跳上一輛公車，隨意在某一站下車，並造訪最近的甜點店。

Day 7

這禮拜，關於「挑戰」，你的發現是？用一個字、詞、句子、一段話，或是一幅隨筆的繪圖，記錄本週的覺察。

生活的小改變，也會是生命的大發現

生活，是一場充滿變數的旅程。在這個世界上，沒有人能避免困難和挫折。有些人會抱怨、埋怨，將困境視為不幸的命運，而有些人則樂觀、積極，將困境視為成長的機會。兩種心態的差異決定了我們對生活的態度，也決定了我們能否從中獲得樂趣。

有人會把各種挑戰當成日常，也有人把日常當作挑戰。無論是何者，遇到什麼狀況不是重點，端看我們用什麼心態去面對。

改變心態並不容易，但它是我們主動掌握的一個選擇。試著學習調整自己的思維方式，每天早上醒來，告訴自己這將是美好的一天，相信自己可以克服許多問題。但，我並不是鼓勵你要把日子過成驚濤駭浪，而是給自己一些新鮮感或是小挑戰，用正向的心態看待生活裡的變化與差異。

上下班時，偶爾提早出發，走走不同路線，看看不同景色；安排時間報名參加有興趣的才藝課，像是繪畫、陶藝和手工藝等，試試自己的才華；給自己設定小目標來達成，例如每天都要拍一張從公車窗外的風景、今天都要使用非慣用手做事，或是去一間沒去過的餐廳嘗試沒吃過的料理。我們不需要膽戰心驚的冒險，而是需要給生活一點勇敢。

生活中的樂趣並不僅僅只是來自於物質享受或外在的成就，更重要的，是內心的平靜和滿足。

Week 23

主動

人生最大的不變就是「改變」，但是在改變之中主動聆聽自己內在的渴望，以及根據外部情況積極應對，發掘新的樂趣與意義，能讓人成長，也為生活增添更多價值。我們或許無法改變發生在我們身上的事情，卻能選擇如何面對，這一週，讓我們試試「主動」的力量。

Quotes for You

主動，讓你可以掌握自己的生活，而不是被其他人事物左右。

每一次小小的行動，都會是改變生活的契機。

Day 1

這一週，關於練習「主動」，你承諾要做的事情是？

Day 2

你現在最想實現的目標是什麼？如何主動去達成？

Day 3

人總有遇到負面經驗的時候，當事情發生時，我們可以主動找到其中的收穫。這幾天遇到了什麼不舒服或不太開心的事件？其中有什麼值得學習的地方？

Day 4

請想想你身旁那些主動積極的人，他們遇到困難或挫折時，是如何應對的？

Day 5

當他人對我們做了一些討厭的事情，藉由省思行為本身與自己的反應，我們能更加認識自己。你能想得到一個令你不太舒服的行為嗎？為什麼這個行為讓你不舒服？

Day 6

現在的生活，有什麼不滿意的地方嗎？哪些是你可以主動改變的？

Day 7

這禮拜，關於「主動」，你的發現是？用一個字、詞、句子、一段話，或是一幅隨筆的繪圖，記錄本週的覺察。

不再等待，而是主動

領導大師約翰．麥斯威爾（John C. Maxwell）這樣說過：「我相信人可以選擇如何面對自己的生活，當你是主動積極（proactive），你會聚焦在預備。而當你是被動反應（reactive），你則永遠在修補。」

生活確實有太多大小事等著我們面對，讓我們疲於奔命，但所有生活難題都是激發改變的機會。積極主動的態度，代表我們可以「掌握情境」，對生命產生影響，而非控制生命，也不是永遠在彌補（解決）問題。即使我們沒有能力控制一切，但能主導自己的思考模式、調整行動，為未來主動預備。

在生命的路徑上以「主動」之姿前行，意味著去找到生活經歷的意義，而不是等待經歷定義我們。當我們願意主動去看待生命，尋找藏匿其中的價值，幸福感自會油然而生。因為幸福從來不是單一結果，而是在尋找的過程中，在生命的動態平衡中，隱微而現的體悟。要能完整領略，就必須主動去覺察。

Week 24

創造

創造是一種在生活中增加積極體驗的態度，不只製造創新思維的機會，也能帶給我們價值感與成就感。這禮拜，讓我們創造出不同的火花吧。

Quotes for You

動手「創造」也是樂趣的來源，有空讓自己嘗試動手做，像是畫畫、拼圖或園藝等，過程不只有趣，也是一種對身心的自我療癒。

Day 1

這一週，關於「創造」，你承諾要做的事情是？

Day 2

想想看，從小到大你曾經發明過哪些新遊戲，創作出與眾不同、讓人眼睛一亮的作品，或蹦出哪些令人噗哧一笑的有趣想法？

Day 3

如果可以拋開一切現實的限制，你想要的理想生活會是什麼樣貌？

Day 4

用圓圈、三角形和直線，試著創作一幅畫吧。

Day 5

你認為自己最有創意地解決問題的一次經驗是？

Day 6

找一件日常生活的物品，例如：馬克杯、筷子，思考看看除了慣常的用途，還能有什麼使用它們的創意方式？

Day 7

這禮拜，關於「創造」，你的體會是？用一個字、詞、句子、一段話，或是一幅隨筆的繪圖，記錄本週的覺察。

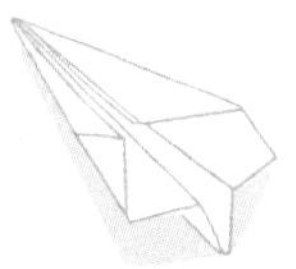

創造是一種在生活中，
增加積極體驗的態度。

Week 25

感性

感性，是我們帶著自己的情緒感受去連結眼前的人事物，它未必是負面情緒的表現，卻是人類最珍貴的特質。這一週，允許自己感性，練習營造情緒流動與身心穩定。

Quotes for You

真正對自己好，並不是物質上，而是精神上的。對擁有的人事物懷抱著謝意，對一時的不順利懂得釋懷，對未知的一切保持好奇。一切自然會越來越好。

Day 1

這一週，關於「感性」，你承諾要做的事情是？

Day 2

如果你的人生有一個主題，你會為自己下什麼樣的標題？

Day 3

找一面鏡子，看著鏡中的自己，專注地盯著自己的眼睛，彷彿是看著一個你想呵護的孩子一樣凝視著他。完成後，試著寫下你有什麼感覺？

Day 4

最近，你聽到最感動的一個故事，或經歷的一件事情是？

Day 5

你有多久沒有為在乎的人寫卡片了呢？選一個你想送卡片的對象，在這裡寫下想對他說的話。

Day 6

生命中有沒有某些時刻，令你情感豐沛或激動地掉下淚來，卻未必是傷感或難過？那是什麼情境？

Day 7

這禮拜，關於「感性」，你的一個體會是？用一個字、詞、句子、一段話，或是一幅隨筆的繪圖，記錄本週的覺察。

生活是需要感受與感性

處理某些事情時，我們必須理性面對，盡量保持客觀冷靜，有條不紊，克制過多的情緒，才能妥善處理，做出理想的成果。但，任何事物都是過猶不及。好意過了頭，就會造成困擾，理性過了頭，就會變得冷硬。

生活是需要一些感受、感性與溫度，假使一直強迫自己凡事要理性，雖然降低出錯率，但總有點不近人情、死板與機械化，這樣硬邦邦的生活模式也很難擁有放鬆與快樂吧？

多數人都太偏重在「怎樣能成功」與「怎麼把事情做好」，卻很少關注於「怎麼讓自己更好、更快樂」。

不過，做事過於感性，全憑直覺，總是在意他人的感受，也很容易出問題的。最理想的狀態，工作時理性，工作之外感性，但是人並不是電器，無法按個鍵就能切換自如，只能透過不斷提醒與練習，讓自己在生活中多去感知、感受周遭的人事物。

空閒時，試著離開電腦、電視，放下手機，到戶外走走，偶爾走遠一些感受與平時不同的環境。不想走遠的話，可以去逛街，買一些可以改變的東西，像是居家的擺飾、改變自己風格的配件。試著去參加講座，吸收不同領域的知識，拓展與他人交流的機會。

讓自己更好、更快樂，其實沒有你想像那麼難，重點在於是否打開心胸全然體驗。

Week 26

專注

專注是一種選擇。不論是專注在自己或你想關愛的人身上，都能讓我們的身心更穩定、目標更明確，也能讓自己不受到雜訊的干擾。

Quotes for You

當你專注面對眼前的事物，無論是多麼微小，它會變成安定心靈的能量，人與心處在同一個地方，煩憂會慢慢被推遠，被阻擋在外，情緒就能開始沉澱，平靜而安穩。

Day 1

這一週，關於「專注」，你承諾要做的事情是？

Day 2

你認為一個能夠讓你專注的工作環境是什麼樣子的？

Day 3

當你在生活或工作上感到心煩意亂，有什麼方法可以讓自己重新專注？

Day 4

請用一分鐘的時間，閉上眼，試著專注「聆聽」此時此刻周遭正在發生的一切聲響。你發現了什麼嗎？

Day 5

你是否有一些儀式或方法，讓自己進入某種專注模式？例如：點香氛蠟燭開始專注放鬆，享受個人時間。

Day 6

如果有一句話，可以提醒自己專注在當下就好，你會想跟自己說？

Day 7

回首這一週，關於「專注」，你的體會是？用一個字、詞、句子、一段話，或是一幅隨筆的繪圖，記錄本週的覺察。

專注，是一種自我療癒

有些人的生活總是處在焦慮與不安。過去無法改變，後悔只會讓我們陷入無盡的徬徨；未來充滿未知，過度擔憂只會增加內心的不安。不妨將注意力放在當下，讓它變得明確而純粹。那麼，該如何做到呢？

請注意自己是否一直深陷過去的事情中，或者擔心未來的發展。當我們意識到自己的心神不寧，試著暫停，深呼吸幾次，全然感受當下的身體狀況和周遭環境。

然後告訴自己：別煩惱、不要迷惘、不要焦急，專注眼前。當你專注在眼前的事物，無論是多麼微小，它會變成安定心靈的能量，人與心處在同一個地方，煩憂會慢慢被推遠，被阻擋在外，情緒就能開始沉澱，平靜而安穩。

不要過於在意他人，假使我們專注在讓自己越來越好，別人怎麼過日子，都不會是我們過日子的依據。

我們需要時時檢視和覺察自己的情緒。情緒是內在世界的指引，它們會提醒何時需要去關注或處理的問題。發現自己情緒有變化時，請停下來反思並提問：「我現在的情緒是什麼？它來自哪裡？我是否需要釋放它，或是採取行動來改變它？」不僅可以幫助我們更了解自己的內在世界，還能適時調整。

專注在自己喜歡與想做的事情上，就是一種最簡單的自我療癒。

Part 3
有時從另一側看世界也不錯

請用一個字、一個詞、一句話，為接下來這一季的目標「鍛鍊自己內心的韌性與毅力」，定下一個指引，作為生活的提醒，也是給自己的宣言。

____

IN & OUT

Week 27

跌倒

人總有失敗的時候，但跌倒了沒關係，想趴在地上哭一下也沒關係，想站起來的時候再站就好了。挫敗的經驗可以為我們帶來翻轉與學習的機會，有時候，我們未必是「失敗」，只是還沒成功而已。

Quotes for You

幹練成熟，都是歷經一次一次的跌倒，一次一次的受傷，這樣一次一次慢慢形成的。

Day 1

這一週，關於「跌倒」，你承諾要做的事情是？

Day 2

當你遇到挫折的時候，腦中浮現的想法是什麼？

Day 3

究竟對你而言，「失敗」的定義是什麼呢？

Day 4

你認識的人裡，誰面對失敗的經驗或方法，令你印象深刻？

Day 5

跌倒、受挫的時候，你可以怎麼陪伴自己？例如：溫柔地跟自己說：「你已經很努力了！」

Day 6

你從失敗中得到最令你印象深刻的收穫是？

Day 7

這個禮拜，對於自己「跌倒的經驗」，你有什麼樣的發現？用一個字、詞、句子、一段話，或是一幅隨筆的繪圖，記錄本週的覺察。

挫折，或許繞不過去，卻一定走得過去

幹練成熟，都是歷經一次一次的跌倒，一次一次的受傷，這樣一次一次慢慢形成的。

所遇的難，所受的苦，或許繞不了路，但全都只是過渡。有時，會被關係裡的碎片割傷，會被生活的忙亂壓得快喘不過氣，過程當然辛苦，即使有過那些經歷，日後再次遭遇，還是無法習慣，但至少也讓我稍微變得堅強，就這樣一點一點地變好。這個世界確實存在著許多冷酷與惡意，卻也存在著溫暖與善良，永遠抱著期待，在復原與調息之後，脫胎換骨，重獲新生。那些曾經的付出，日後會以各種不同形式給我們回報。

有些挫折或困境是必然會經歷，無法繞道的，可是那些曲折顛簸也終會走過去的，那是給我們一個提醒與改變自己的機會。曾經的坎你原以為跨不過，之後再回頭看，就發現都是庸人自擾。生命中的美好，過去了就無法再次體驗；相同的，那些不順或不堪，隨著時間過去就再也回不來。不要擔心，不要猶豫，更不要後退，只要繼續向前走，持續調整自己，一定會越來越好的。

沒有什麼挫折是可以繞道的，也沒有什麼挫折是走不過去的。跌倒時，順道讓自己躺著休息也不錯，準備好再起身就好。

Week 28

美醜

美與醜其實都是主觀的，沒有絕對的規則與標準，我們卻往往內化了社會與他人強迫灌輸的思維，而忽略自己心裡真實的感受。關於美與醜，你是否能擁有屬於自己的定義呢？

Quotes for You

好壞、對錯與美醜都是各自的主觀認定，不必執著於別人的看法，通常讓我們過不去的和不開心的，不全是別人，大部分是我們自己。

讓自己往美好的方向思考吧！

Day 1

這一週，關於「美醜」，你承諾要做的事情是？

Day 2

誰／什麼是你心中「美」的典範？他／她／它與大眾眼光的「美」有什麼異同？

Day 3

誰／什麼是你心中「醜陋」的代表？為何你有這種感覺？

Day 4

你看過或感受到最「美」的人事物是什麼？當下令你有何種感受？

Day 5

從小到大，旁人對你的「外表」（外在）與「性格」（內在）最常有的評論是？能說說你同意與想反駁的部分嗎？

Day 6

靜下心想想，你最想聽到的讚美是？這些話跟外在美醜有直接的關係嗎？

Day 7

這個禮拜，你對「美醜」是否產生了不同的見解？用一個字、詞、句子、一段話，或是一幅隨筆的繪圖，記錄本週的覺察。

美醜不能被單一標準定義

即使我們都告訴自己，美醜是主觀的，但其實人人心中都握有一把衡量顏值的尺，總在有意無意間，將心中的喜好帶入，為所有事物貼上標籤。我們對於世上萬物「美醜」的評論，終究只是自身好惡表現的投射而已。但真正的美究竟是什麼？

我其實不喜歡自己的外表，每次照鏡子，我總覺得鏡子裡的那個人是個醜八怪。但隨著年紀增長，我越來越能夠直視鏡中的自己，倒不是覺得自己變美了，而是我逐漸能夠欣賞自己。即使不是主流審美的「美」，我也能因為生活與工作上的成就，感受到屬於自己的光芒。

我不能否認，社會的壓力和媒體的呈現方式，常常使我們對美醜的定義變得狹隘。但真的該繼續讓外在標準來左右我們的喜好嗎？我們又該如何看待那些沒有符合所謂「主流」的人？他們難道就不美麗嗎？

美醜應該是超越外貌的評價，是內在品質的體現。當我們能用更寬廣的眼界去看待這個世界，去欣賞每個人獨特的優點，就能明白美麗不應該被單一的標準所定義，而是體認到每個人都有屬於自己的美。

最終，美醜的定義應該是多元的，是充滿包容與理解的。美，從來不只是一張精雕細琢的容顏，更在於靈魂的昇華、情感的表達，以及對生活不同面向的接納。

Week 29

情緒

情緒是心的語言，是內在渴望的訊號。當你對自己的情緒認識得越精準，就越能清楚知道自己的狀態，並允許也接納真實的自己，而不被過度干擾。這一週，我們來練習對情緒有更完整的理解。

Quotes for You

別為了迎合別人的看法，而亂了自己做事的方法，也別為了過去的一次失誤，就認定自己一無是處，更別為了無法控制的事情，讓自己一直糾結在糟糕的心情。

Day 1

這一週，關於「情緒」，你承諾要做的事情是？

Day 2

這陣子，你最常有的情緒是？如果這個情緒可以擬人化，你會想對他說什麼？

Day 3

有哪些事情會挑起你的情緒（不論是正面或負面）？

Day 4

當心情不好時，你可以怎麼排解情緒？例如：把壞心情寫在一張白紙上，接著揉爛、丟掉。

Day 5

你認識的人裡面，誰最能照顧自己的情緒？有什麼方法是你想試試的？

Day 6

想想這陣子最常出現的情緒，它是不是提醒你該做些什麼？你真正想被滿足的渴望是什麼？

Day 7

這個禮拜，你對自己的「情緒」，有什麼樣的發現？用一個字、詞、句子、一段話，或是一幅隨筆的繪圖，記錄本週的覺察。

請在乎自己的感受

任何情緒都有它的作用，悲傷、擔心或氣憤未必全然是不好的，那是本能、反應或宣洩，它提醒我們可能被傷害了，可能有危險、需要小心。勇敢不是不害怕，而是願意面對自己的脆弱、不安。糟糕的不會是有情緒出現，是你有糟糕的情緒而不自知，或是必須排解的情緒卻什麼都沒做。

生活中從來都不缺煩惱。有那麼多煩惱，都是因為有在乎的、想守護的人事物，不必強求自己能做到心如止水，至少要找到適合自己的排解方法，盡快放下就好。別煩自己無能為力的事，既然無法改變，再煩都是多餘，只是徒增痛苦而已。與其把心力花費在痛苦與徒勞的地方，還是用在自己能力所及的人事物上比較划算。

情緒來了，最先知道的一定是自己。別人或許可以知道你傷心，但無法明白到底有多傷心；別人或許可以知道你生氣了，但未必清楚你為了什麼而怒不可遏。這世上，沒有人可以對另一個人的傷痛或辛苦感同身受。心裡的寂寞或悲傷只有自己明白，所以更要好好照顧自己的心。

照顧自己，並不只是適時放鬆休息，更重要的是，懂得在乎自己的感受。

情緒來了，不必刻意壓抑，卻也不要隨意發洩。深呼吸，暫離現況，出去走走，找人聊聊，排解過後，明天又是安穩自在的開始。

Week 30

善良

善良是一種自主的選擇，只要心存愛的意念，溫柔對待自己也善待他人，在疲憊、低潮的時候依然願意展現笑容、伸出援手，就是一種善良。

Quotes for You

一個人願意選擇善良，是了不起的勇氣。因為你明白，或許環境會對不起你，但你無論如何都要對得起自己。

假使有人只想著佔便宜、得寸進尺，並且不知感激，你該適當表現出有個性的一面，一再退讓只會讓自己沒了尊嚴，別讓人把你的善良變成了鄉愿。

Day 1

這一週，關於「善良」的練習，你承諾要做的事情是？

Day 2

面對傷痛，溫柔地接住自己，是一種善良。如果可以回到過往一件難過的事情，你會想要怎麼安慰自己？

Day 3

他人為你做的哪件事，讓你感到最大的善意？

Day 4

哪些事情能令你打從心底感到被愛？

Day 5

今天讓你露出第一個微笑的是誰？因為什麼事？

Day 6

向他人伸出援手的時候，你有什麼感覺？

Day 7

這個禮拜，你對「善良」的新發現是？用一個字、詞、句子、一段話，或是一幅隨筆的繪圖，記錄本週的覺察。

溫暖又善良的人，總是閃閃發亮

大部分的好壞對錯，都是個人感受，沒有絕對。因此，不是所有的交流都能產生回饋。有些人就是會莫名反對你、討厭你。我們努力做的成果，未必人人都會認可。你用心給予的付出，對方可能無法接受。

遇到不被認可、不被接受的情況當然會難受，但換個角度來看，本來每個人看待事情的觀點與喜惡就是不同，不用一直質疑自己，也不必過於檢討自己，我們只要沒去傷人、對得起自己，這樣就足夠。

別讓一時的不順心，掩埋了你那顆原本明亮透澈的心。保持你的溫柔、體恤與願意付出，並不是要做給誰看，也不是在證明什麼，而是你就是這麼可愛的人。

善良是很棒的特質。但，假使有人只想著佔便宜、得寸進尺，並且不知感激，你該適當表現出有個性的一面，一再退讓只會讓自己沒了尊嚴，別讓人把你的善良變成了鄉愿。

溫暖又善良的人是即便周圍陷入黑暗，他還是閃閃發亮，然後吸引著同樣的善人好事，齊聚在他的身邊。生活總是充滿著不確定性，那麼，我們就做好確定的事，做好自己能做到的事，一切自然會越來越好。有餘裕時，不吝伸出手給需要的人，在遭受困境時，也會有人願意伸手拉我們一把。

Week 31

照顧

「照顧」是一種能力的展現，他人會因為你而獲得幸福的感受。但是，照顧別人之前，也得先把自己照顧好，因為心有餘裕，才有可能向外照看。

Quotes for You

不煩無能為力的事，不做無法認同的事，不求無法控制的事。不開心、不順遂的時刻難免，要學會怎麼調適心態與排解情緒。最終，你會明白什麼才是重要的，不再委屈自己，好好對待自己。

Day 1

這一週，關於「照顧」，你承諾要做的事情是？

Day 2

從小到大，你印象最深刻的一個被照顧的經驗是？

Day 3

在生命中遇到各種困境時，你會用哪些方式照顧自己？

Day 4

你最想照顧的對象是誰？為什麼？

Day 5

為了照顧自己，你需要學習的是什麼？然後，又是什麼阻礙了自己？

Day 6

三種照料自己生活／工作環境的具體做法是？

Day 7

這個禮拜，你對「照顧」有新的發現嗎？用一個字、詞、句子、一段話，或是一幅隨筆的繪圖，記錄本週的覺察。

只是想被「秀秀」一下

有時候就是這樣，我們什麼都不想要，只是想被秀秀，被好好照顧而已！

不是沒有能力面對一切，也不是撐不下去，但就是有太多情緒、太多感受，壓得自己喘不過氣。也沒有真的要別人為自己做什麼，只是在那麼一刻，會好想要把自己託付給某種力量，把所有的委屈、難過、不順利都交出去，然後讓自己被穩穩地接住而已！

其實人都會有需要被照料的時候，當情緒塞滿心中，沒有被療癒的時候，什麼都做不到。而當情緒被接住了，堵塞的感受疏通了，個體的能力自然能發展，於是一切便迎刃而解。

「自己」是把利刃，差別在於是刀刃對外披荊斬棘？還是刀尖對著自己，為難內在？「自己」往往是最能夠照顧自己的人，但真的做不到的時候，也要懂得求助，把自己交給「可以信任的他人」吧！人不是神，不可能無所不能。即使是神，也不會幫你解決人生的難題，但在有信任的人相伴的路上，自然能帶著希望與勇氣前行。

至少，心安了，才有能力接住旁人遞出來的橄欖枝。

Week 32

放手

生命難免會有一些我們緊握不放的事物，不論是一段關係、一個信念、一件物品，或是一種情緒。適度「放手」，比一直「緊握」更難。當你已經「滿」到忘記連結當下，其實反映更多空虛。有時候，能放手喘息，才能飛得越高越遠。

Quotes for You

執著於放下，仍是一種執念。
放下執著的第一步，就是承認並接納自己放不下。

Day 1

這一週，關於練習「放手」，你承諾要做的事情是？

Day 2

曾令你糾結與念念不忘的事情是什麼？現在的你怎麼看待這件事？

Day 3

一件你已經不再使用、卻捨不得丟掉的物品是？

Day 4

仔細想想，你認為現在的自己最需要放下的事情是？

Day 5

一直以來，阻礙你放手的是？

Day 6

你曾經放下了什麼事，讓你為自己感到驕傲？

Day 7

這個禮拜，你對「放手」的新發現是？用一個字、詞、句子、一段話，或是一幅隨筆的繪圖，記錄本週的覺察。

承認並接納自己放不下，是放下的第一步

有時候，我們會被某些執念所困住，想要不再難過，想要被認可，想要做得很好。一旦事情無法如己所願，在失望後，開始責怪自己或是怨嘆環境，越是執著就越是痛苦。

事實上，生命中有許多模糊的地帶，是無論我們如何努力都無法確定好壞黑白，也有許多搆不到的地方，再怎麼用力跳高都無法觸碰到。非要做到，都是在為難自己。

仔細思考，說不定會發現自己需要的沒那麼多，有些事不是非做不可，有些人也不是非在不可，甚至一直想要的那些，到頭來都是讓自己不快樂的源頭。有些事我們要學會放手。例如：本來就沒擁有的、控制不了的，還有已經過去的。

那些本來就沒擁有的，何必苦苦追求，是你的就會是你的，不是你的，即使得到了，終有一天會失去。那些控制不了的，不該一直為它煩心，再煩也無能為力，不如把心力用在能力所及的地方比較實在。那些已經過去的，時間無法倒轉，不如好好把握現在，讓自己不再有遺憾。

只要體認到生命中總有起伏，便能更寬容去看待那些不完美，控制與排解不必要的情緒。淡然，未必是事事看開了，而是懂得有些事翻翻白眼就過去了。

Week 33

距離

在生命中，適度保持一定的距離看待周遭的人事物，有時能給我們獨立的空間，讓我們能以嶄新的眼光，抽離原本深陷的情緒，為生命找到不一樣的解答。

Quotes for You

別讓不好的事情影響自己的心情，只要站遠一點看，就能發現自己過於糾結；只要時間拉遠一點，你對那些事根本不屑一顧。你還有很多需要在意與珍惜的人事物，才不會想浪費任何心力在不值一提的事情上。

Day 1

這一週，關於「距離」，你承諾要做的事情是？

Day 2

如果一位音樂家有機會聆聽你人生的故事，你覺得他會為你的生命譜出什麼風格的主題曲？

Day 3

假設要從外星人的視角來描述自己，你會浮現哪些形容詞？

Day 4

如果有機會與你敬佩的偶像談談你正在經歷的煩惱，他會給你的建議是？

Day 5

假設你活到了八十歲，那時的你，會給現在的自己什麼建議？

Day 6

小時候，你曾有過最大的煩惱是什麼？現在想起來，那還困擾著你嗎？

Day 7

這個禮拜，當你練習拉開「距離」後，有什麼樣的體悟？用一個字、詞、句子、一段話，或是一幅隨筆的繪圖，記錄本週的覺察。

練習拉遠與拉近

每當遇到困難時，我們可以把自己和事件拉遠，保持一小段距離，讓自己處在一個彈性的位置，來「觀察」當下的狀態；心理學稱之為「後設位置」。因為當人們長期浸泡在過往慣有的思維模式之中，就容易以先入為主的眼光來看待周遭的一切，造成個人偏見，忽略例外的可能。

而站在後設位置觀察，是指對當下發生的情境，用一種像是「第三人稱」，或者「制高點」的視角，來觀察整體狀況。生活的難題，會逼著我們不得不聚焦在困境上，於是主動練習在「拉近」與「拉遠」之間不斷切換，可以協助我們保有彈性。

拉近時，我們能看見自己「本身」怎麼了，理解自己內在的需求與匱乏；拉遠時，則能看見此刻的困擾就只是過程，而非永恆，同時避免過度聚焦在當下的失望及痛苦，反而錯失了其他寶貴的機會。

生活越是忙碌，越得保有彈性。練習見樹又見林，同時擁有微觀及宏觀的視角，能使我們在充滿挑戰的生活中更從容以對。

Week 34

思辨

擁有思辨能力，代表你願意用寬闊的心胸面對生活，不將一切視為理所當然，也願意對自身想法存有懷疑。這一週，讓我們對生活中慣常的事物，進行更多、更深的思考。

Quotes for You

給自己一些反省與整理思緒的時間，什麼是重要的？什麼是必要的？什麼是適合自己的？什麼是自己該做的？明白自己內心需求，並隨時調整。因為理解了什麼是自己的生活價值，處事便能篤定與安定。

Day 1

這一週，關於「思辨」，你承諾要做的事情是？

Day 2

你和身邊的人在哪方面的想法有很大的差異？你對自身及對方的論點有什麼看法？

Day 3

從小到大，是否有人曾對你說：「你應該……」？如果要反駁這句話，你會怎麼說？

Day 4

隨著年歲成長，你改變最多的想法／價值觀是什麼？改變的契機是什麼？

Day 5

你「絕對不會做的事情」，或「他人絕對不能對你說或做的事情」是什麼？為什麼？

Day 6

你很堅持的一個習慣或想法是什麼？堅持的原因是？

Day 7

這個禮拜，當你練習「思辨」後，獲得的體悟是？用一個字、詞、句子、一段話，或是一幅隨筆的繪圖，記錄本週的覺察。

思辨是一段豐富生命的旅程

「事情有絕對嗎？」

「世上善惡由誰來評斷？」

「那些看似理所當然的事情，就真的是如此嗎？」

有些時候，我喜歡放飛自己的腦袋，讓自己與自己辯論一番。透過與自己對話，我們往往能鬆動已知的框架，帶來拓展性的視野。

我喜歡思辨，是因為這是一種探索精神的越野旅程，讓我勇於質疑和挑戰現有的觀點。透過思辨，我能建構新的未知，產生獨特的思想體系，彷彿在大腦裡創造出新的宇宙。

思辨，不僅僅是追求知識，也是一種培養心靈的方式。在思辨的過程中，我們學會融合理性與感性，理解與覺察不同觀點背後的動機和情感，使人更具備涵融的特質。人類的智慧，可貴在能夠自我質疑，同時與他人碰撞出新火花。

思辨，是一段讓自己重整，又能夠豐富生命的旅程。

Week 35

選擇

生命中總有各種兩難，於是我們做出不同選擇，也形塑了各種人生樣貌。這些選擇沒有絕對的「對錯」，不管是欣喜還是後悔，都必須練習接納與臣服隨之而來的結果。

Quotes for You

即使選錯了也沒關係，後悔可以給我們改善的動力與校正的機會，然後再選擇要用什麼樣的心情過日子。總會遇上不順的日子，所以更要懂得選擇善待自己。

Day 1

這一週，關於「選擇」，你承諾要做的事情是？

Day 2

過去你曾有別無選擇，不得不如此的時刻嗎？

Day 3

如果可以搭乘時光機，回到過去做某個選擇的關鍵時刻，你會對自己說什麼？

Day 4

目前最讓你困擾的兩難選擇是什麼？

Day 5

至今為止，你覺得自己做過最正確／最後悔的選擇是什麼？

Day 6

你怎麼看待這句話：「小孩子才做選擇，大人全都要」？

Day 7

這個禮拜，關於「選擇」，你的新發現是？用一個字、詞、句子、一段話，或是一幅隨筆的繪圖，記錄本週的覺察。

生活有許多選擇機會，即使選錯也沒關係

現在的我們，是過去到現在，自己所做的每個決定以及所遇到的每個人，一點一滴的影響，慢慢形塑而成。未來的我們又會成為什麼模樣，也會因為這樣而改變。

或許有人會認為很多事情自己是無法決定的。確實，生命中仍然有太多無法控制與改變的人事物，面對那些不可抗力，我們也只能盡量順應。但，面對那些無能為力的，還是可以在自己能力所及的範圍內做出選擇。

比方說，無法選擇家庭或成長環境，但至少可以選擇留在自己身邊的人；無法阻止糟糕的事情發生，但是可以選擇不讓這件事持續影響自己的生活；不能控制別人怎麼做、怎麼想，但是可以選擇自己怎麼做、怎麼想。

人生充滿各式各樣的選擇，很多人都是這樣的，選了一邊，就會後悔怎麼沒選另外一邊。但，另一邊真的比較好嗎？因為沒有擁有的幻想總是美好。即使選錯了也沒關係，後悔可以給我們改善的動力與校正的機會，然後再選擇要用什麼樣的心情過日子。

每個人都有各自的問題與煩惱，就算解決了，很快又有新的問題與煩惱需要處理。雖然沒辦法事前把自己準備好，但依然走了一步又一步，過了一關又一關，所以別擔心，這一切不容易、不輕鬆，但總會過去的。

Week 36

煩惱

人生總有煩惱，然而，煩惱不僅能幫你釐清自己在乎什麼，更是我們生命的嚮導。透過與煩惱對話，我們能更加了解自己。

Quotes for You

很多事不是非做不可，很多人也不是非他不可。只要想通了，就能明白不必糾結在那些無法掌控的人事物。

Day 1

這一週，面對「煩惱」，你承諾要做的事情是？

Day 2

你現在最想解決的一個煩惱是什麼？那是你可控的事物嗎？

Day 3

要解決目前的煩惱，你最欠缺的東西是？

Day 4

以三十年後的眼光來看待近期煩惱的事情，你會給自己什麼建議？

Day 5

用各種方式（色塊、線條、符號、圖形等），將你現在經歷的煩惱描繪出來。如果能與它對話，你會想說什麼？

Day 6

想想近期煩惱的事，你真正在意的到底是什麼？你想達到什麼目標？

Day 7

這個禮拜，關於「煩惱」，你的新發現是？用一個字、詞、句子、一段話，或是一幅隨筆的繪圖，記錄本週的覺察。

別煩不可控與還沒發生的事

有些人會花費許多時間和精神，在意別人的想法與做法，試圖改變別人或是控制事情走向，不然就是擔心煩惱尚未發生的事，因而讓自己身心俱疲，甚至情緒失控。

年紀漸長，我對於身邊許多人事物比較能看得開，不一定是修養變好了，而是終於明白自己的無能為力。

雖然對那些外在的人事物無能為力，但，至少要有能力改變自己對於事情的反應與態度。妥善照顧好內在的情緒，自然就會看淡那些外在的事物。

所謂良好的心態，我覺得不一定是要多麼正面積極，而要懂得排解煩躁或難過的情緒，願意盡量包容不喜愛、不認同的人事物，這樣已是難得的事。

很多人事物不可控，也沒想像中那麼重要，只要想通了，就能明白不必糾結在那些無法掌控的人事物。

只要盡力了，一切順其自然，那些不如己意的時候，終究都會過去的，總有欣賞你、在意你的人出現，也總有你能夠發光發熱的地方。這世界再冷酷，只要你肯為自己點盞燈就沒事。

Week 37

正解

人生或快或慢，或明或暗，其實都沒有唯一的正解。我們要做的，是釐清自身價值觀，排定生命的優先順序，並在每一次的選擇中，修正自己前進的方向。

Quotes for You

不必急著找出答案，一時不知道該怎麼走也無妨，人生並不是只有一種答案，也不是只有一條路，出發後自然會抵達自己能力所及的地方。

Day 1

這一週，關於「正解」，你承諾要做的事情是？

Day 2

試著完成這句話：「雖然我來自我的家庭，但我知道，我並不完全與家人一樣，特別是______________。」

Day 3

哪個過去曾經認為的標準答案，現在已經不適用了？

Day 4

哪些事情對你來說，是正確的堅持，即使那與其他人的想法不太一樣？

Day 5

有些人的存在，注定是用來「挑剔」你的，但那不是因為你爛，而是因為他相信你可以更好。哪些人是你生命裡的良師益友？

Day 6

生活或快或慢，或起或落，或許都是剛好的安排。最近你生命中最剛好的安排是？

Day 7

這個禮拜，關於「正解」，你的新發現是？用一個字、詞、句子、一段話，或是一幅隨筆的繪圖，記錄本週的覺察。

出發後，自然會抵達能力所及的地方

許多人的生命是活在尋找答案裡，尤其總是習慣在別人身上尋找答案。但，假使想要讓自己變得更好，過更合適的生活，我們該要做的，不是去成為另一個人，不是事事與人比較，更不是拚命去超越別人，而是試著好好理解自己。明白自己的優勝劣敗，才能知道該從哪裡變得更好；了解自己的需求，才能知道該怎麼去滿足。

不要把人生當成是場考試，非要寫出標準答案。我們可以擁有很多可能性，只要是自己心甘情願的，不論做什麼事，去什麼地方，或是愛什麼樣的人，即使未必是最後的、正確的答案，但都會是好的選擇。只要還活著，就存在著其他不同的可能，根本不必拚命找解答，假使你真的需要一個答案，那就給自己一個解釋就好啦！

萬一還不確定什麼是適合自己的，或許你可以試著反向思考——先不要去做不適合自己的或是討厭的事。

盡量去避免做不喜歡的、不擅長的，這樣也是一種人生方向。

不必急著找出答案，一時不知道該怎麼走也無妨，人生並不是只有一種答案，也不是只有一條路，出發後自然會抵達自己能力所及的地方。

Week 38

委屈

委屈是一種「心有不甘」的情緒，有可能源於無法獲得他人的認同，或自身的付出沒有得到相對應的回報。練習拆解委屈可以幫自己定期梳理內心，讓情緒的通道保持健康狀態。

Quotes for You

在你擔心對不起別人的時候，先看看是否對得起自己，忍讓要有個限度，感到委屈與難過時，就該讓對方明白自己的心情。這種時刻，是他對不起你，並不是你對不起他。

Day 1

這一週，關於「委屈」，你承諾要做的事情是？

Day 2

面對自己委屈的情緒，你可以怎麼反應？例如：不苛責自己的情緒、對自己說：「沒關係，這是正常的感受。」

Day 3

最近覺得自己被「錯誤對待」的時刻是？為什麼會有這樣的感覺？

Day 4

你可以用什麼方式，來向他人表達自己的需求？

Day 5

當你覺得委屈的時候，最希望別人怎麼照顧你？

Day 6

即使可能不會得到回報或他人的感謝，你依然會持續去做的事情是？

Day 7

這個禮拜，關於「委屈」，你的體悟是？用一個字、詞、句子、一段話，或是一幅隨筆的繪圖，記錄本週的覺察。

在乎的人，就是要多做一點

在關係裡，在乎的人，總是要做得比較多。因為我們在意，所以多做了一些，又或者因為在意，所以先對別人低頭。

然而，是從什麼時候開始，原本覺得「歡喜做」的事情，變成了「不甘願受」？什麼時候開始，我們覺得委屈，感覺自己是受害的一方，需要被照顧？

之所以產生這樣的心情，或許是因為我們感受到對方並未珍惜我們的付出、努力、讓步、關心。當付出得不到回應、努力被忽視時，心中便會忍不住湧起「我受到傷害了，我被誤解了」的不平聲音，而這就是委屈感的源頭。

當我們能夠意識到，委屈感實際上是來自於期待他人給予認同或回報，我們便能夠避免不合理地要求他人為自己的需求負責，一切都應該是建立在「甘願做，歡喜受」之上。

如果覺得「不歡喜」了，就清楚表明界線吧！明確地說出自己需要被「公平對待」，才不會總是憋到內傷。

說到底，在任何關係中，在乎的人就是要多做一點的。但又有什麼關係呢？為了自己在乎的人，多做都值得，不是嗎？

Week 39

原諒

面對傷害或錯誤，我們很容易落入「委屈、受傷、生氣」等各種防備的情緒。然而，可以承認自己受傷，但不用沉溺太久；成為自己的教練，而不是奢望別人負責，是能讓我們慢慢脫離「受害者」的練習。原諒，是願意好好和自己相處，也正視自己的過往。

Quotes for You

原諒，未必是放過對方，往往是不想再讓過去的事為難現在的自己，不想再讓糟糕的人糟蹋了越來越好的未來。

Day 1

這一週，關於「原諒」，你承諾要做的事情是？

Day 2

至今為止，你最想與自己和解的事情是？

Day 3

你曾被他人原諒的一次經驗？

Day 4

過去感到在意、受傷，如今已能一笑置之的一件事是？

Day 5

什麼是你打定主意不再犯的錯？

Day 6

你想試著和解的對象是誰？為什麼？

Day 7

這個禮拜，關於「原諒」，你的體悟是？用一個字、詞、句子、一段話，或是一幅隨筆的繪圖，記錄本週的覺察。

寬恕是不再為難自己

每個人都有傷害人和被人所傷的經驗，不管是無意，還是故意。有些人選擇去面對它、處理它，這樣才能安心放下，然後沒有牽掛繼續向前行，身上的傷才會慢慢痊癒。可是，也有些人選擇不去面對，心中的大石放不下，心裡的傷痛好不了，導致自己無法好好繼續向前，這樣的拖磨太不乾脆，應該試著去將那些心結解開，試著原諒，試著放下，然後學會避免發生同樣的問題，那些不愉快都只是暫時的，總有一天會風吹雲散。

我們執著在什麼地方，往往就會在那裡混亂、打轉與難受。所以凡事看淡一些，不管失去了什麼，都要盡量讓自己的心安穩。

已經發生的事，面對了、盡力了，就要試著放下，寬恕他人，也寬恕自己。所謂的寬恕，未必是告訴誰你原諒他了，而是不想再讓過去的事為難現在的自己，不想再讓糟糕的人糟蹋了越來越好的未來。萬一是你犯的錯，只要誠心悔改，或許道歉無法挽回什麼，至少努力彌補過，就把那個後悔刻在心裡時刻提醒，在接下來的路上不再犯錯。

選擇放下，未必是那些人事物不再有影響，只是不需要再讓過去的煩囂掩蓋掉本該平順的日常。我們能做的，就是在自己能掌握、能改變的部分努力做好。那些無法掌握或無力改變的，在意也沒意義，只能放手任它去。沒有什麼事，能比讓自己過得安心樂意還重要了。

Part 4

致陪在身邊的你們

請用一個字、一個詞、一句話，為接下來這一季的目標「強化與世界的連結，感受幸福」，定下一個指引，作為生活的提醒，也是給自己的宣言。

ME & WE

Week 40

時間

人總說時間是良藥，但時間其實是人類自己創造出來的概念。快或慢的感受，也都只是我們主觀意識不同而已。而生命的一切有自己的節奏與步調，許多事物尚未看見結果，也只是尚未發酵。

Quotes for You

時間能將生活的紛擾慢慢過濾與沉澱，我們會明白誰是真心對待自己，誰是我們該好好珍惜的人，還有原本糾結難過的事原來不值一提。

Day 1

這一週，關於「時間」，你承諾要做的事情是？

Day 2

世上有哪些事情得藉由時間的累積才能看見結果？

Day 3

生活中少不了等待的時間，在這樣的時間裡，你會做什麼陪自己度過？

Day 4

哪些事情，是你藉由等待而得到收穫的？而這等待的好處又是什麼？

Day 5

此刻的你和過去相比，有什麼樣的不同？有什麼部分是你現在更喜歡的？

Day 6

你期待五年後的自己是什麼樣子？

Day 7

這個禮拜，關於「時間」，你的體悟是？用一個字、詞、句子、一段話，或是一幅隨筆的繪圖，記錄本週的覺察。

等待是被允許的，沒有白走過的路

「時間」是冷靜也公平的夥伴，不論背景、出身高低，總公平地對待每個人。而我們都活在專屬於自己的時區中，就算快一些、慢一些，都是獨一無二的生命步調。但當我們一心只關注那些正全速奔跑的他人，比較他們和我們的時間軸，便容易處於高度急躁的狀態，而忘記提醒自己，應該允許等待、允許時間累積！生命總有可為與不可為，強行模仿他人的步伐，等同是讓自己陷入終日追逐的流沙。

然而，生命不會有白走的路。時間的累積，是為了給予生命滋養，也幫那些折磨身心的傷口，慢慢敷上一層藥，亦是為了蟄伏、積累能量，換取日後在出土那刻，能享受破繭而出的喜悅。允許等待的歷程，不會總是白費，每一步都是生命的必然。

也唯有願意相信、願意等待，時間才能是最好的盟友，因為時光從不曾停歇、不會止步。唯有當我們允許自己不急躁，時光才能是最可靠的屏障，讓人得以躲在後頭喘一口氣。從此，我們將學會蜿蜒起伏順流而下，不掙扎不抵抗，在一吐一納之間，獲得怡然的吐息。

Week 41

感謝

感謝是最棒的愛之語，是一種看見與認同的表現。適度的感謝，能給予他人鼓勵，也為自己帶來勇氣。表達感謝，是人際間最棒的支持，也具有最強大的力量。

Quotes for You

到了一定的年紀，你會發覺認識的人越來越多，合得來的人卻越來越少，而合得來又能一直陪伴在身邊的人更是稀有。

不必為離開的人難過太久、耿耿於懷，只要懂得感激那些願意給予溫暖與陪伴的人。

Day 1

這一週，關於「感謝」，你承諾要做的事情是？

Day 2

一直以來，你對自己最大的感謝是？

Day 3

最近，你最想感謝的一個對象是？因為什麼？

Day 4

你最感謝父母的事？

Day 5

在職場／學校，你最感謝的事？

Day 6

請完成這句話：「面對曾經經歷過的失敗，我也感謝自己，因為＿＿＿＿＿＿＿＿。」

Day 7

這個禮拜，經歷了「感謝」後，你有什麼發現或感受呢？用一個字、詞、句子、一段話，或是一幅隨筆的繪圖，記錄本週的覺察。

感謝並珍惜，便能擁有快樂生活

我常說要珍惜。但，在珍惜之前，要懂得感謝。幫助你度過難關的都是善良天使，而給你難題挑戰然後讓你成長的，則是你的逆境菩薩。

任何出現在你生命裡的人都有原因。喜歡你的人給了你溫暖和愛。你喜歡的人讓你學會了付出和勇氣。你不喜歡的人教會你寬容與尊重。不喜歡你的人讓你自省與成長。沒有人是無緣無故出現在你的生命裡的，任何事情的發生也都有其意義。那些不好，有些是警告，有些是提醒，也有些是教訓，讓我們有機會去改善、接受或理解。

懂得感謝那些出現在我們身邊的人事物，理解其中對自己有益的部分，慢慢就會開始明白珍惜所有。

年歲漸長，才發現快樂不能靠向外尋找，而是要在生活裡發現它。有人會因為每天早上醒來看到心愛的人而感到幸福，有人會吃到美味的一頓飯而感到愉悅，有人會因為自己學會了什麼事情而開心，也有人只要能活著感受生活就覺得滿足。

到了一定的年紀，你會發覺認識的人越來越多，合得來的人卻越來越少，而合得來又能一直陪伴在身邊的人更是稀有。記得，要感激並珍惜還在身邊的人，更要感謝好好過日子的自己。

Week 42

分享

分享是一種非常有價值的行為，它可以令我們與他人建立聯繫，感知到自己的價值，也感受到他人因我們而獲得幸福。分享無關乎能力與財富，那是一種將愛傳遞出去的意願。

Quotes for You

有些心情沒人分享是孤寂的，自己揣在胸膛裡，再熱切也留不住。請分享給信任的、在意的人，因為心的交流，才能讓那溫熱保留久一點。

Day 1

這一週，關於「分享」，你承諾要做的事情是？

Day 2

最近，你和他人分享了什麼？例如：甜食、一件有趣的小事、貓咪照片等。你感覺如何？

Day 3

最近，別人和你分享了什麼？你感覺如何？

Day 4

他人最讓你感受到被愛的分享或餽贈是什麼？

Day 5

你最想和他人分享的快樂回憶是？

Day 6

如果要把你最喜歡的書籍／電影／影集／動畫分享給他人，你會怎麼介紹呢？

Day 7

這個禮拜，經歷了「分享」後，你有什麼發現或感受呢？用一個字、詞、句子、一段話，或是一幅隨筆的繪圖，記錄本週的覺察。

分享是「我願意」

分享，是人類最奇妙也最美好的行為了！

很多人說，願不願意分享，憑的是一個feel（感受）：感覺對了，我餓死自己也要多分別人一口；感覺不對，我寧可撐死也不把東西吐出來。於是人與人分享與否的指標，變得非常難以判讀。

事實上，人的行為確實都是因應內在渴望的滿足與否來行動，所以當人主觀地認為，他與分享的對象，有足夠的連結感、能力感、價值感與勇氣感時，自然會願意將部分的自己主動分享出去。而我們也往往會在分享的行動裡，日漸增長這些內在的感受，於是又更能主動分享。

有人說，心中匱乏的人，是給不出去的。所謂的匱乏，未必是物質上的缺乏，而是內心的深層需求沒有被滿足。其實，分享的真諦在於「我願意」，當你想分享時，那是一種無私的善意；當你不想分享，也不代表自私，而是尊重自己的感受，為自己設立健康的界線。也許你曾經願意分享，卻變得不想再對某些人敞開自己，那也沒有關係。或許是因為後來的經驗不如預期，內在需求沒有被滿足，而產生變化了。

分享與否無關乎對錯，關鍵在於，無論如何，都要問問自己真正的心意。因為最美好的分享，始終源於真實與願意。

Week 43

離別

人生所有的相遇，最終都會迎來離別的那一天。若能以此為前提，認真經營每一段關係，那便是最幸福的事。

Quotes for You

路途漫漫，隨著越走越遠，有些人的步伐本來就會漸漸與你不同調。即使雙方的距離拉開了，並不是誰不好，只是適合的步調與想看的景色不同了，然後祝福彼此在接下來的路途都能越來越好。

Day 1

這一週，關於「離別」，你承諾要做的事情是？

Day 2

你曾經沒能與誰好好道別？如果再重逢，你想對他說什麼？

Day 3

如果明日將與你最在意的人道別，此刻你會想對他說什麼？

Day 4

如果能為重要的人挑一樣離別的禮物，你會選擇？

Day 5

你認為不留下遺憾的人生是？

Day 6

如果有天你離開人世，你希望留下什麼？你希望他人記得什麼樣的你？

Day 7

這個禮拜，思考了「離別」後，你有什麼發現或感受呢？用一個字、詞、句子、一段話，或是一幅隨筆的繪圖，記錄本週的覺察。

結束，是再開始的契機

我們遇見的每個人本來就未必能夠陪伴整段人生，有的只有幾步路，有的即使陪了很長一段，到了某一階段就必須離去，步入他自己的旅程，你也有自己的路要走，沒有什麼對錯，只是各自想要去看的風景不同。難免不捨，難免遺憾，但你該繼續向前走，必須把心裡的罣礙放下，讓自己輕鬆點，也把位置空出來給其他願意與你走下去的人。

身邊的人再多都只是熱鬧而已，只會與你吃喝玩樂、只想有好處可拿的人，再多都沒意義，真正珍貴的，是在最慘的時候仍然陪伴你的人。日子一天一天過，我們不會清楚能夠相伴同行的時間還有多久，老是忽略關心你的人，或是沒有好好面對彼此心裡的芥蒂，最後說不定連後悔都來不及。時間有限，每一次的見面都是珍貴的一次。

這一路上很多人與你相遇又離去，每個人的離開有千百個理由，無關你夠不夠好，只是離別的時候到了。一路走來，我們會錯過很多，比方說擦身而過的緣分、雪中送炭的溫暖，或是來不及化解的誤會。人生總有需要轉變的時候，有人離開，也會有人靠近。結束，就是一次再開始的契機。

Week 44

包容

包容是一門不容易的課題，那是對自己與世界抱持寬容的態度，對於好與不好的，都願意接納。不僅接受自己有時無能為力，也接納別人與我們不同。

Quotes for You

帶著計較的心，任何時候都會感到不快樂。
擁有寬容的心，每一天都是好日子。

Day 1

這一週，關於「包容」，你承諾要做的事情是？

Day 2

如果用不同的角度來看你正在經歷的一件壞事，你會有什麼想法？

Day 3

試著完成這句話：「即便在表現不佳、他人對我失望的時候，我也會想對自己說＿＿＿＿＿＿＿＿。」

Day 4

你有沒有被無條件接納的經驗？你有什麼感覺？

Day 5

生命總有無能為力的時候，對於盡力卻無法改變事實的自己，你會想說什麼？

Day 6

你最喜歡這世界不完美的地方是？

Day 7

這個禮拜，思考了「包容」後，你有什麼發現或感受呢？用一個字、詞、句子、一段話，或是一幅隨筆的繪圖，記錄本週的覺察。

彼此包容，也各自安好

人與人之間，當關係太過親密，太在意對方，難免就會在相處時失了準，一不小心就太用力，把自己的價值觀套在對方身上，期待對方按照自己的意志行動。但我們都不能忽略一個事實：不論是再怎麼親密的關係，彼此也依然是獨立的兩個個體，誰都不可能要求對方為自己而活。

每個人都是獨一無二的存在，每種想法、樣貌都應該被尊重與包容。

其實，人是不可能改變另一個人的，就算我們覺得自己的想法是多麼正確，多麼符合主流觀點，那都是個人定見。

就算真的覺得自己是為對方好，但硬要對方按照自己的方式調整，也只是強迫罷了。

人與人相處，本來就是彼此包容，不強求改變對方，不去踩對方底線，同時依然相互扶持。我尊重你的自由意志，但也把你的需要放在心裡。於是我和你之間，是剛剛好的伸展空間，卻又不過度疏離。親子、伴侶、朋友之間都是如此，最好的狀態，是我們都保有自己獨特又豐富的樣貌。

於是我們都能在關係裡，彼此包容，也各自安好。

Week 45

溫柔

溫柔是一種融合了尊重、關懷與愛的態度，在對待自己、他人和環境的方式上，體現我們對生命的珍視。溫柔並非忍讓，也不是脆弱，它其實反映了我們內心更強大的韌性和善意。

Quotes for You

雖然這個世界有著許多溫暖，可是不要天真地對弱肉強食的現實視而不見。別讓惡意得寸進尺，讓自己溫柔而強韌，現實才會對你尊重、待你溫柔，生活才有餘裕。

Day 1

這一週，關於「溫柔」，你承諾要做的事情是？

Day 2

說到「溫柔的人」，你會想到誰？為什麼？

Day 3

對你來說，要成為一個溫柔的人，需要具備哪些特質？

Day 4

你最想改掉的一個自我苛責的習慣是？例如：犯錯的時候總是輕易討厭自己。

Day 5

每個人都需要一個專屬的「溫柔」空間，讓自己能夠安靜地接納所有情緒。若要設計你自己的溫柔空間，你會怎麼做？

Day 6

你曾經在什麼時候，被他人的溫柔關懷給拯救了？

Day 7

這個禮拜，思考了「溫柔」後，你有什麼發現或感受呢？用一個字、詞、句子、一段話，或是一幅隨筆的繪圖，記錄本週的覺察。

溫柔的人，必定是最強大的人

溫柔的人，擁有細心呵護自己與世界的意願。他不只給予自己愛意，也願意將愛分享出去。

當我們以溫柔的心態對待他人，我們不僅傳遞關懷，更將自己融入到一個愛的共同體中。我們的每一個微笑、每一句關切的話語，都是溫柔的表現，讓彼此感受到相互理解和珍視的美好。

每一次的分享，都是我們將幸福增值的時刻。當我們用溫柔的心與他人交流，就打開了內心的窗，讓陽光灑進彼此的生命裡。無論是一個小小的微笑，還是一次深刻的言語交流，都是幸福在彼此之間綻放。

而感謝，是我們所能給予最美的回饋。當我們感受到他人的關愛和付出時，感激便會湧上心頭，化為一句句真摯的言語、溫柔的微笑，不僅表達了我們的誠意，更加深了彼此的連結。

溫柔的人，擁有最強大的能量。對自己溫柔的人，必定也願意對他人溫柔以待。

Week 46

珍惜

世上沒有恆久，也沒有絕對。當你不再用「理所當然」的觀點看待身邊一切人事物時，才會懂得珍惜一切。珍惜，是知道萬物終有時，我們只是有緣相逢。若能懂得珍惜，便能減少匱乏的感受。

Quotes for You

不快樂，往往是因為與別人比較，渴望成為別人。但，我們永遠不會與別人一樣，而我們的那些想要也未必真正需要。

Day 1

這一週，關於「珍惜」，你承諾要做的事情是？

Day 2

此刻，對於周遭的一切，你最珍惜的是？

Day 3

你珍惜自己擁有的三件事物是？

Day 4

在你與他人的關係裡面，你最想珍惜的是？

Day 5

你喜歡自己房間的三個理由是？

Day 6

你的十個優點是？

Day 7

這個禮拜，思考了「珍惜」後，你有什麼發現或感受呢？用一個字、詞、句子、一段話，或是一幅隨筆的繪圖，記錄本週的覺察。

要學會「珍惜」與「捨得」

我一直認為，想要活得自在，就要學會「珍惜」與「捨得」。

珍惜自己擁有的，捨得不適合自己的。無論做了任何選擇，必定有得也有失。不用羨慕也不必懊悔。盡人事，然後聽天命，但求無愧於心，懂得順勢而為，隨遇而安。

生命或許是每過一天就減少一天，但能與自己在乎的人在一起，那就是每過一天就多賺一天。

好好把握自己的時間，珍惜每個當下。時間之所以寶貴，是因為它可以讓你做到很多事、認識更多人，或欣賞更多這個世界的美好。但，別以為「珍惜時間」就是一定要做正經嚴肅的事，玩樂放空不等於浪費時間，所謂的浪費要由你來定義，時間終究是你的，你認為怎麼使用它才叫善用，這樣才是真正的把握時間。

人生中大部分的事物都是好壞參差，不會全都圓滿，也不會完全破損，所有的得失都是一時的，終究都會過去。選擇看淡，並不是真的全都無所謂，而是不再讓無能為力的事一直為難自己，明白自己還擁有很多很多。

那些不在身邊的人事物未必適合你，所有在你身邊的都是因為你值得才會來到，珍惜這一切，然後踏實地、安穩地，我們會越來越好的。

Week 47

收穫

生命有獲得，便有遺憾，然而在心中留下的缺憾，總會轉化成另一種動力，驅使我們行動，並在過程中得到不同的收穫。你願意用這樣的眼光去看待嗎？

Quotes for You

以前一直努力獲得，到了一個階段，便發現自己需要的沒那麼多，有些甚至還會影響到生活。慢慢地，會開始理解自己該捨棄一些人事物，比方說不在意我的人，比方說沒有意義的聚會應酬，比方說任何不合適的事物。有時，捨棄才會有獲得。

Day 1

這一週，關於「收穫」，你承諾要做的事情是？

Day 2

這世界不總是美好，但依然有可喜可愛之處。至今為止，人生給予你最大的收穫是？

Day 3

以為會失敗、最後卻出乎意料成功的經驗是？

Day 4

最近在人際關係裡得到的一個收穫是？

Day 5

工作或課業上，你從失敗中得到最大的收穫是？

Day 6

你對「收穫」的定義是什麼？

Day 7

這個禮拜，關於「收穫」，你有什麼發現或感受呢？用一個字、詞、句子、一段話，或是一幅隨筆的繪圖，記錄本週的覺察。

我們所給予的，終將成為收穫

愛與關懷是一種美麗的連結。當我們願意付出，能夠為彼此的生命帶來光輝，為彼此的靈魂帶來滋養。而每種給予，都是種子，在人與人的交流這片土壤播下。儘管一開始可能以為是單向的對他人付出，我們卻會在時間發酵的過程中，見證自身的心靈因給予幫助而感到喜悅，進而收穫獨一無二的成長。

不論是正向的意念、關懷的語言、具體的幫助，都在會在彼此心中佔據一角，隨著時間，慢慢生根發芽。這份美麗會在彼此之間綻放，使情感的連結更加強韌，為生命的旅程增添色彩。

每種給予，都是未來收穫的種子。雖然可能不會立刻看到結果，但在恰恰好的時機點，這些種子將開出最美麗的花朵，給予我們驚喜。正如大自然的循環，我們所給予的終將轉化為收穫，完滿我們心靈的豐盈。

Week 48

遺憾

人生總有遺憾，生命總有不完美。但也因為有所殘缺，於是我們能在其中找到改變的可能，也感受更完整的體悟，使我們成為更立體的人。面對遺憾，我們需要的不是完美，而是完整。

Quotes for You

對於許多事，但願你都能盡力，也要盡興。人生的變數太多，我們要把日子過得好，把自己照顧好，能吃就吃，能玩就玩，想做的事就做，想見的人就見，將來說不定連讓你遺憾的時間都沒有。

Day 1

這一週，關於「遺憾」，你承諾要做的事情是？

Day 2

至今為止，你有什麼樣的小小遺憾？

Day 3

在你生命裡曾發生過的遺憾，給了你什麼樣的啟發？

Day 4

你後悔沒做的事情是？

Day 5

為了達成人生目標，你必須放棄哪些事物？

Day 6

人生中的哪一次經歷，儘管結果並不完美，卻改變了你的人生觀？

Day 7

這個禮拜，關於「遺憾」，你的新發現是？用一個字、詞、句子、一段話，或是一幅隨筆的繪圖，記錄本週的覺察。

遺憾
是旅程的獨有標記

你是怎麼看待遺憾這件事的？我們都不希望它發生，然而，遺憾正是生命中無法迴避的一部分。

因為人本來就不是一致且平面的，當我們能用更寬廣的眼界望向自己周遭發生的事物，或許就更能明白，遺憾的背後隱藏了翻轉的力量。而這樣的想法，往往能帶來更完整的我們。

接納遺憾的發生，我們因此明白生命的複雜性，並且無需否定自己的感受，因為珍愛和憤怒可以並存。承認自己既有感激也有委屈，我們得以保持真實和完整的自我。

生命裡的遺憾，都是真的，但，收穫也同樣真實！

當我們足夠成熟，就可以選擇怎麼看待眼前所見那些不完美的事物。當我們學會珍惜，即便是帶有遺憾的當下，也能從中吸取教訓，豐富生命的意義。

遺憾可以是美麗的疤痕，留在心上，成為人生旅程的獨有標記。如果生命從未有過遺憾，當我們年華老去時，又將如何回味生命中那些值得細嚼的瞬間呢？

Week 49

傾聽

無論是傾聽他人或自身，都必須打開所有感官與你的內心，才能觸及到心靈最柔軟的部分，進行最真實的思想交流。

Quotes for You

生活忙碌又緊湊，大家幾乎只容得下自己的事情，通常已沒有餘力，再去揣度別人的心思或考慮別人的處境。有人陪伴並關心，那是老天眷顧，請好好珍惜。而對方有事時，請讓他知道，你都在，你願意聽。

Day 1

這一週，關於「傾聽」，你承諾要做的事情是？

Day 2

誰是你最想傾聽的對象？

Day 3

此刻的你，最想對自己說什麼？

Day 4

最近，對你影響最深刻的一件事是？你有什麼感覺？

Day 5

你最想被誰傾聽？

Day 6

最近，你的心情如何？

Day 7

這個禮拜，關於「傾聽」，你的新發現是？用一個字、詞、句子、一段話，或是一幅隨筆的繪圖，記錄本週的覺察。

傾聽，讓彼此建立深刻的羈絆

你有多久沒有傾聽自己的聲音？呼吸的聲音、喝水的聲音、心跳的聲音。又有多久沒有關注周遭的聲音？人們的奔跑、嬉鬧、疲憊、傷心。

傾聽，是一種溫柔的魔法，它在沉默中傳遞著無聲的關懷，加深了心靈的連結。當我們停下來，聆聽他人的聲音，不僅能聽到言語、字句，更能聽到內心的呼喚和感受。

每個人的心裡都有一個故事，一個想要被聆聽的故事。而我們，可以成為那個傾聽者、默默的陪伴者。在他們說話的時候，我們不必急於表達自己的意見，只需要靜靜地打開耳朵、眼睛與心，等待故事流瀉其中。

傾聽是一種學習，學習放下自己的焦慮和思緒，將心靈完全投入到對方的世界。這不僅是一種尊重，更是一種愛的表現。透過傾聽，我們能夠建立更深刻的羈絆，與他人的心靈互相觸碰，彼此分享著人生的點滴。

每一次傾聽，都是一次成長的機會。在聆聽的過程中，我們看到了更多的人生、更多的故事、更多的觀點。還可以從他人的經歷中獲取智慧，找到解決問題的方法，也可以從他們的快樂中感受到生活的美好。

讓我們在這個喧囂的世界，保留一顆傾聽的心，並用耳朵聆聽、用眼神傳遞、用心靈感受。成為一個溫柔的傾聽者，在每一場交流中，播種關懷與鼓勵，讓愛在言語間綻放。

Week 50

成長

隨著年歲成長，我們的心理也更加堅韌。能在不同層面上感受到進步，我們就更能達到身心平衡。關於自己的成長，你發現了什麼呢？

Quotes for You

成長，就是慢慢清楚對自己好的方法。難免會有不開心、不順心的時候，但已經明白怎麼調適心態與排解情緒的方式。

成長會讓我們發現什麼是重要的，沒有什麼比讓自己與身邊的人開心還重要了。

Day 1

這一週，關於「成長」，你承諾要做的事情是？

Day 2

過去這一年來，你認為自己最大的進步是？

Day 3

面對討厭的人事物，你希望自己怎麼更好地應對？

Day 4

過去這一年來，你認為自己在工作上的五個成長是？

Day 5

過去這一年來，你認為自己在人際關係上的五個成長是？

Day 6

過去這一年來，你認為自己在自我相處上的五個成長是？

Day 7

這個禮拜，關於「成長」，你的新發現是？用一個字、詞、句子、一段話，或是一幅隨筆的繪圖，記錄本週的覺察。

用力碰撞，才會有成長的機會

成長多半是帶著疼痛與代價的。它不會平白發生，因為這是個多面向且持續不斷的過程，不論生理、心理、情感、人際、價值觀，甚至專業技能，在一整段連續性的積累中，我們投注心血，付出努力，並在其中翻滾碰撞後，逐漸看見自己的進步與變化。

成長可能發生在生命的各種經驗裡：與新事物的相逢、失敗的痛苦、生老病死，或是許多毫無道理的事件。這些往往就是轉化我們、使我們成長的機會。

人生究竟有沒有意義？所遇到的人到底是善是惡？這些都得花上力氣去碰撞，去體驗，才有獲得最終解答的機會。

於是，成長是一場充滿驚喜和探索的美妙之旅，它讓我們不斷挑戰自己，獲得智慧和成就，建立關係，並找到生活的意義。無論過程中遇到什麼，成長都是我們人生中最珍貴的經驗之一。

Week 51

前進

時間持續前進，我們的生命也不停往前奔馳。當你用心留意當下的每一刻，就會發現其實自己一直都在向前邁進。不必著急於追求他人的步伐，不論快慢，你都能找到屬於自己的節奏。

Quotes for You

允許自己有脆弱、不足或做不到的一面，那是為了保有繼續向前的機會與力氣。現在你認為是災難，過一陣子，再回首，會發覺不過就是漫長人生路上的一些小窟窿而已。

Day 1

這一週，關於「前進」，你承諾要做的事情是？

Day 2

你認為這個世界還能進步的地方是？

Day 3

這一年來，對於自己生活的步調，你想進行什麼調整？

Day 4

覺得迷惘而難以前進的時候，你可以怎麼做？

Day 5

對現在的你而言，最能鼓勵你前進的動力是什麼？

Day 6

生命中，誰是「比你自己還相信你」的那一個人？

Day 7

這個禮拜，關於「前進」，你的新發現是？用一個字、詞、句子、一段話，或是一幅隨筆的繪圖，記錄本週的覺察。

慢慢向前走，一切都會慢慢變好

我希望你能明白，人會迷惘、會寂寞、會無奈或會混亂，那都是正常的狀態，因為每個人都曾經歷過。以前，我也以為年紀再大一點，應該更有智慧、更有能力，但後來發現，無論在什麼歲數依然會遇到身不由己的情況，只是比較習慣、懂得看淡而已。放心，你不會那樣就被擊倒的，說不定會變得更好，至少會更懂得面對那些不好。

假如遭遇的那些讓人不堪回首，那就盡量往前看吧，一步一步慢慢向前走，有一天，會到達你回頭也不會看到那些過去的距離。

確實，每個人都懷抱著屬於自己的煩惱與不安前進，也有些人並不清楚自己該走向何處，那都沒關係的，本來就只有很少的人打從一開始就有明確的方向，大部分的人都是走著走著，才越來越清楚自己的路。

我也明白，有些人有天分、有才能，讓人心生羨慕。不過，我們別光是在後頭羨慕，然後自我放棄。我們有自己的路要走，或許努力很久也未必能趕上他們，可是放棄了，是鐵定什麼都達不到。要超過有天分的人也許很難，但，我相信只要盡力，仍然有機會緊跟其後，甚至旗鼓相當。

請允許自己有脆弱、不足或做不到的一面，那是為了保有繼續向前的機會與力氣。現在你認為是災難，過一陣子再回首，會發覺不過就是漫長人生路上的一些小窟窿而已。

Week 52

許願

對未來的願望與期待，能賦予我們希望及勇氣。許願就像是為未來的生命定下指引，引導自己前行，聚焦自己的方向。在這最後一週的練習，我們來許願吧。

Quotes for You

有些事是先相信才有機會出現的。比方說，安穩合拍的愛情、越來越好的生活、跌倒再爬起的勇敢、還有走錯路再修正的努力。也要相信自己，即使一時還沒實現，也不會自暴自棄，總會雨過天晴。

Day 1

這一週，關於「許願」，你承諾要做的事情是？

Day 2

未來一年，你想持續維持的正向特質是什麼？

Day 3

未來一年，你想為這個世界努力的地方？

Day 4

未來一年，你想為周遭朋友努力的地方？

Day 5

未來一年，你想為家人努力的地方？

Day 6

未來一年，你想為自己努力的地方？

Day 7

完成這個句子：「未來，我想成為＿＿＿＿＿＿＿＿的自己。」

努力許願，盡情向前邁進

沒有使用尺的前提下，如何畫好一條線？首先，先在紙上畫出一個起始點，然後，在另一頭，標記出終止點。

接下來的部分很重要！將你的視線聚焦在「終止點」上，然後，握好手上的筆，一口氣緩慢而堅定地從起始點畫向終止點。記住，眼睛只能看著終點！不要來回猶疑，也不要關注起始點。試試看吧。

如何？你是否很意外，這樣畫出來的線，竟然比平時畫的還要筆直許多？

人生不也是如此？即使有時不知道如何踏得穩當，也可能依然受起始的害怕與猶豫所困，但當我們將未來的目標清晰地標下，並且不設定得過於龐大及不切實際，就會發現路途沒有想像中崎嶇。

許願，能帶來勇氣與希望！畢竟，很多事情是「擔心出來的」，我們預先想像了困難，就會走得害怕惶恐。

人生，未知與不確定是必然，但帶著目標前進，就能無所畏懼。

請翻到第 9 頁，

查看自己一年前許下的願望。

你成為理想中的自己了嗎？

無論如何，你都努力抵達這裡了。

給自己一點掌聲，

明年也要繼續陪伴自己前行！

與自己交換日記

透過52週提問及365個練習，探索活在當下的樂趣

作　　者　阿　飛 A-fei
　　　　　李家雯 Heidi Lee
責任編輯　鄭世佳 Josephine Cheng
　　　　　黃莀肴 Bess Huang
責任行銷　鄧雅云 Elsa Deng
封面裝幀　李涵硯 Han Yen Li
版面構成　譚思敏 Emma Tan
內頁排版　Chang CC

發 行 人　林隆奮 Frank Lin
社　　長　蘇國林 Green Su

總 編 輯　葉怡慧 Carol Yeh
主　　編　鄭世佳 Josephine Cheng
行銷主任　朱韻淑 Vina Ju
業務處長　吳宗庭 Tim Wu
業務主任　蘇倍生 Benson Su
業務專員　鍾依娟 Irina Chung
業務秘書　陳曉琪 Angel Chen
　　　　　莊皓雯 Gia Chuang

發行公司　悅知文化　精誠資訊股份有限公司
地　　址　105台北市松山區復興北路99號12樓
專　　線　(02) 2719-8811
傳　　真　(02) 2719-7980
網　　址　http://www.delightpress.com.tw
客服信箱　cs@delightpress.com.tw
I S B N　978-626-7406-00-7
建議售價　新台幣380元
首版一刷　2023年12月

國家圖書館出版品預行編目資料

與自己交換日記／阿飛、李家雯(海蒂)．-- 初版．-- 臺北市：精誠資訊股份有限公司，2023.12
232面；14.8×21公分
ISBN 978-626-7406-00-7（平裝）
1.CST: 人生哲學 2.CST: 生活指導
191.9　　112017964

建議分類｜心理勵志

使用方法

搭配《與自己交換日記》使用，每天回答一個提問，並把自己的答案寫下。

兩頁一週的頁面設計，依你的需求靈活運用。待辦清單、習慣追蹤、小筆記、繪圖……想用什麼方式記錄一天都可以。

沒有靈感的時候，也可以翻翻書中的金句，意想不到的點子說不定就會造訪。

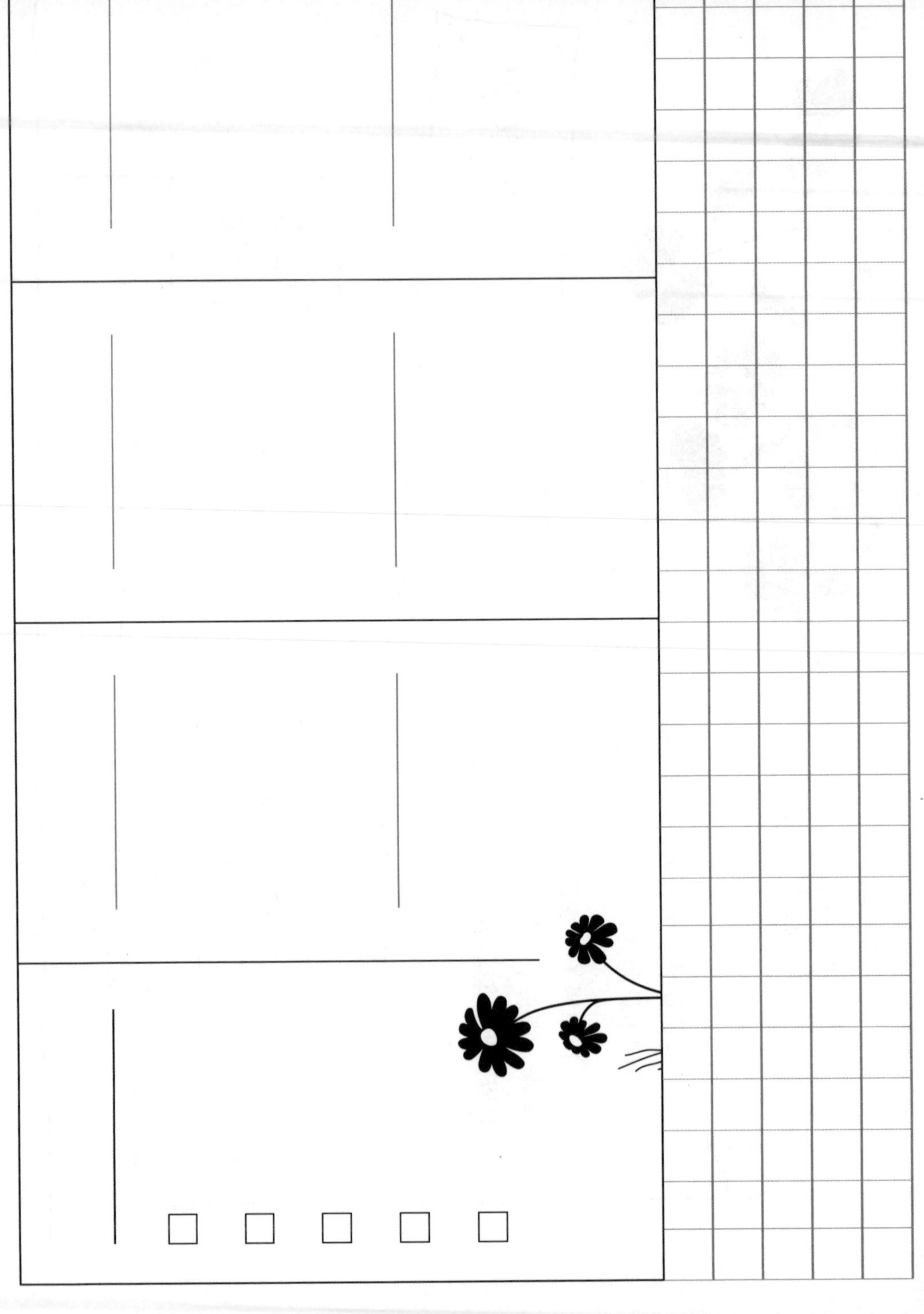

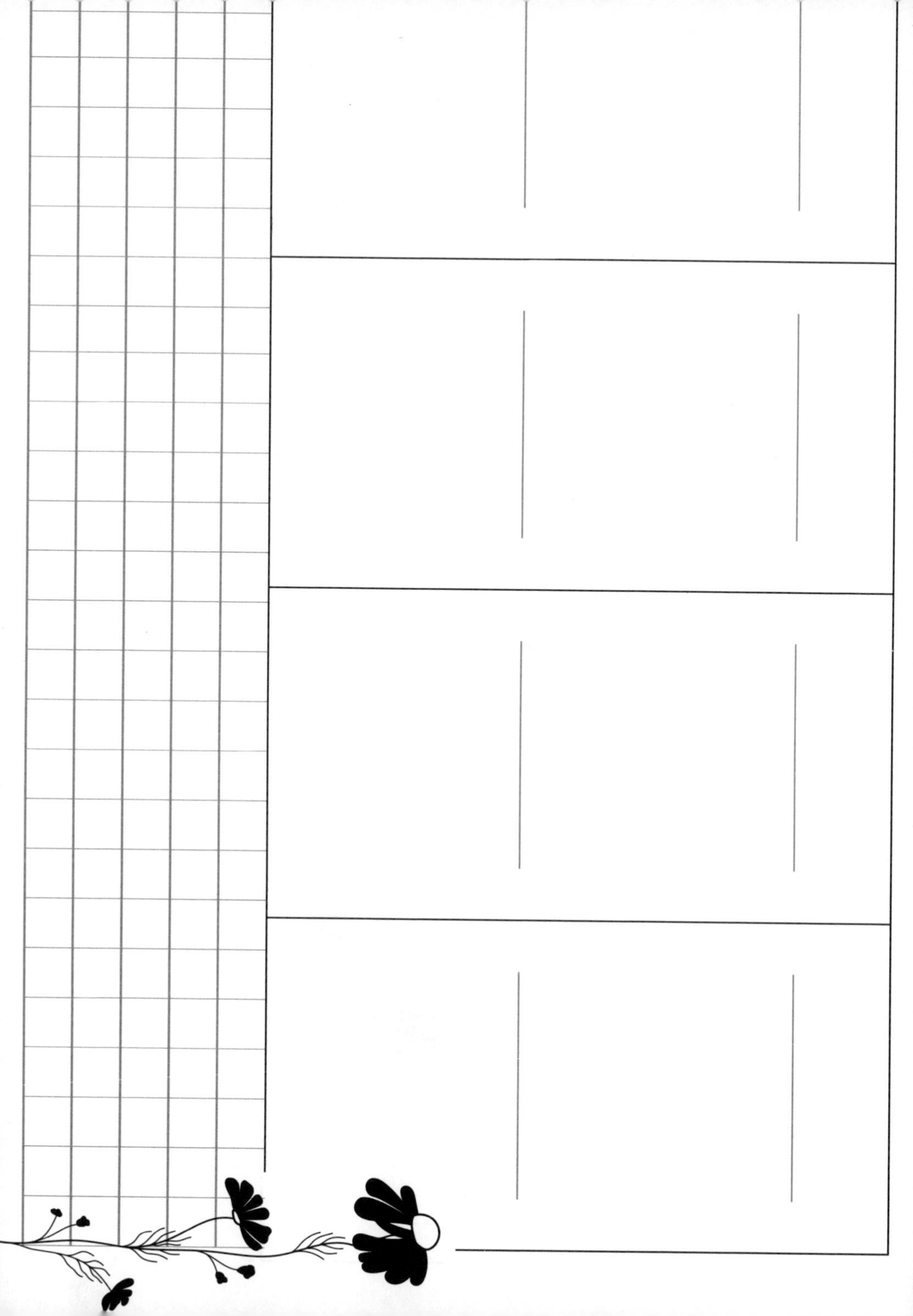

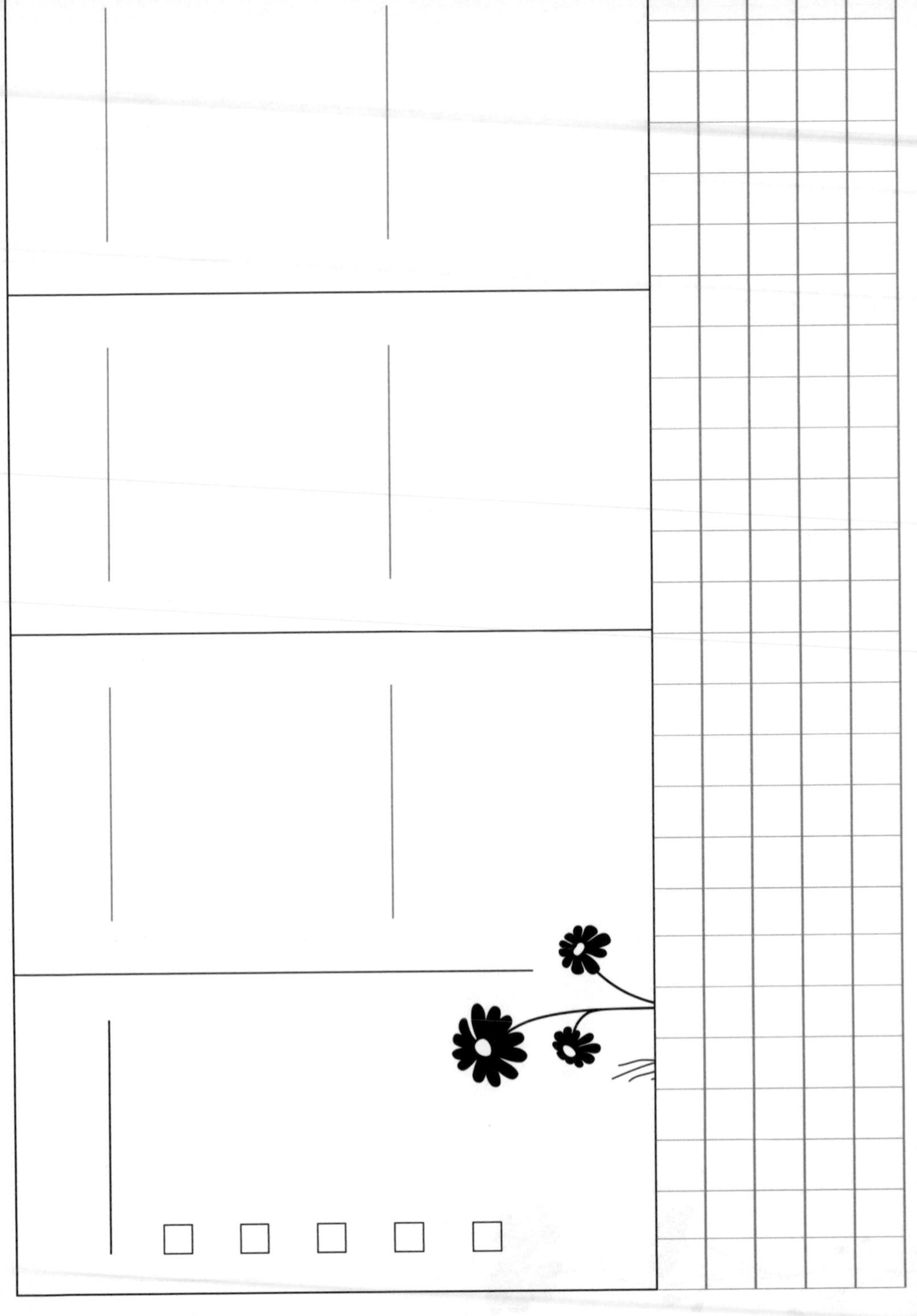

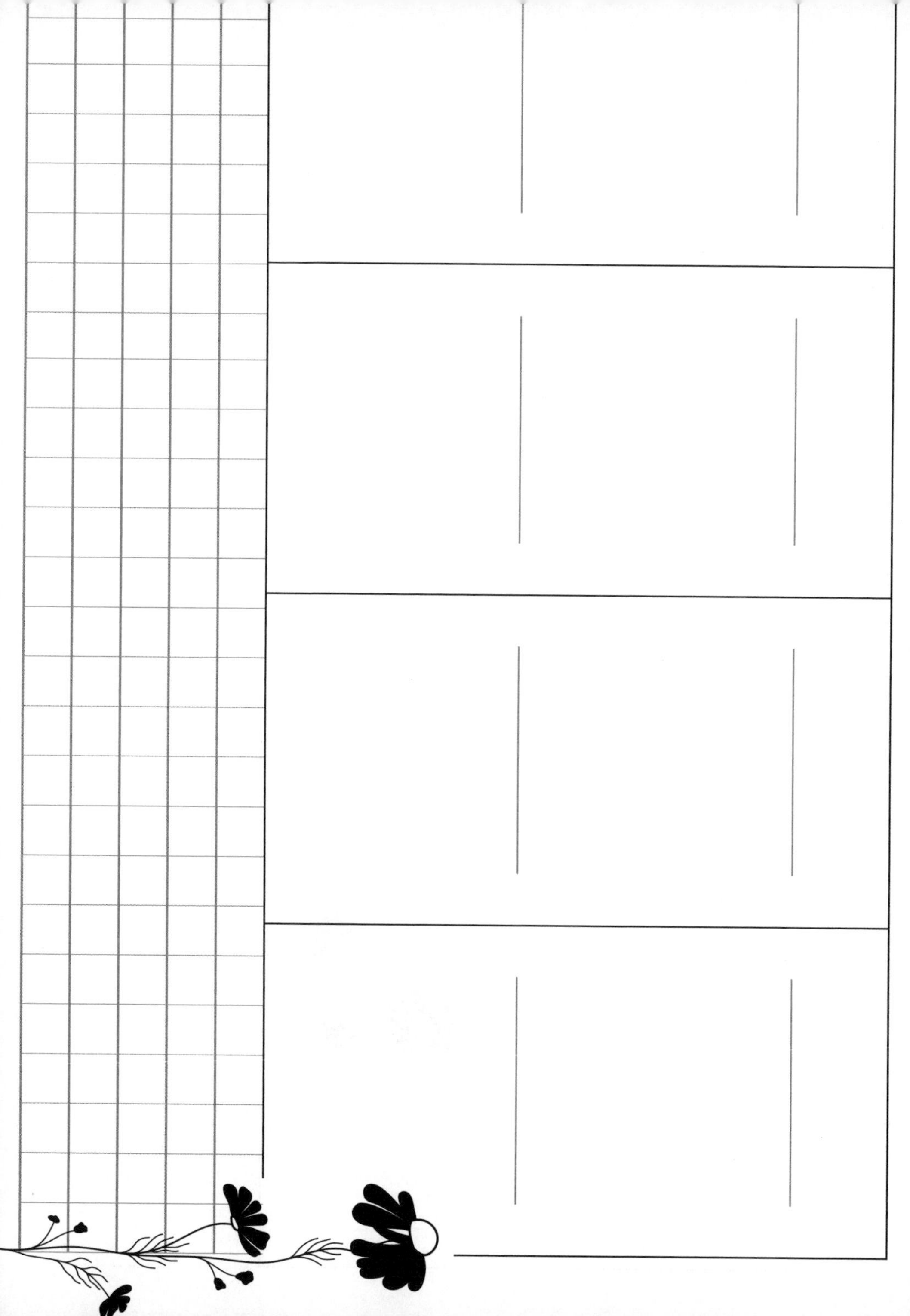

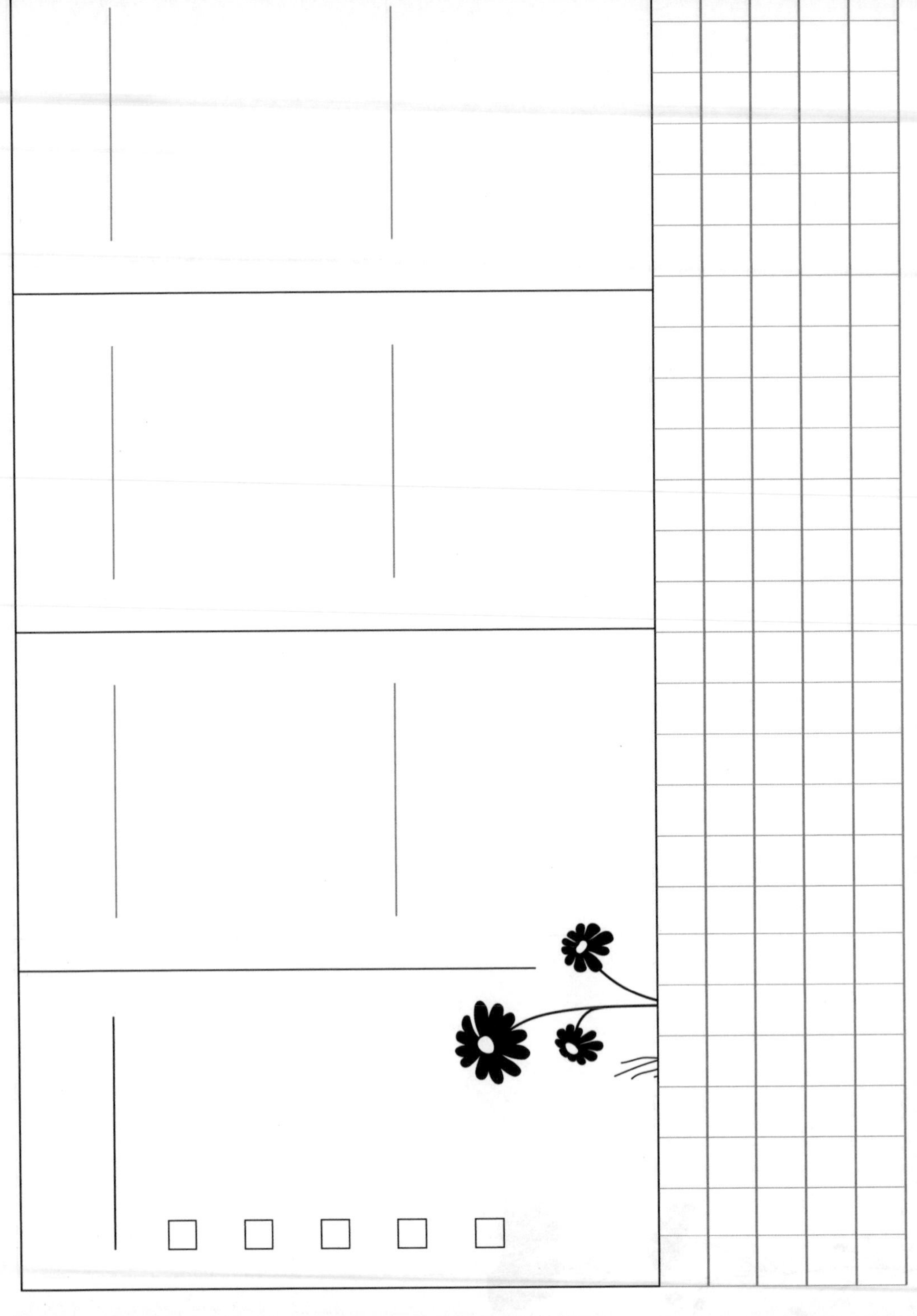

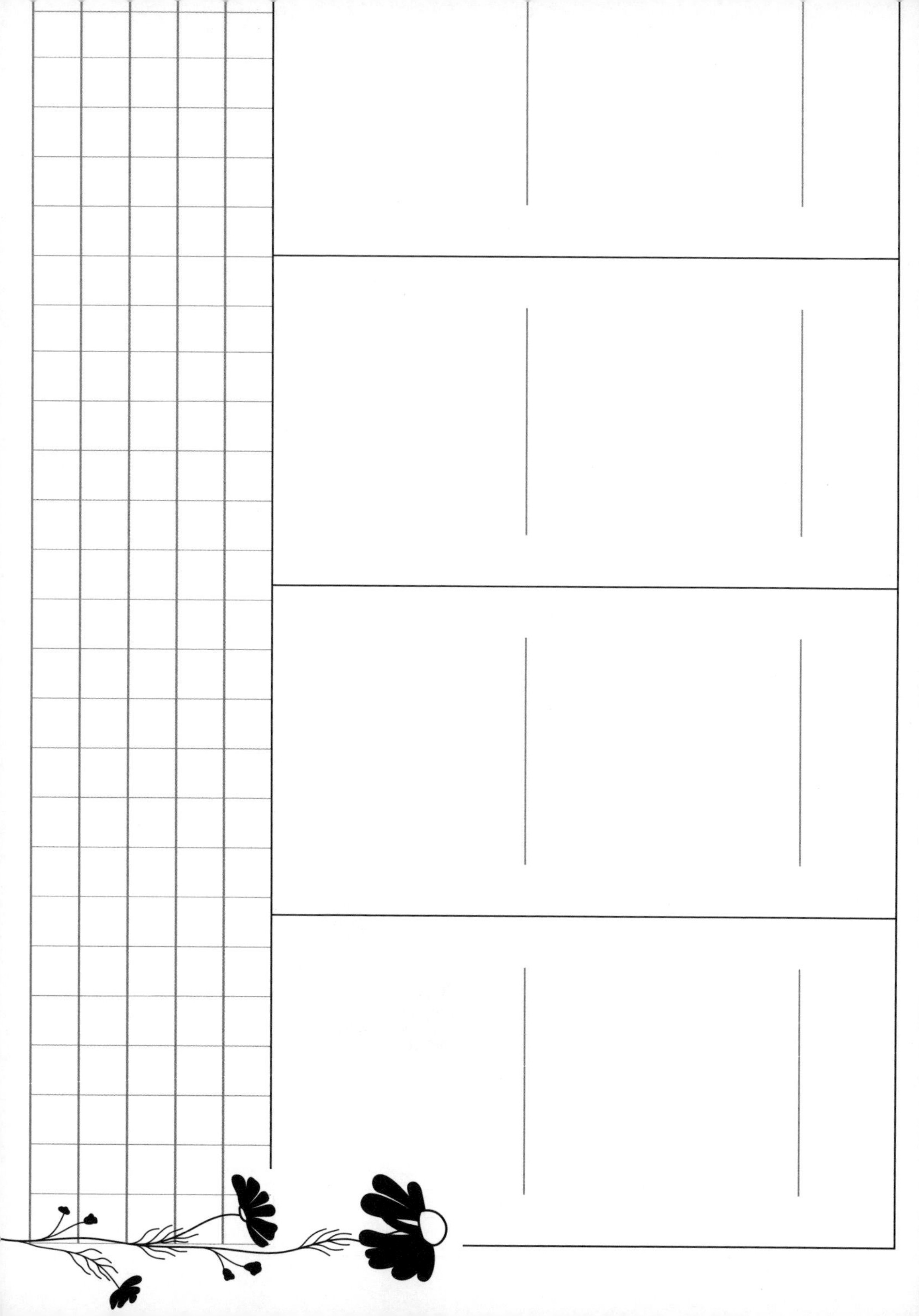

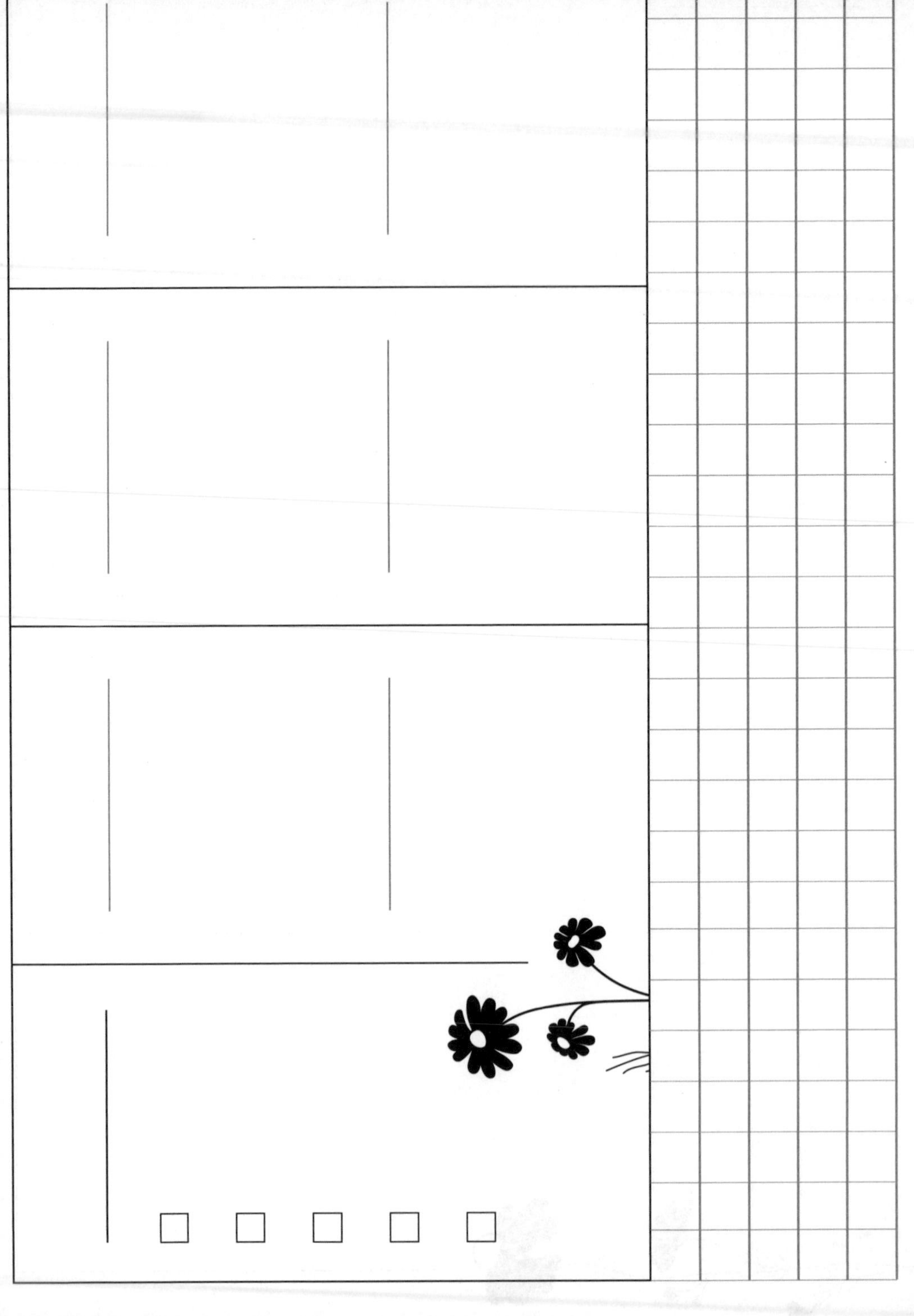

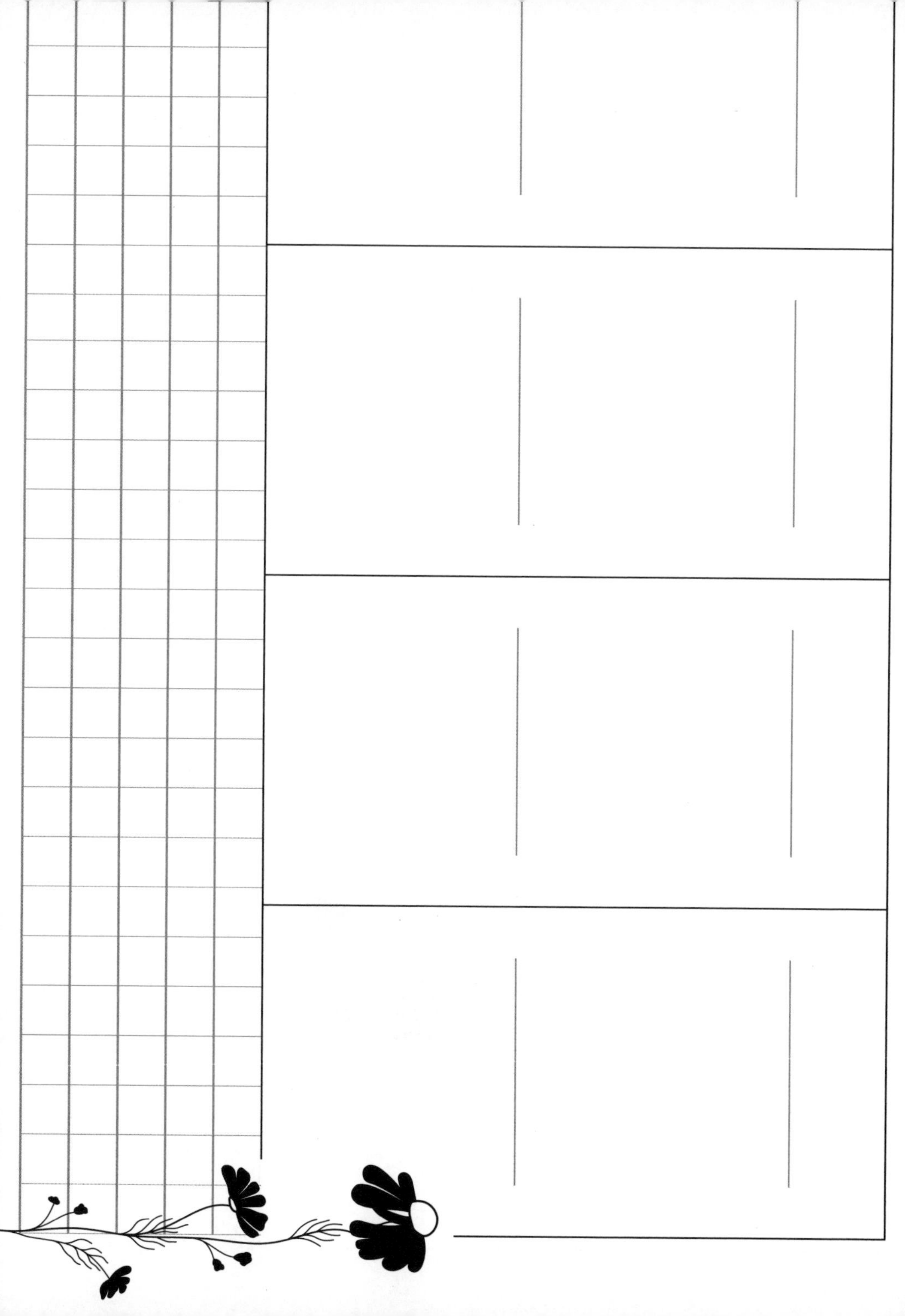

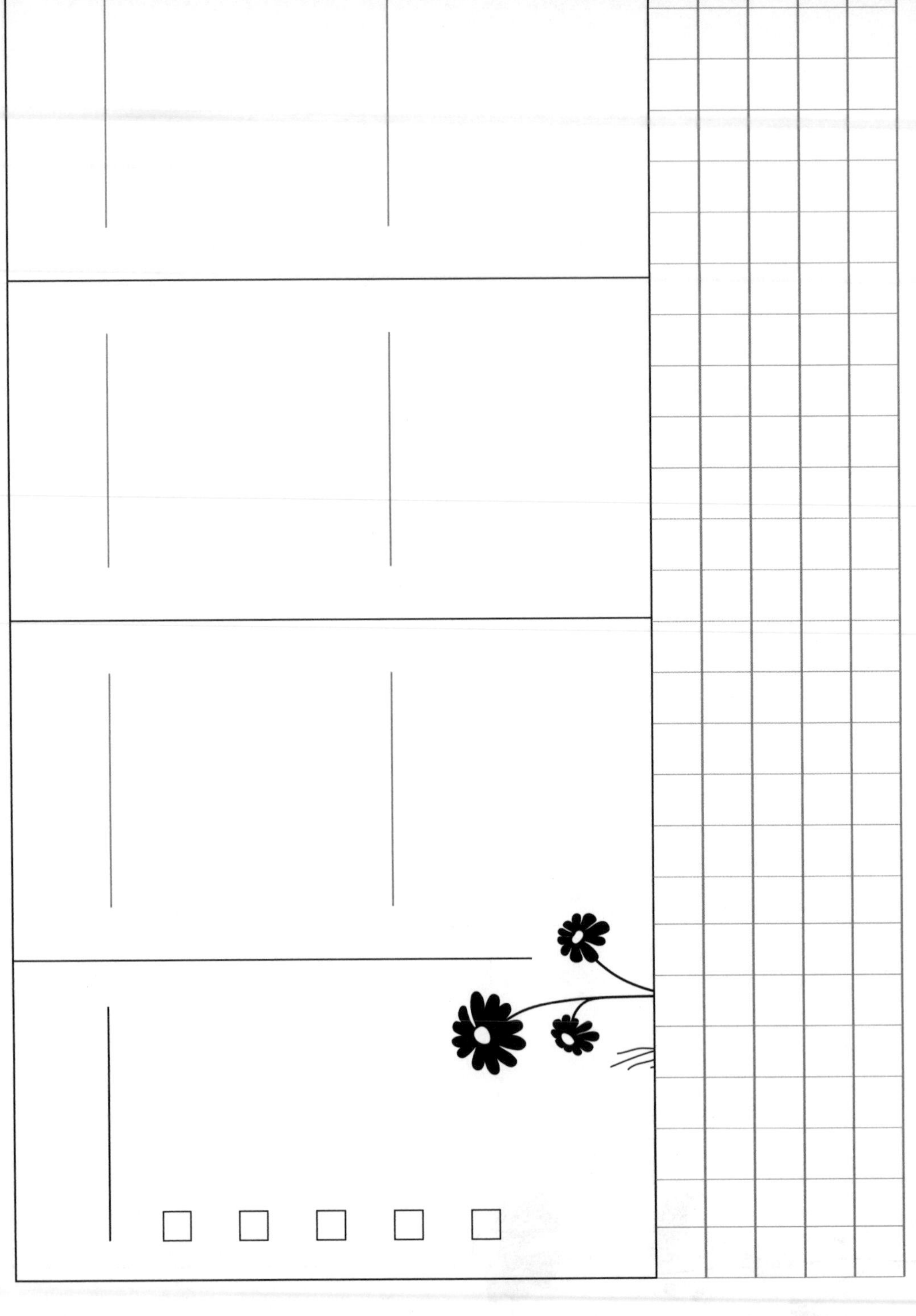

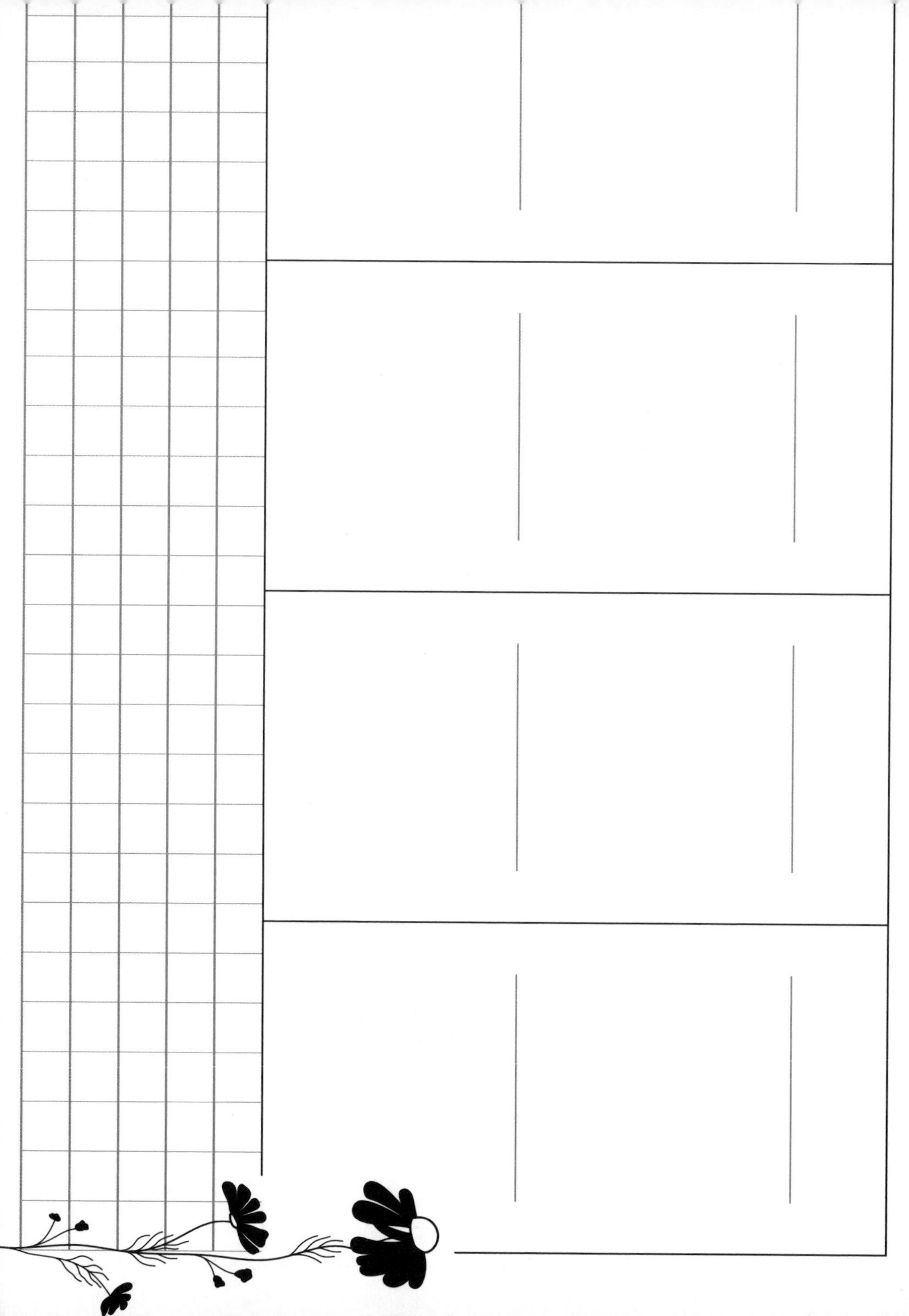

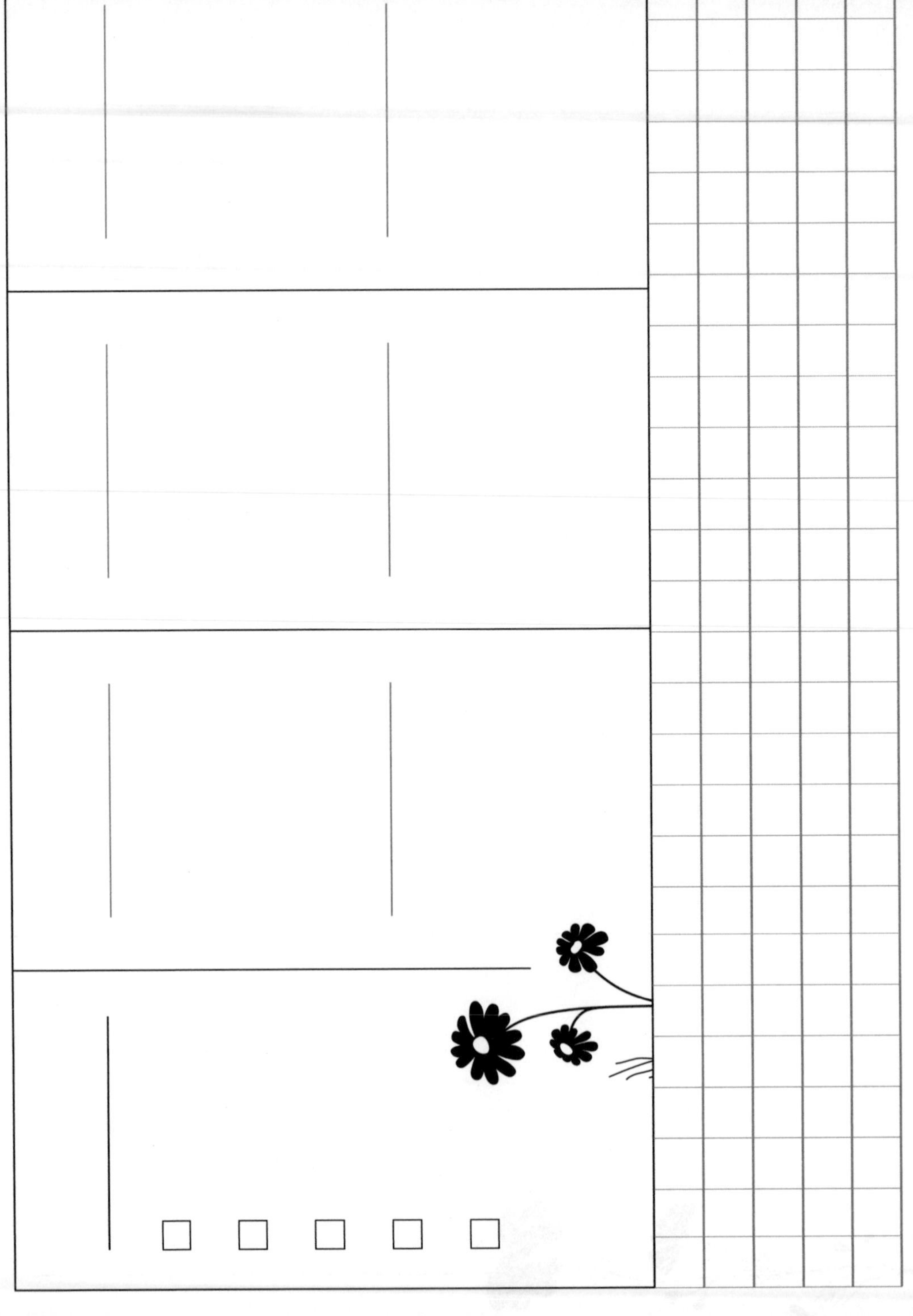

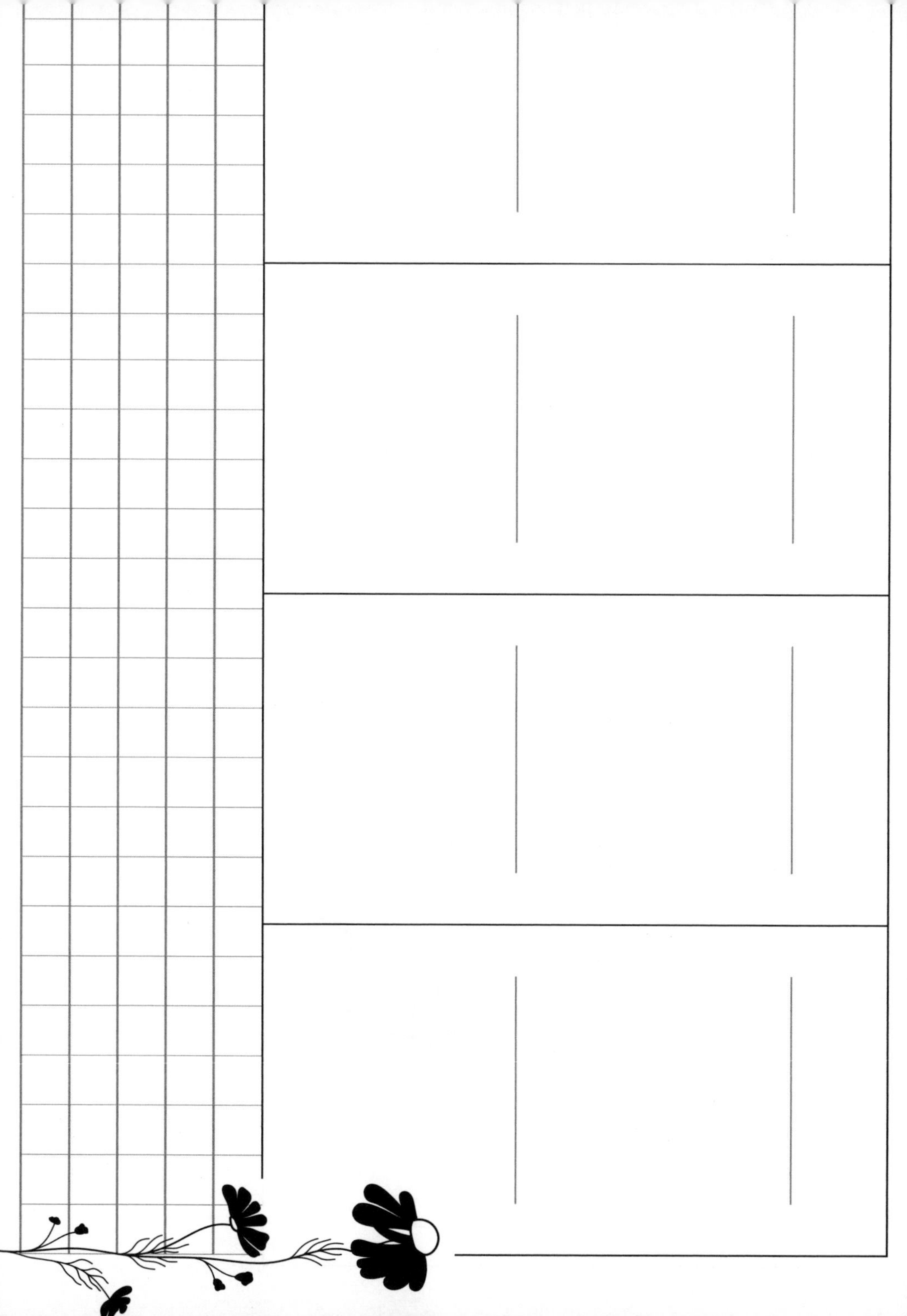

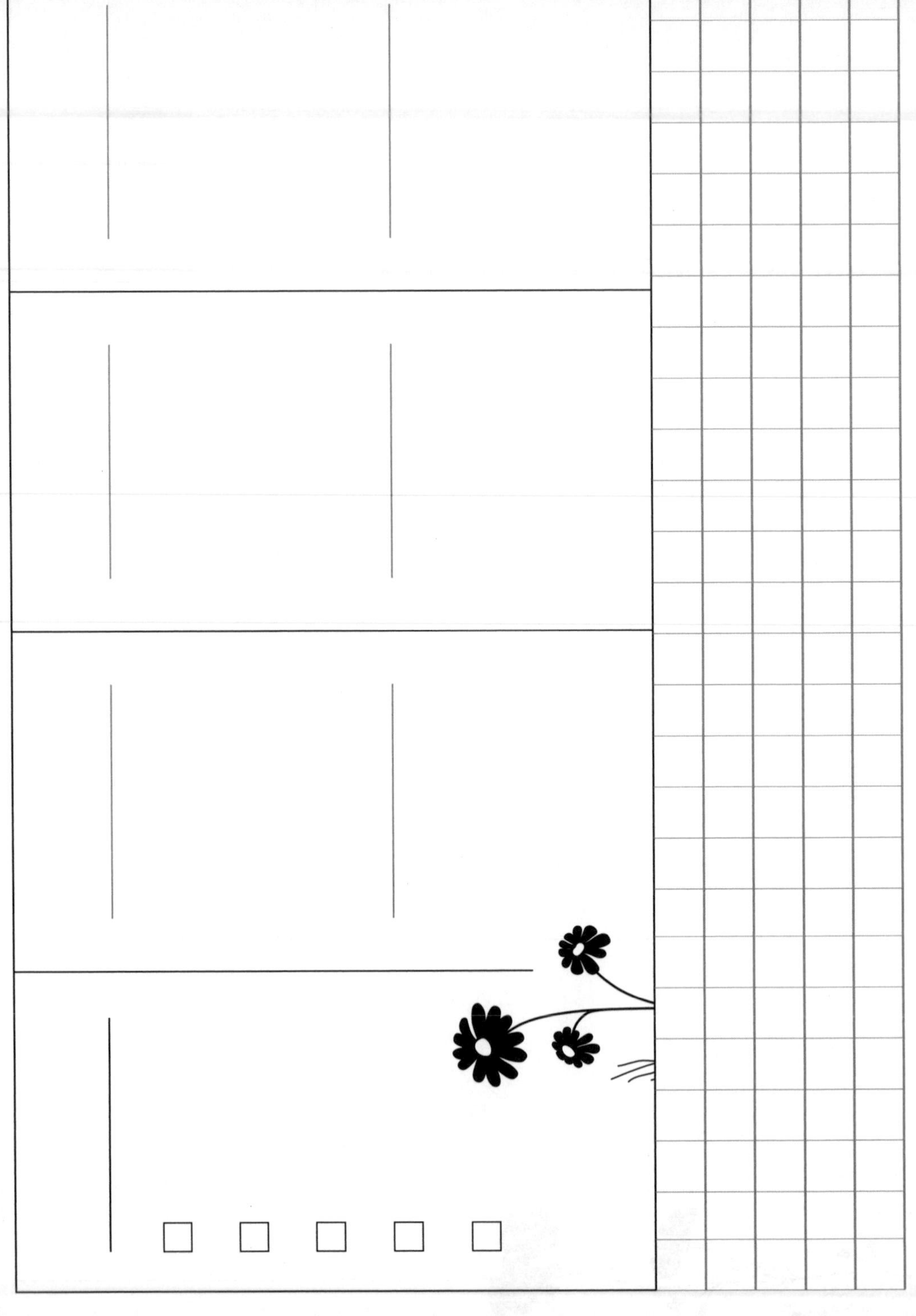

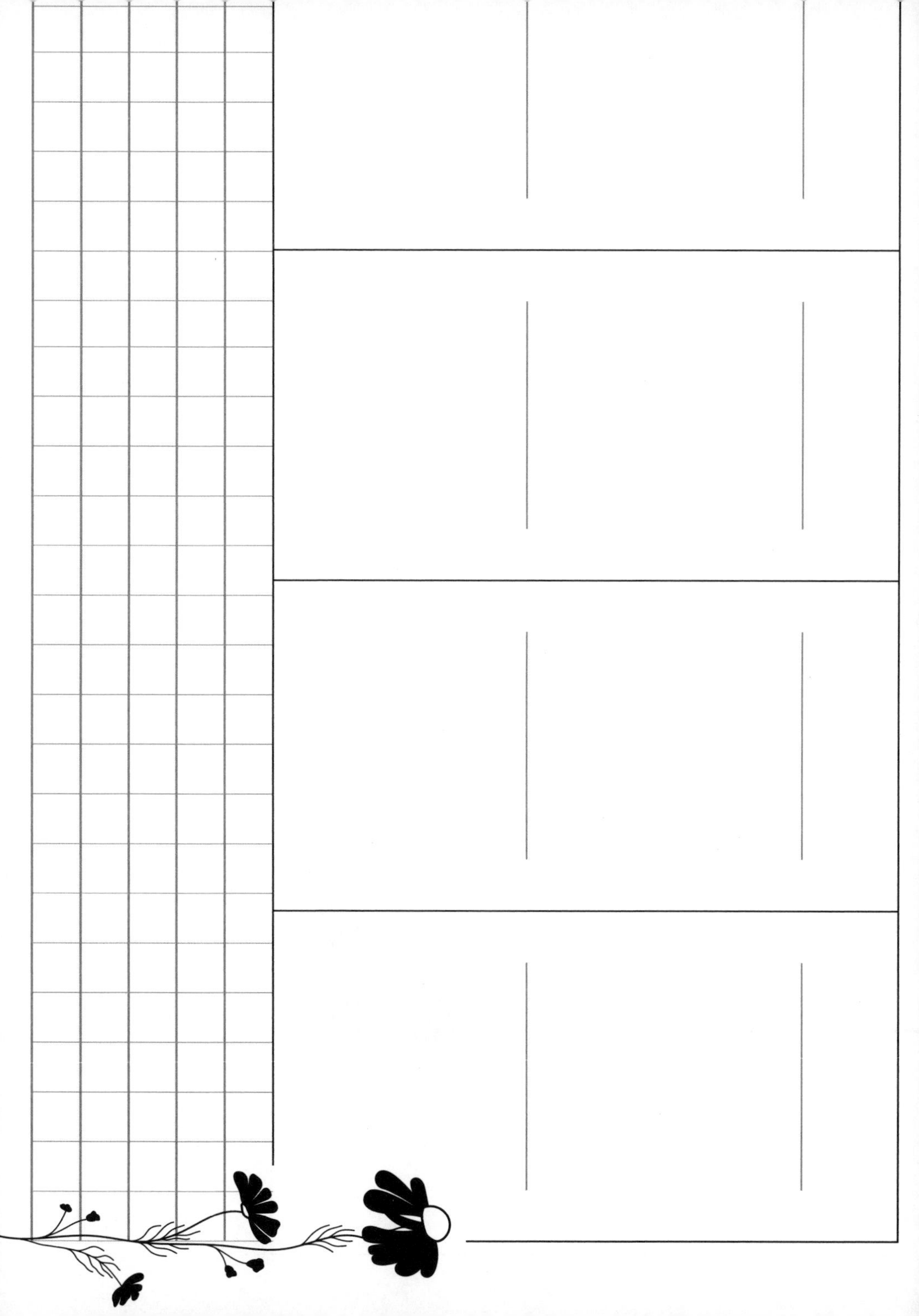

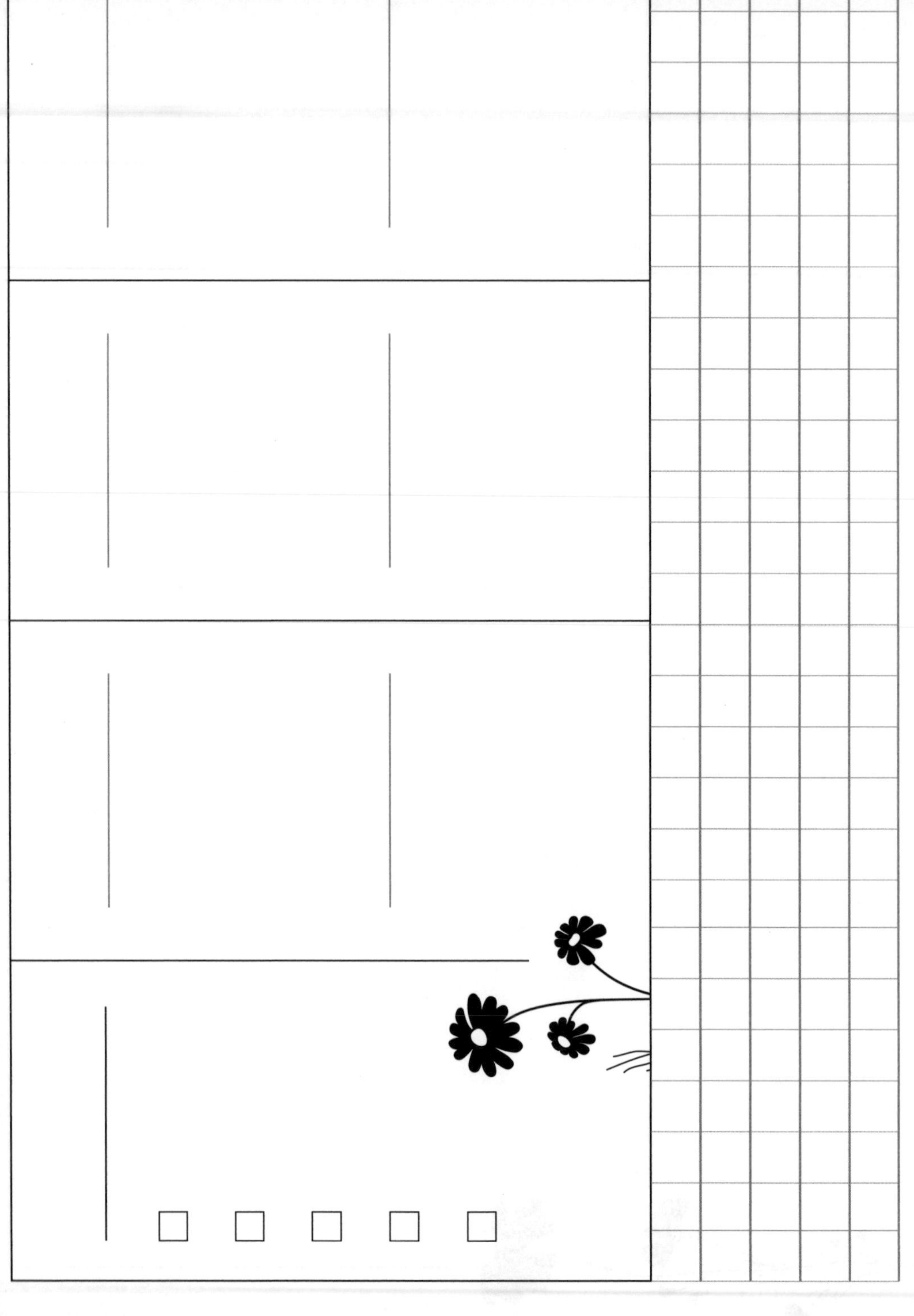

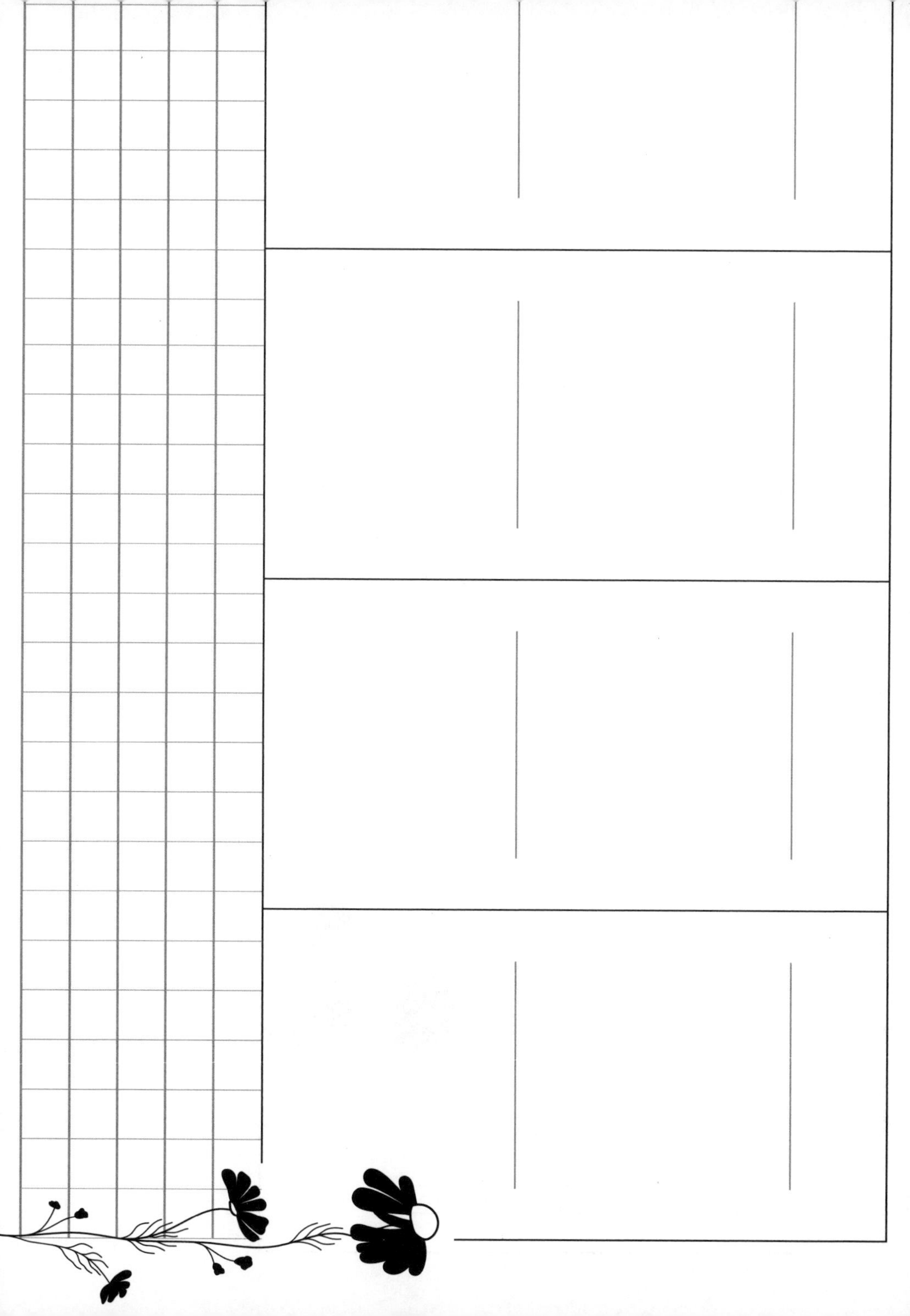

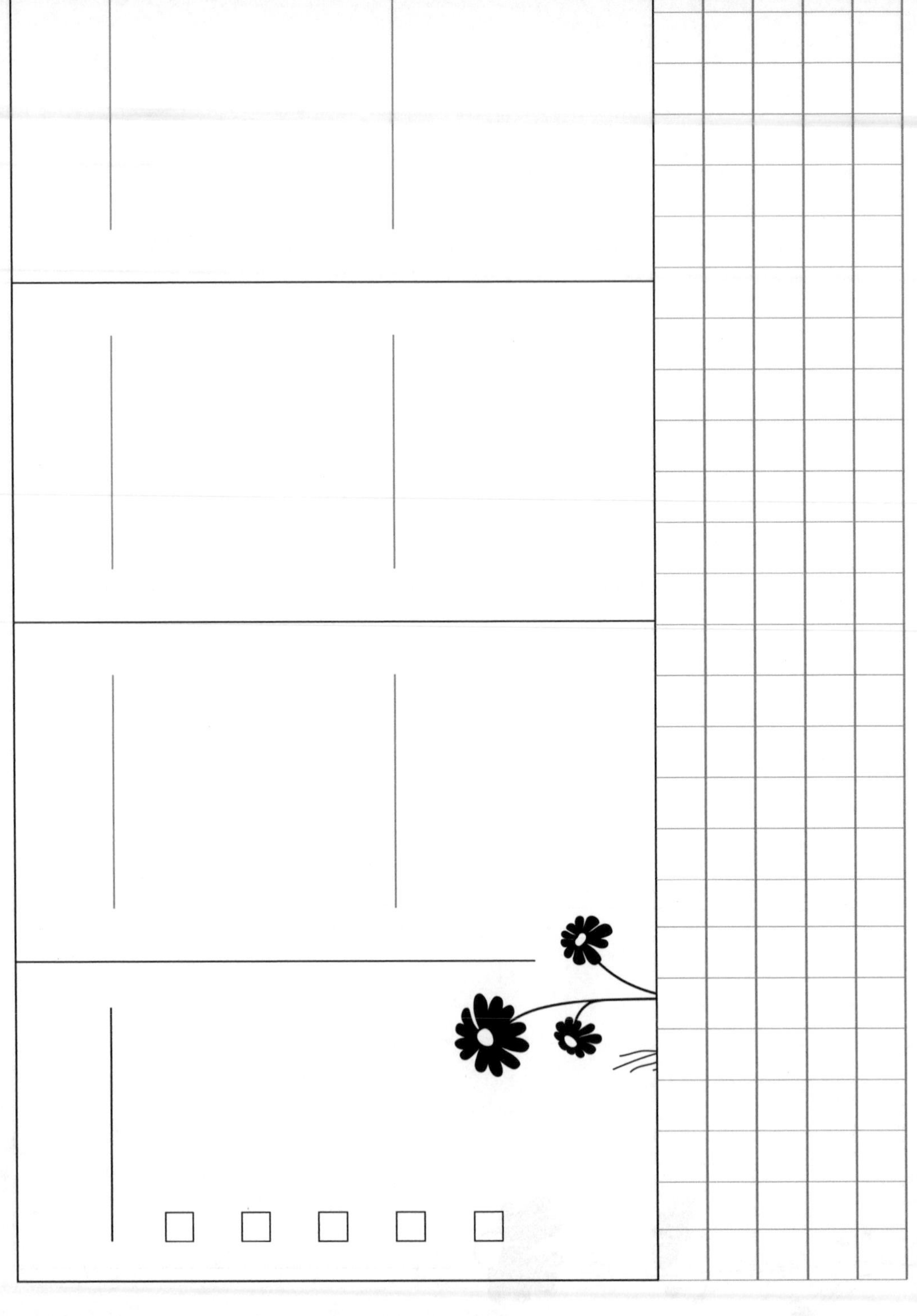

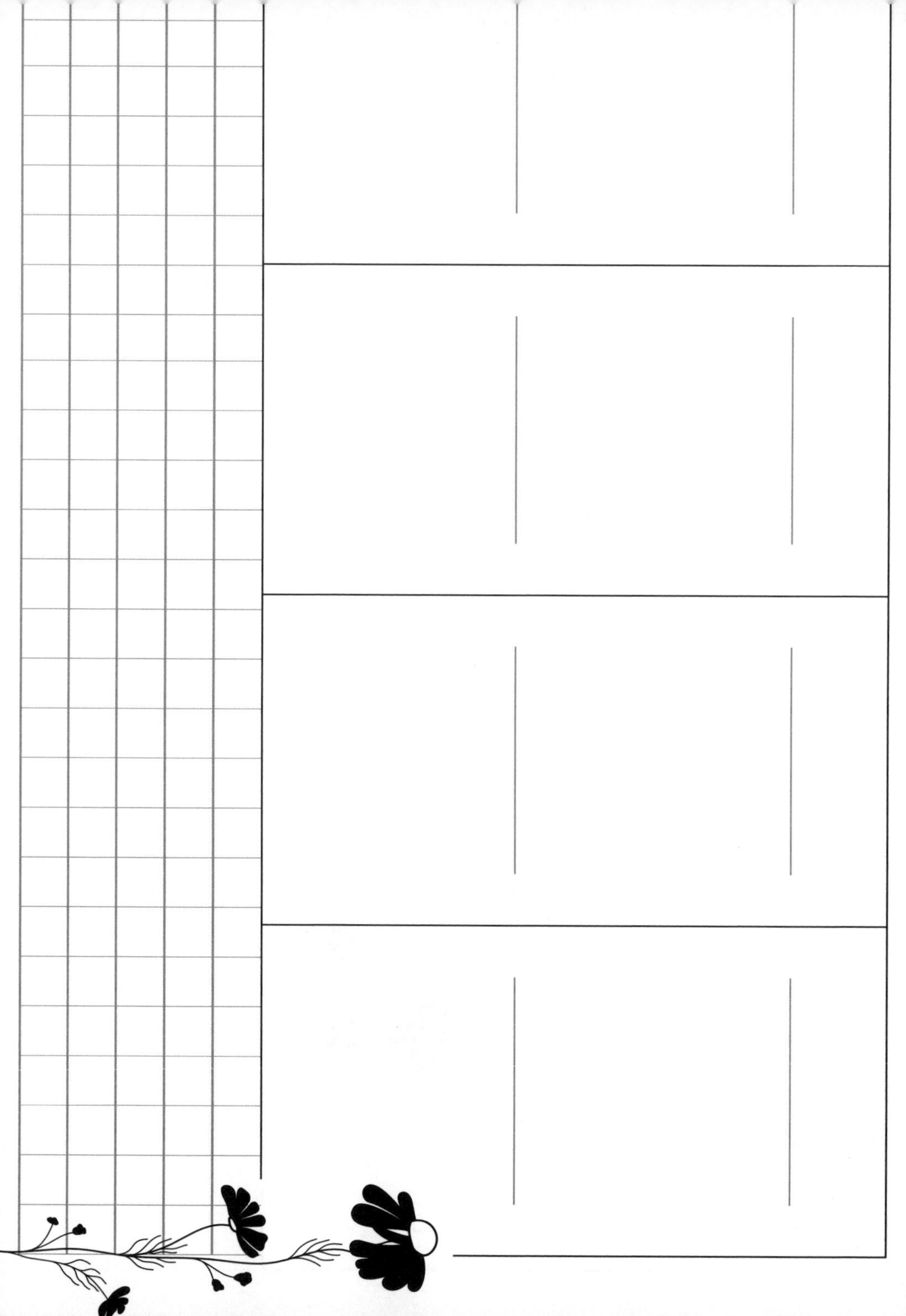

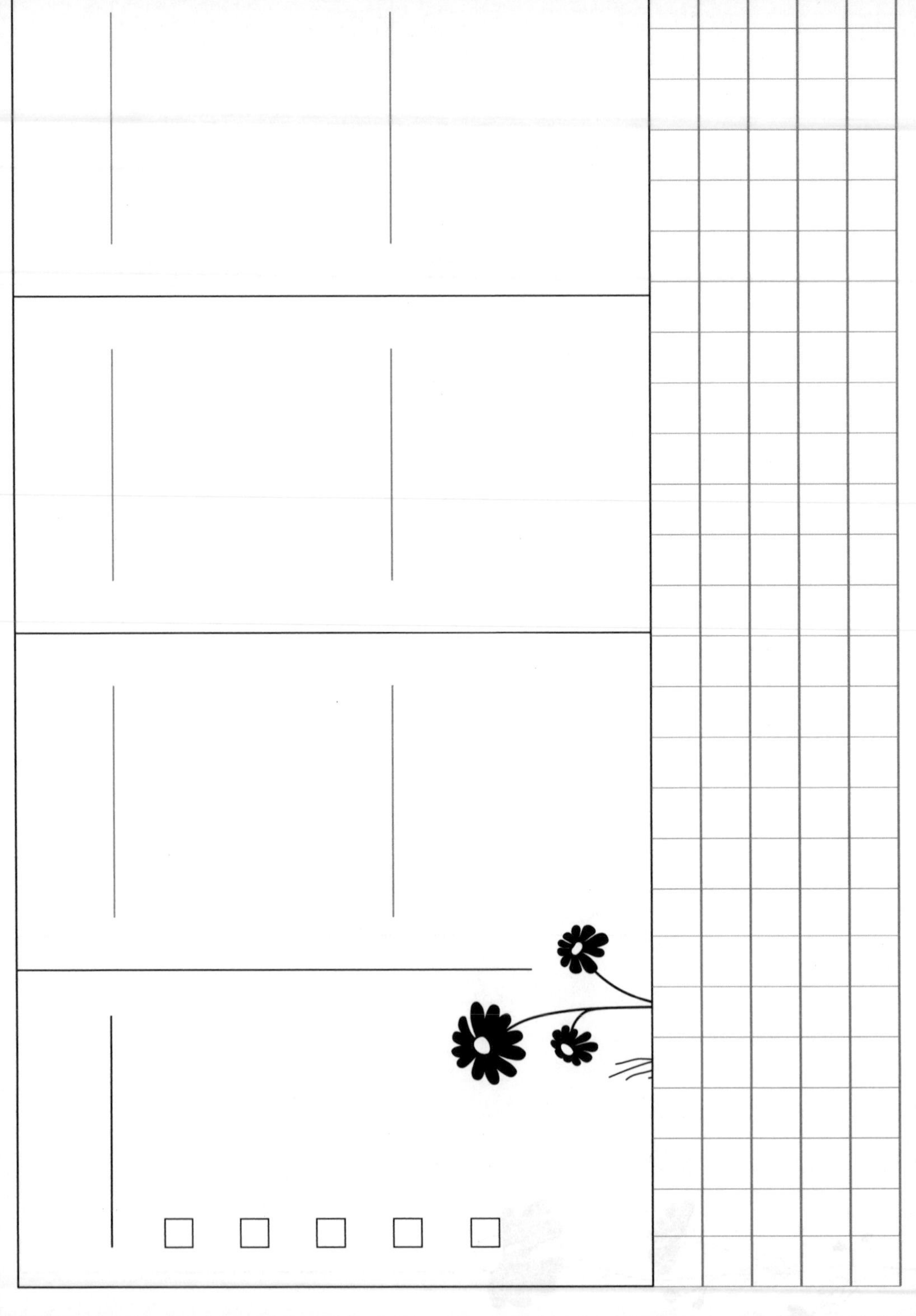

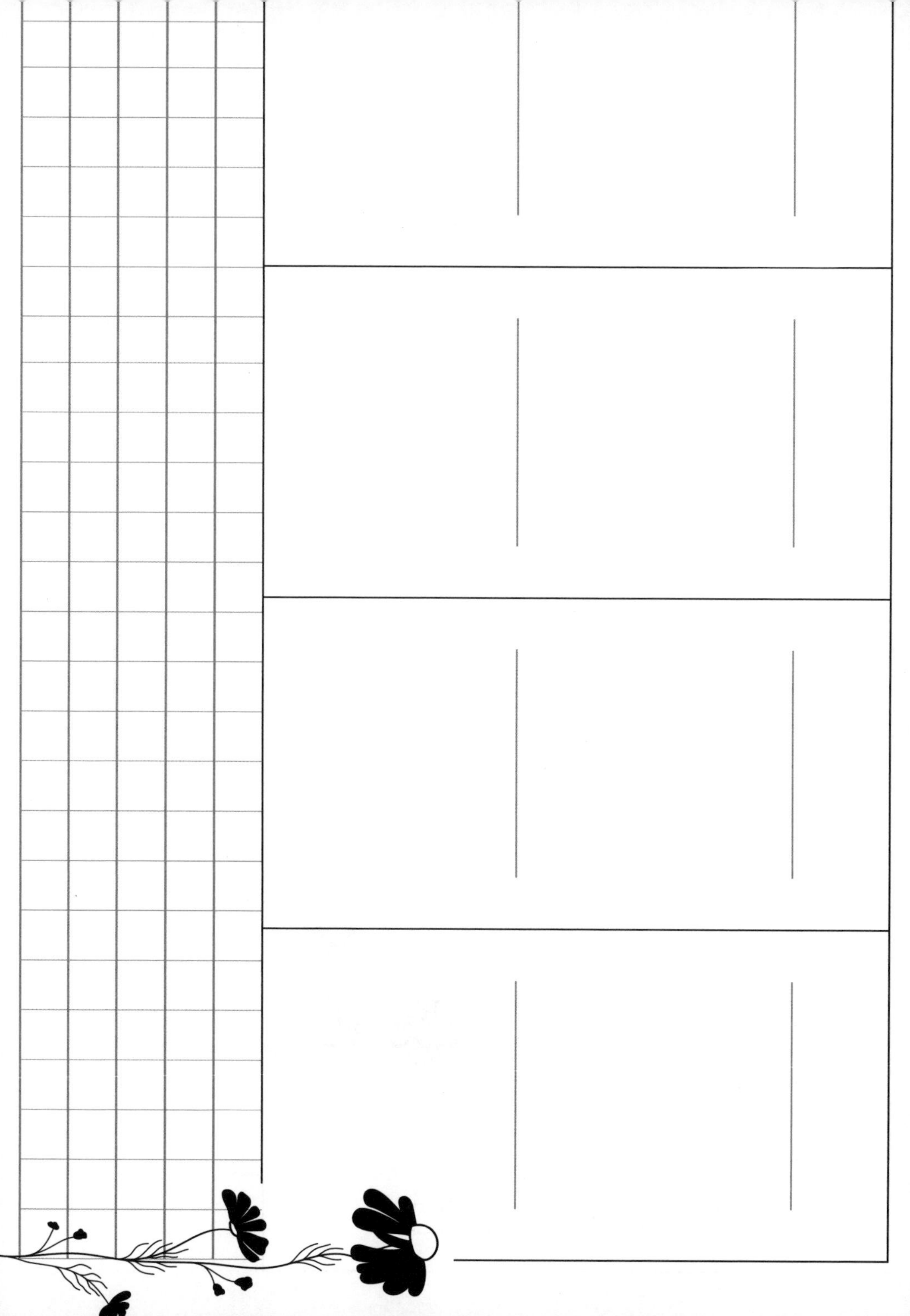

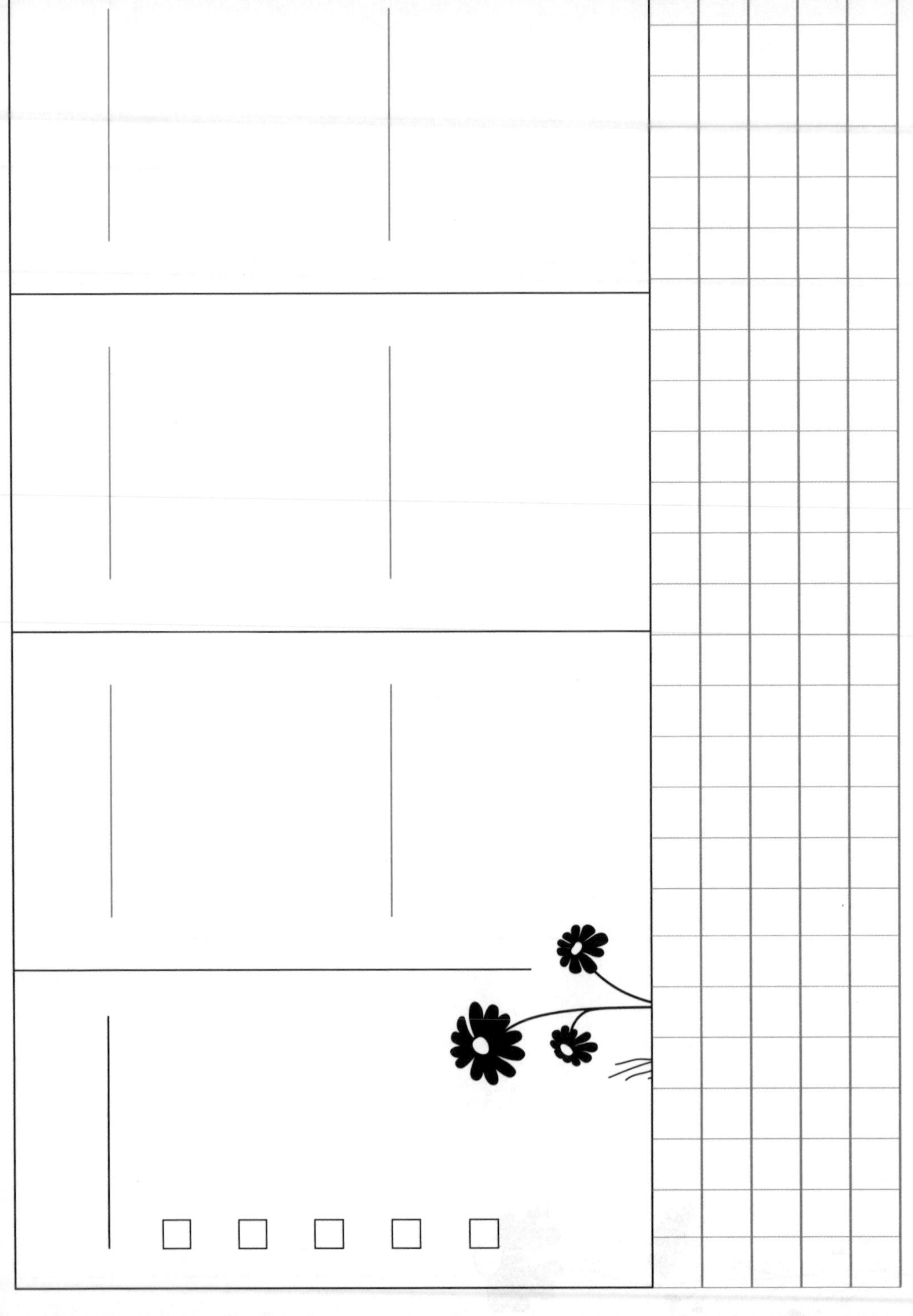

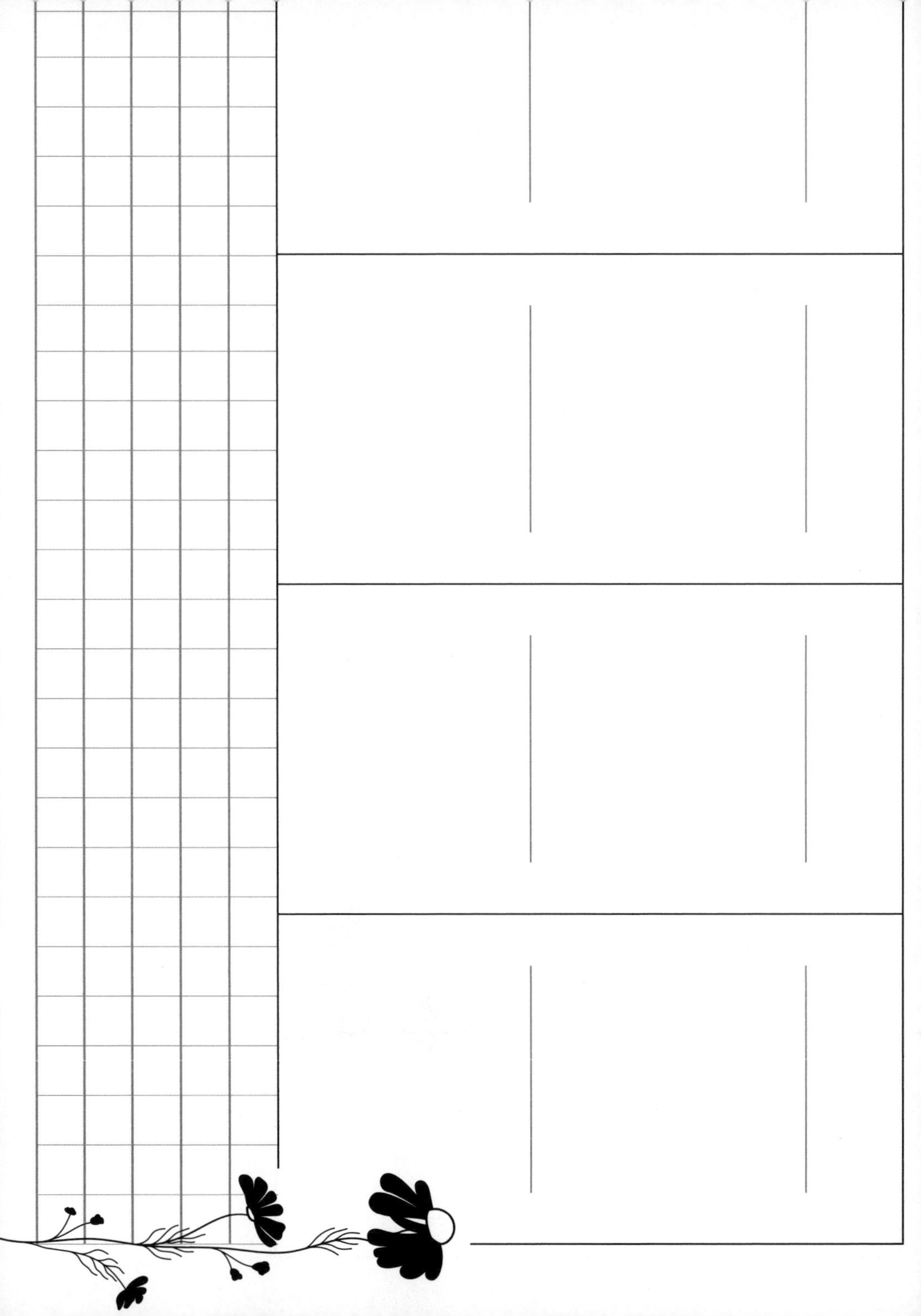

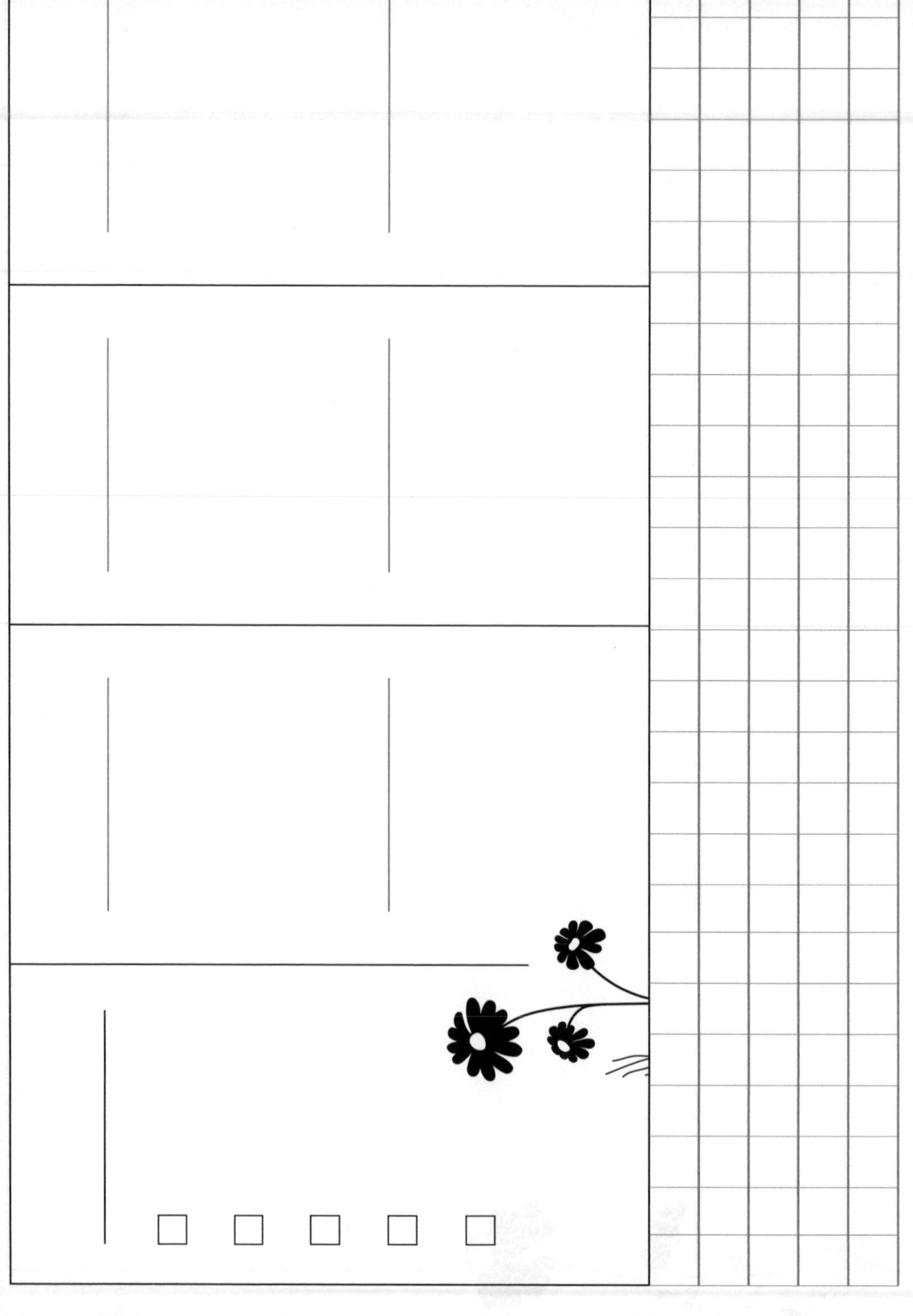

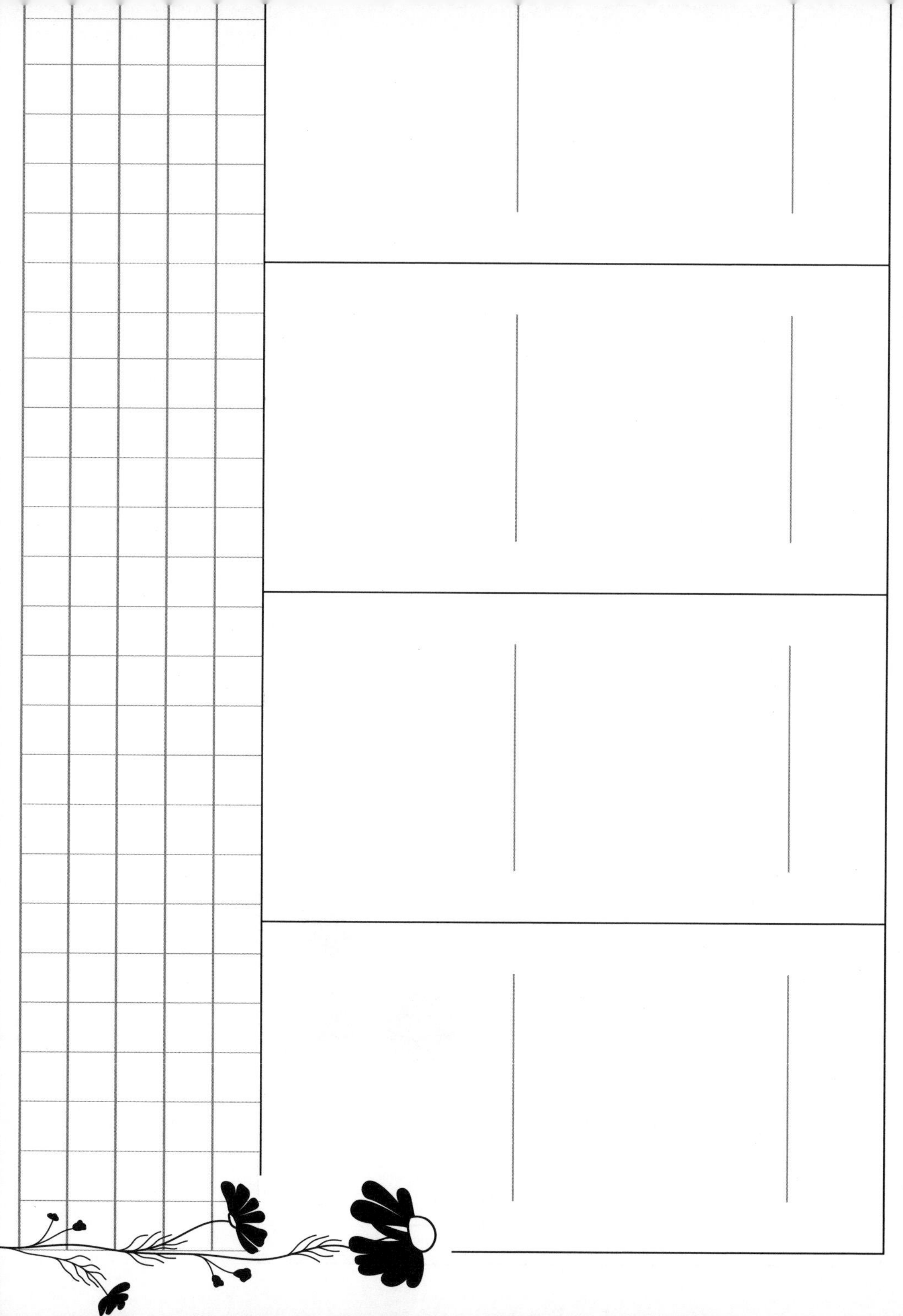

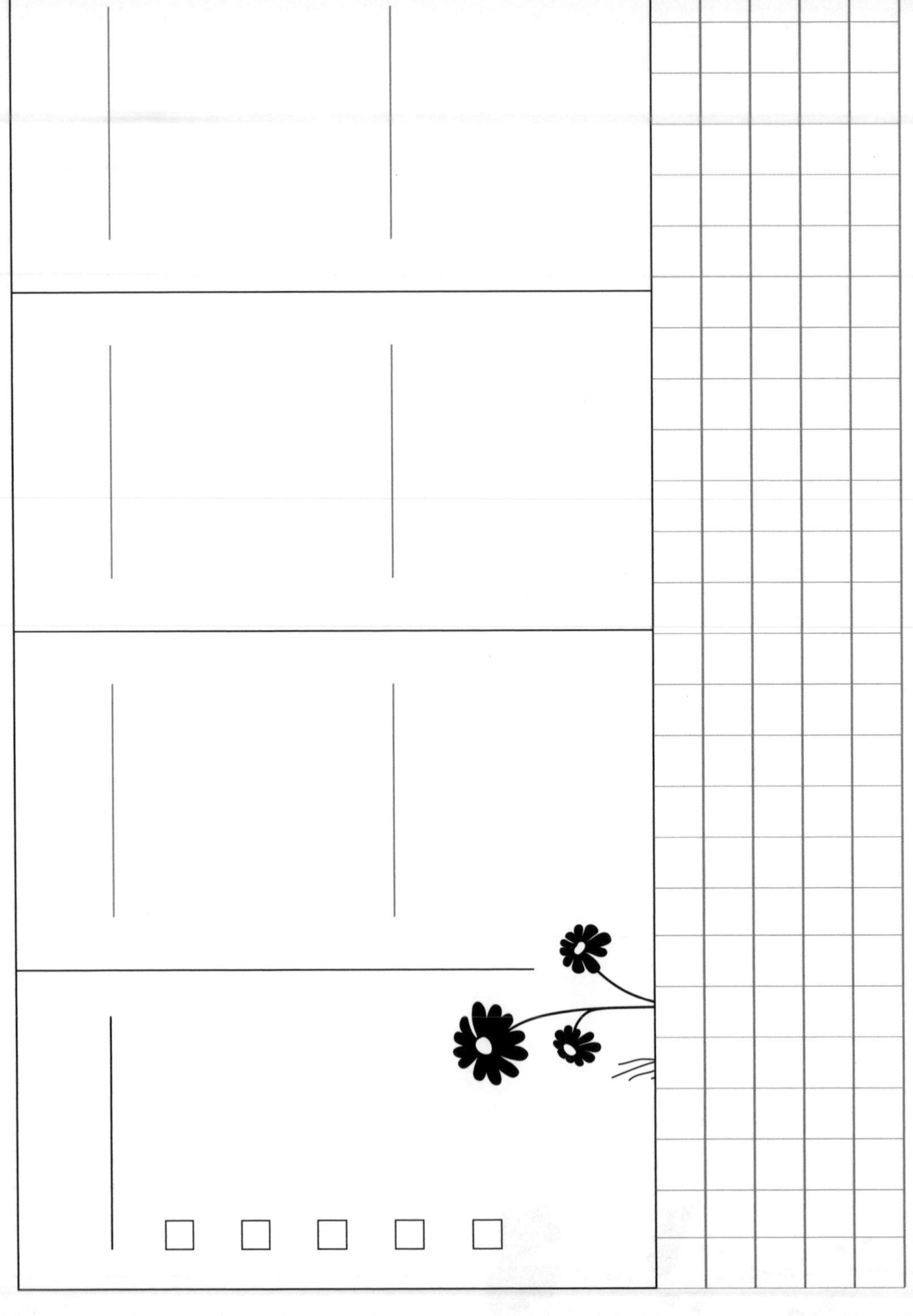

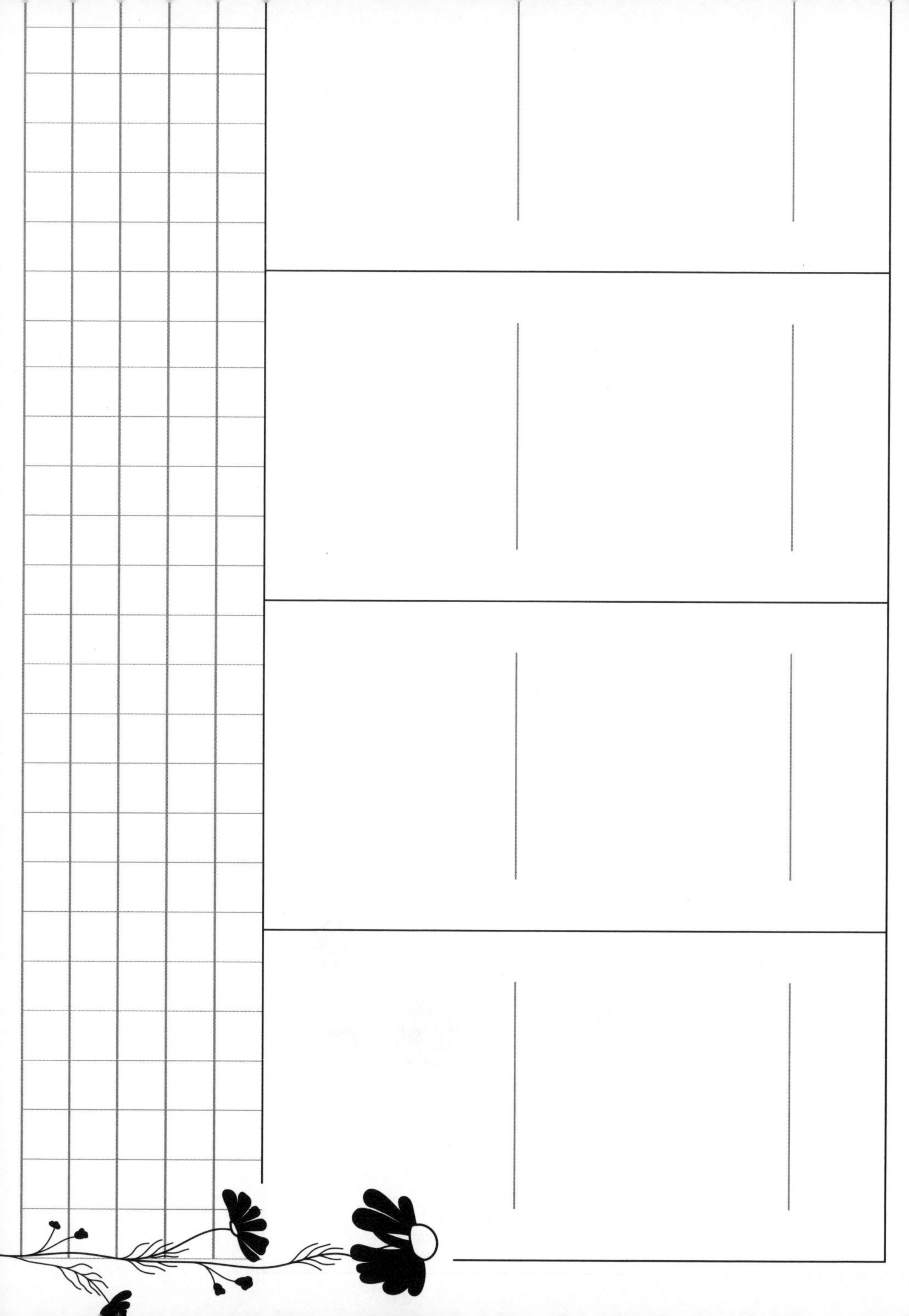

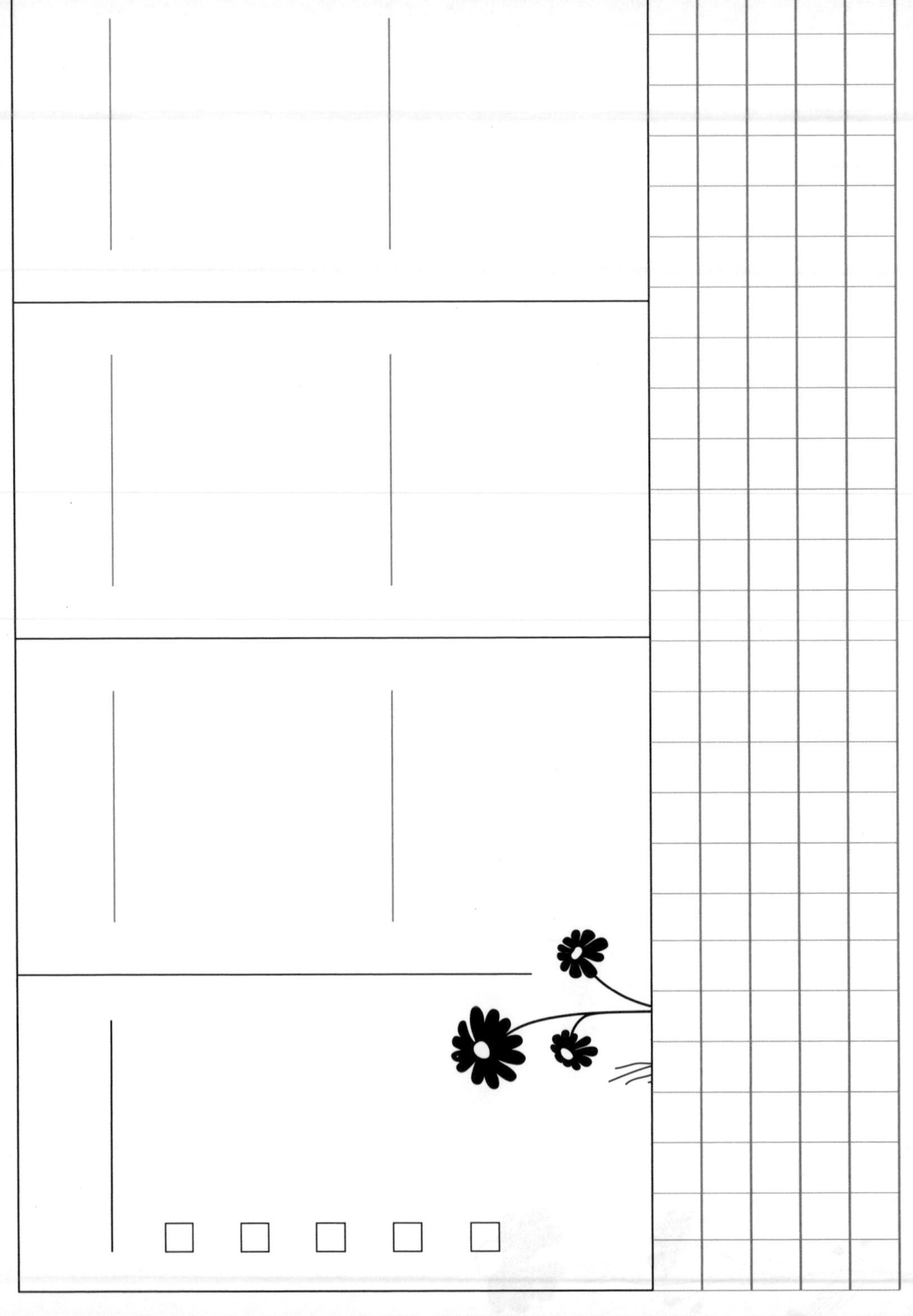

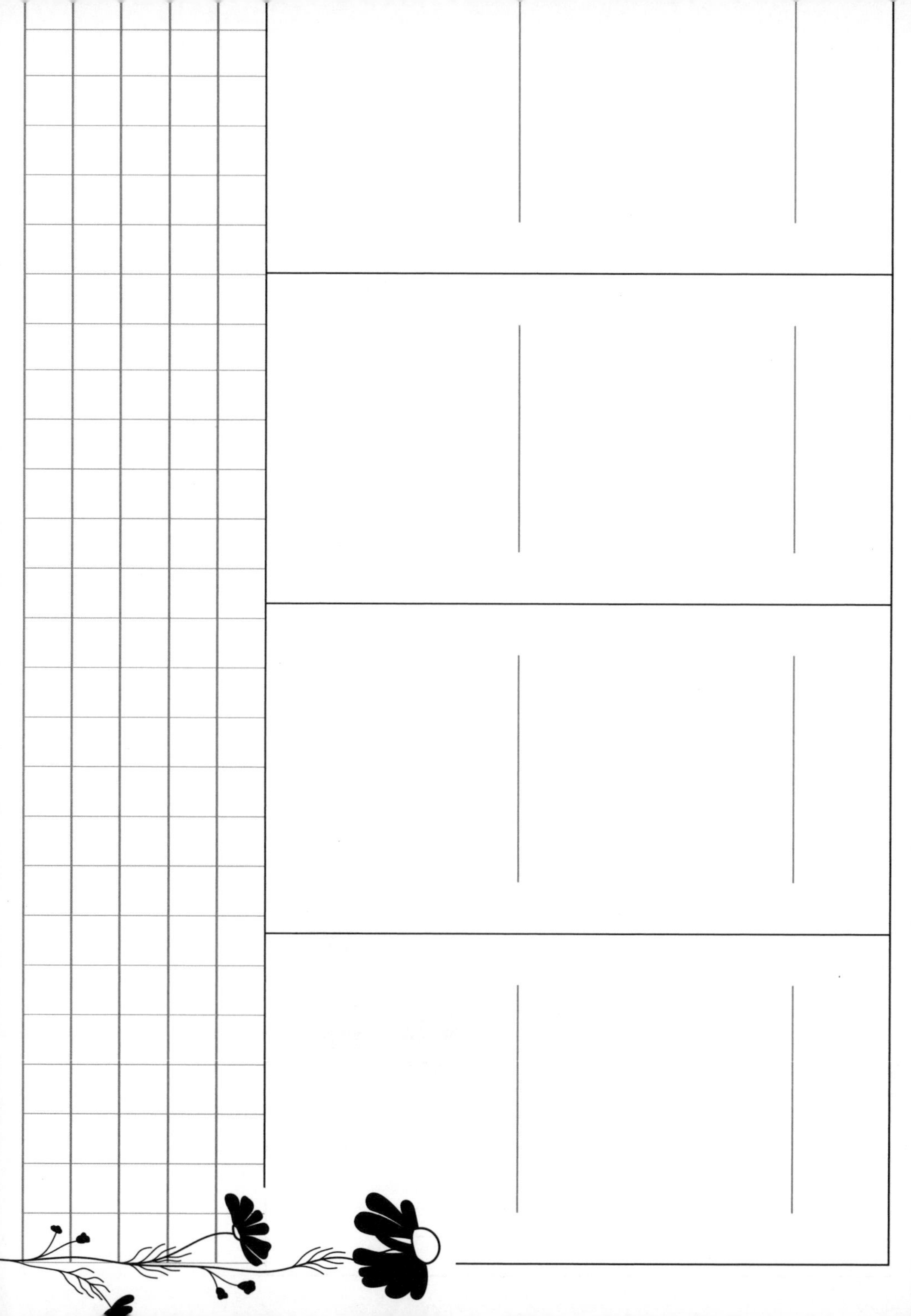

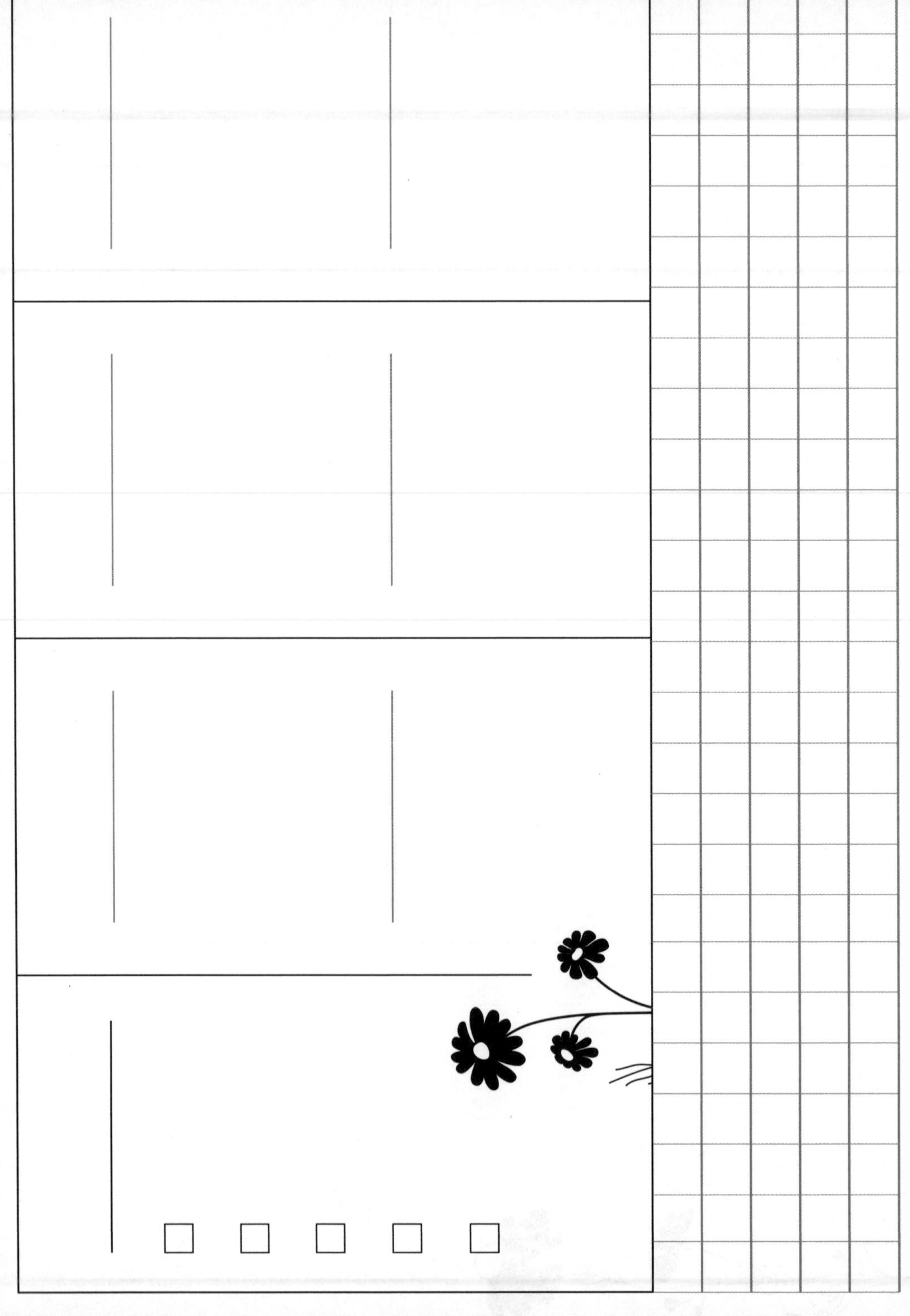

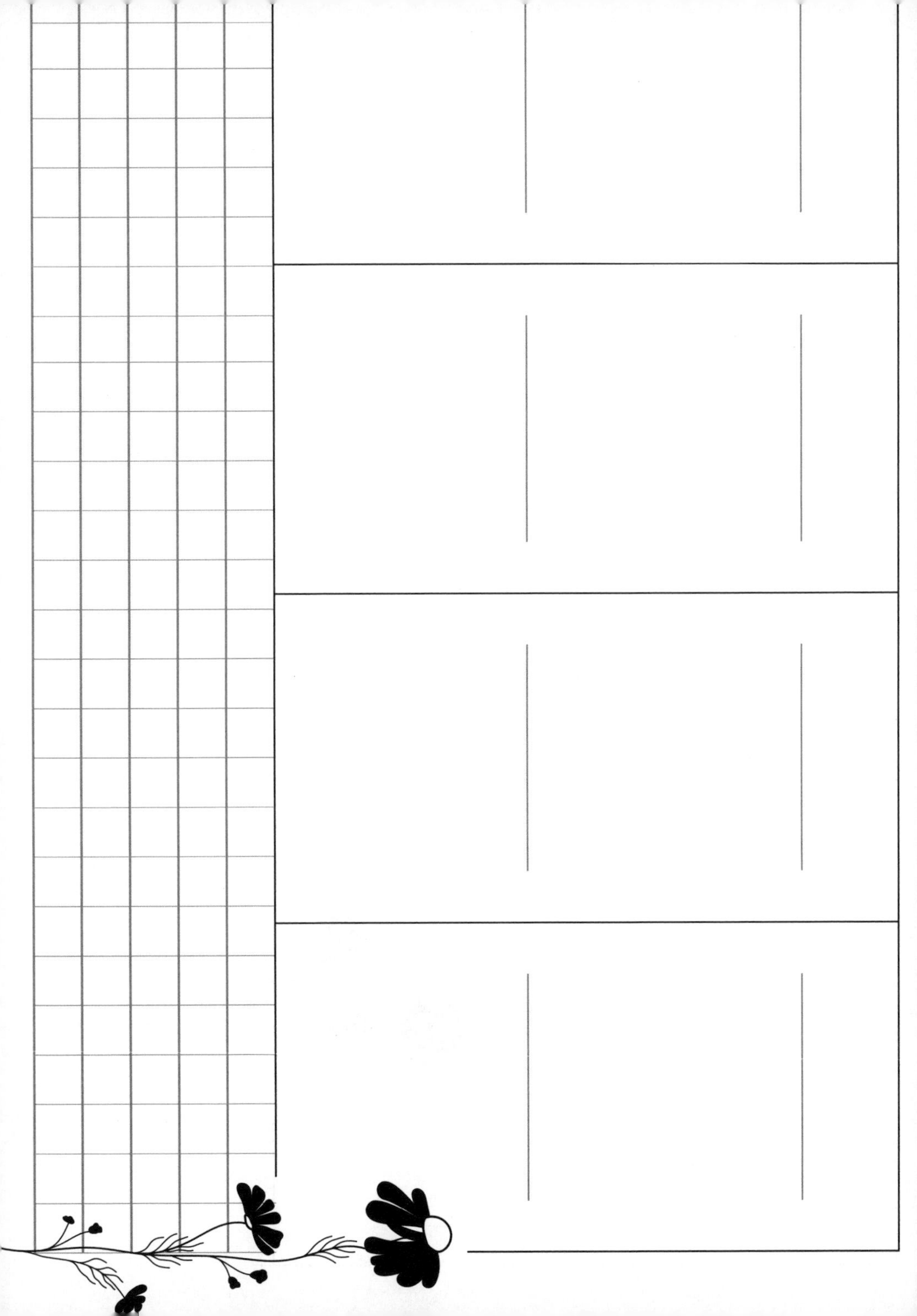

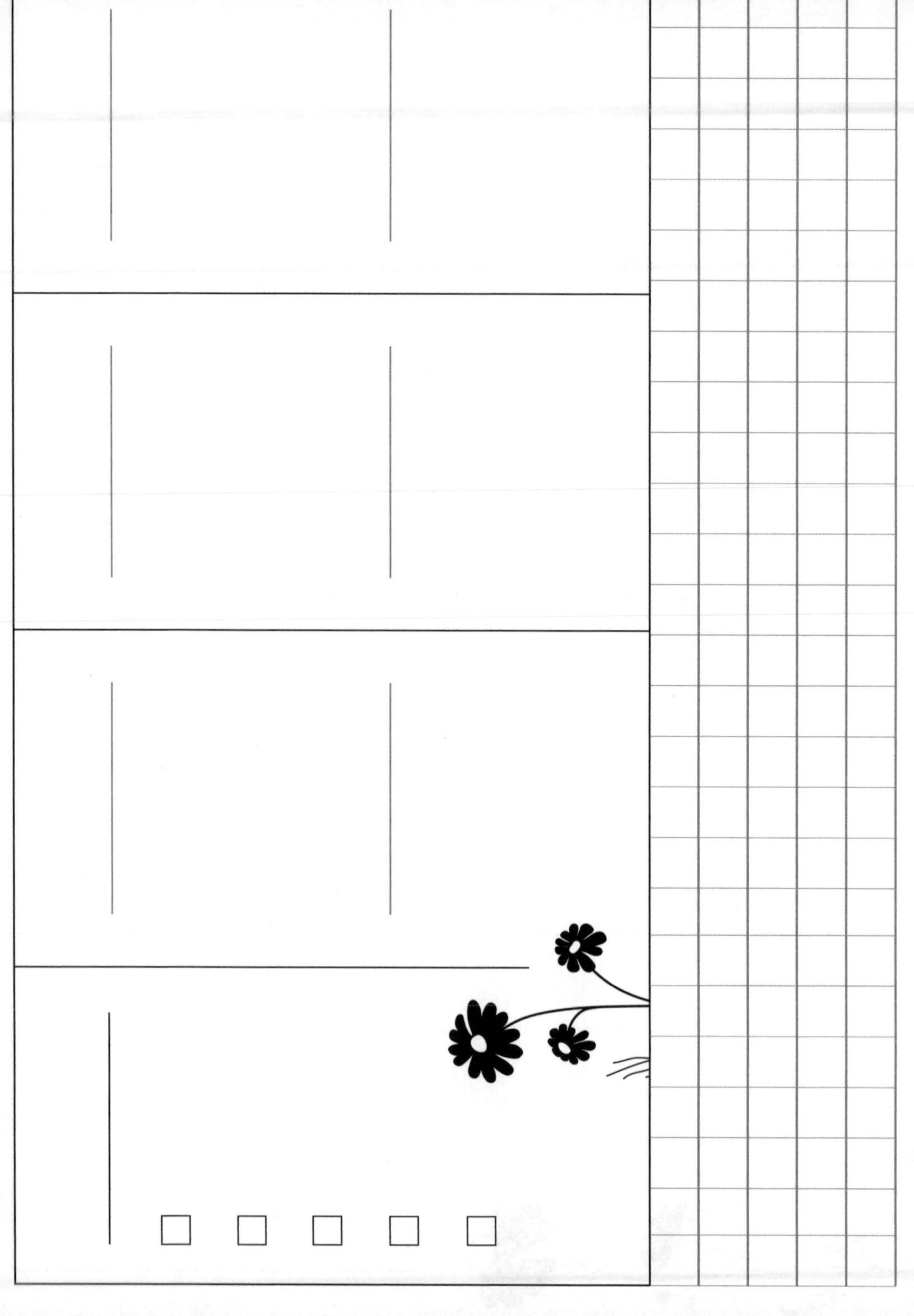

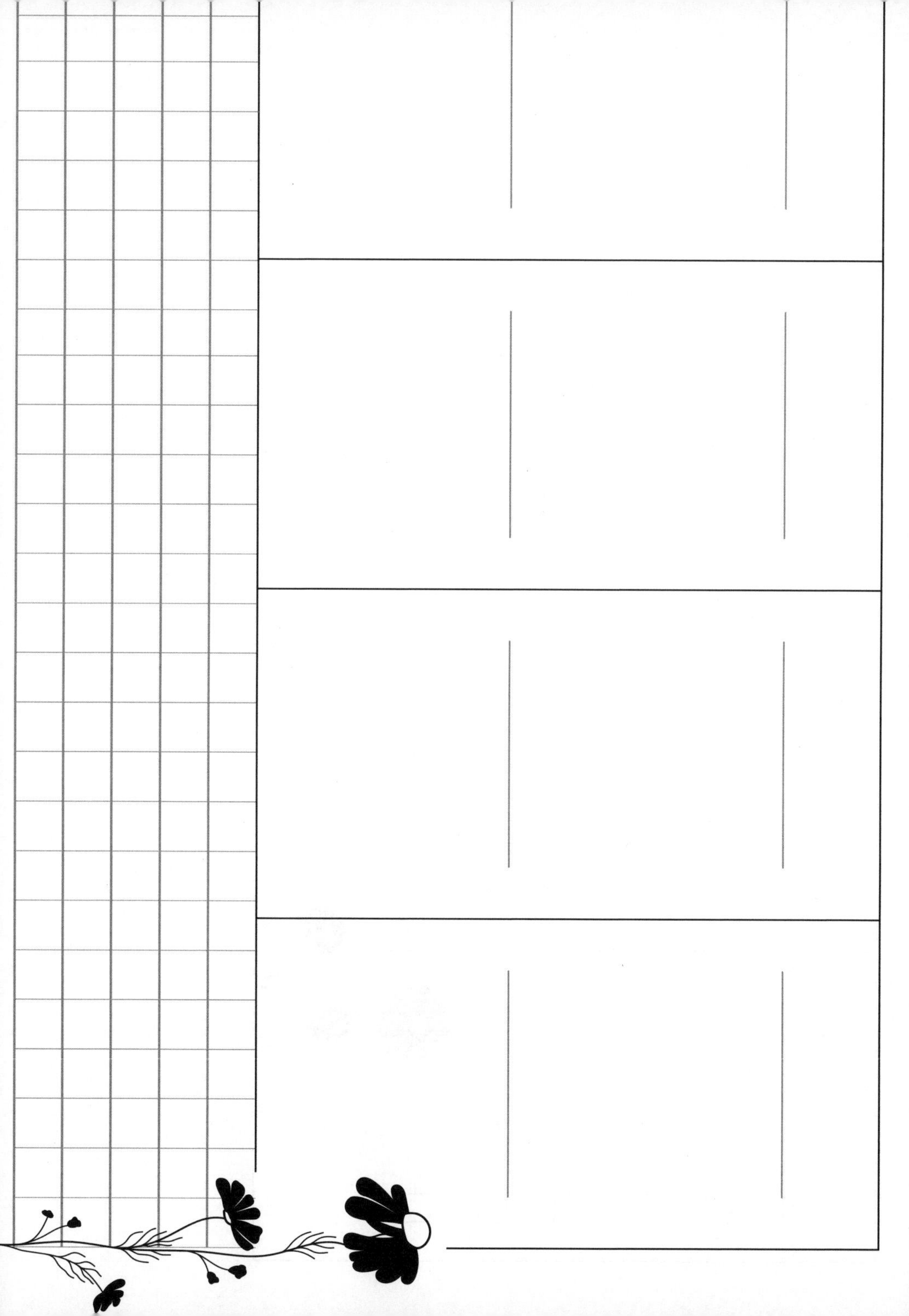

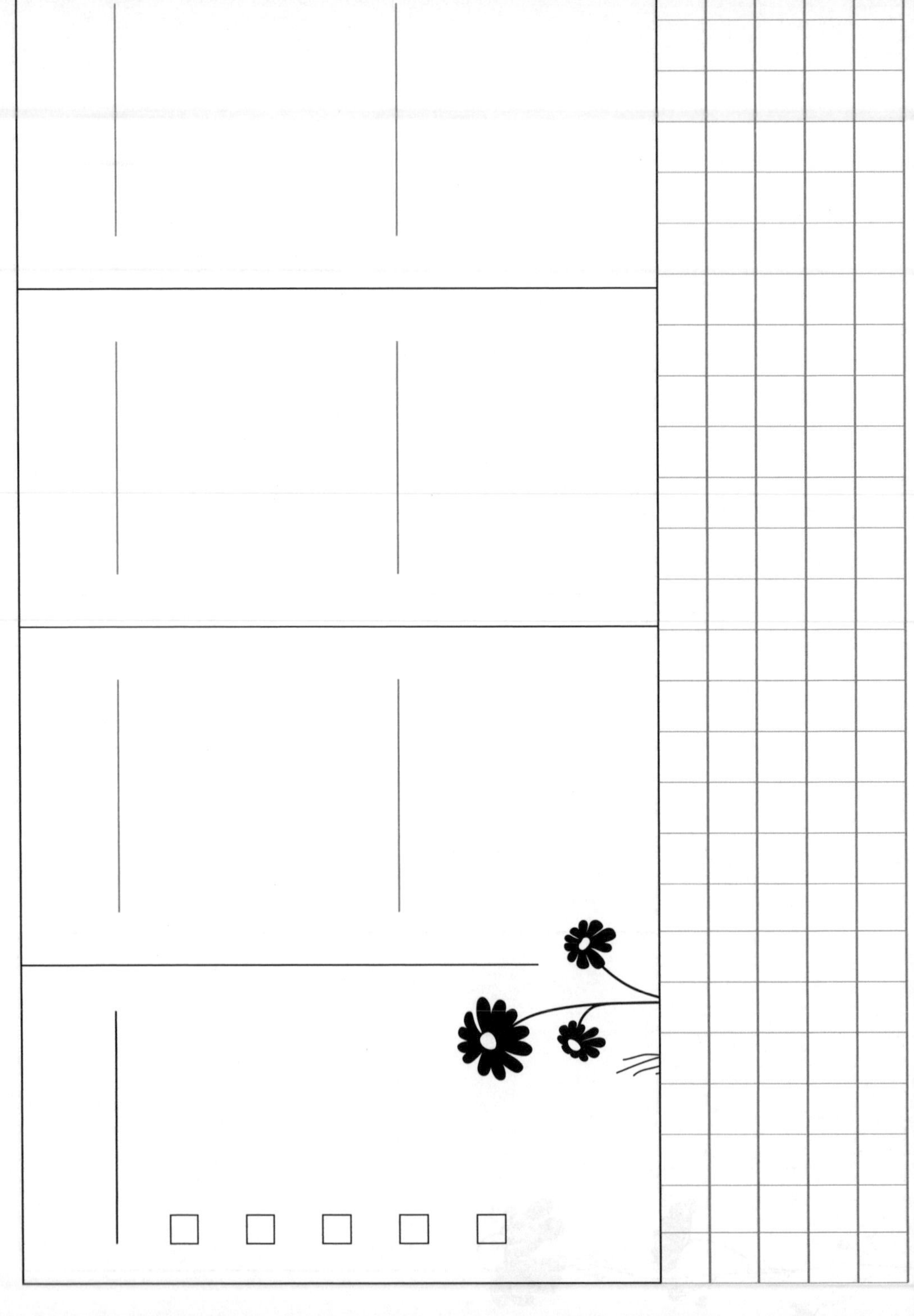

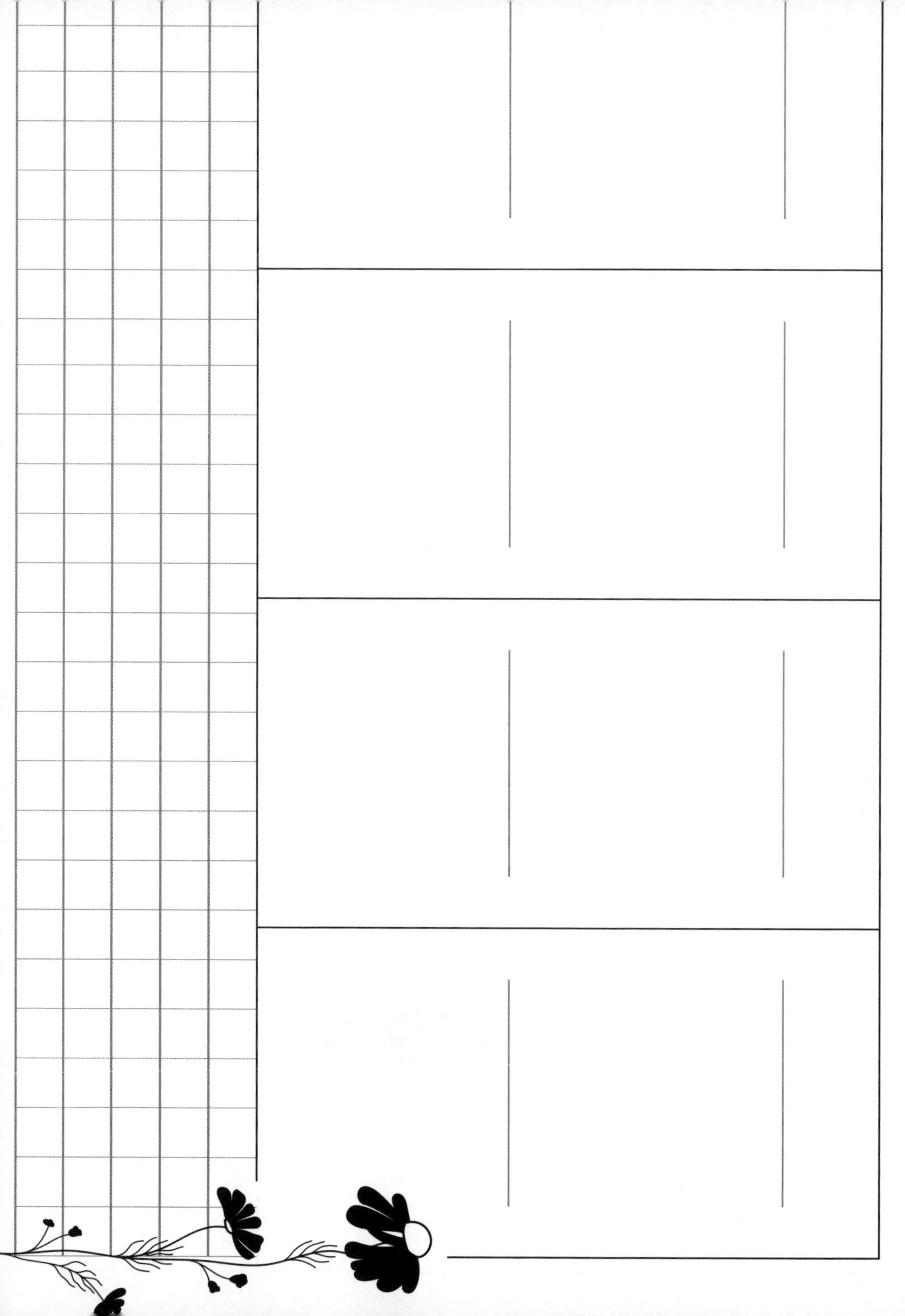

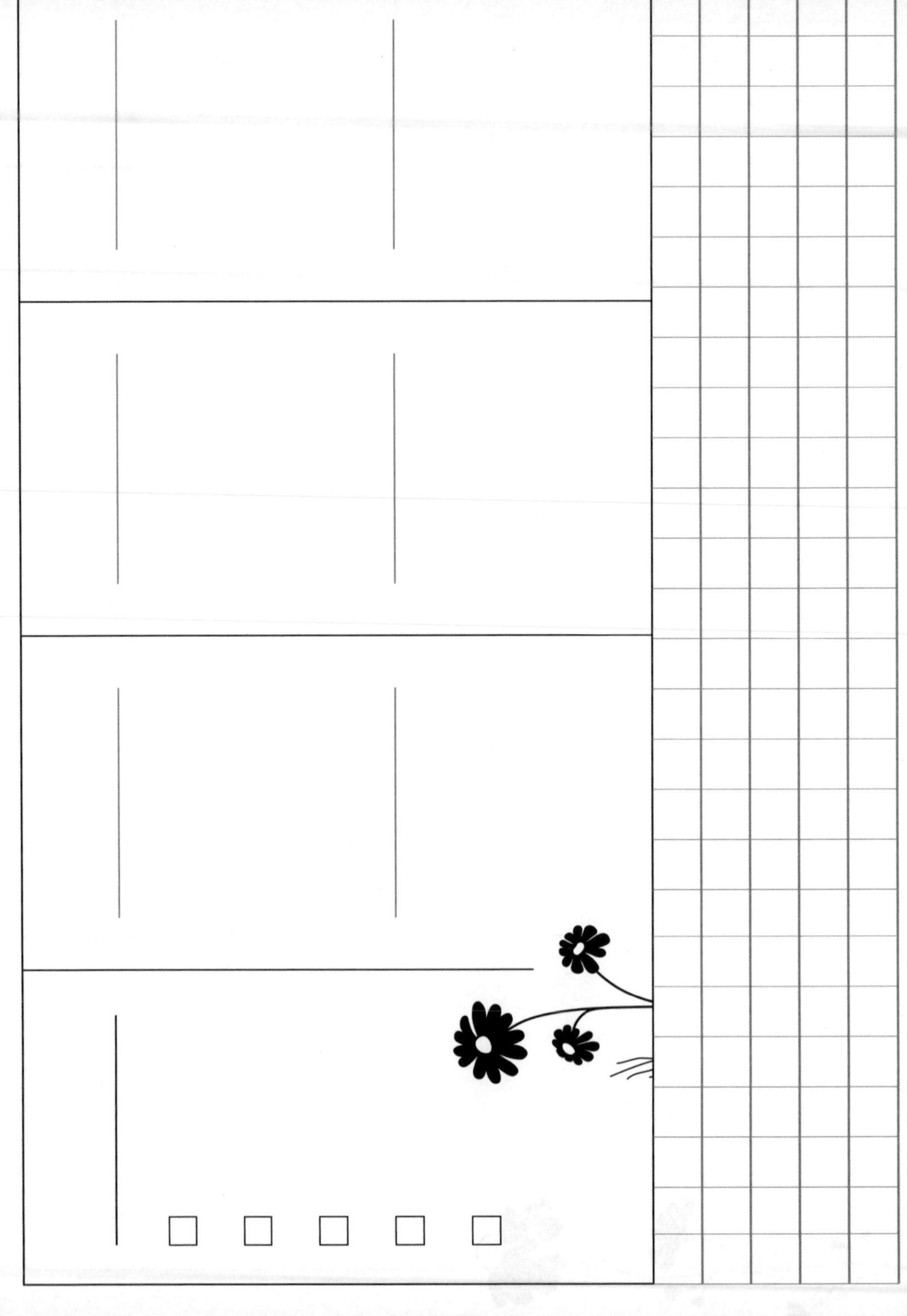

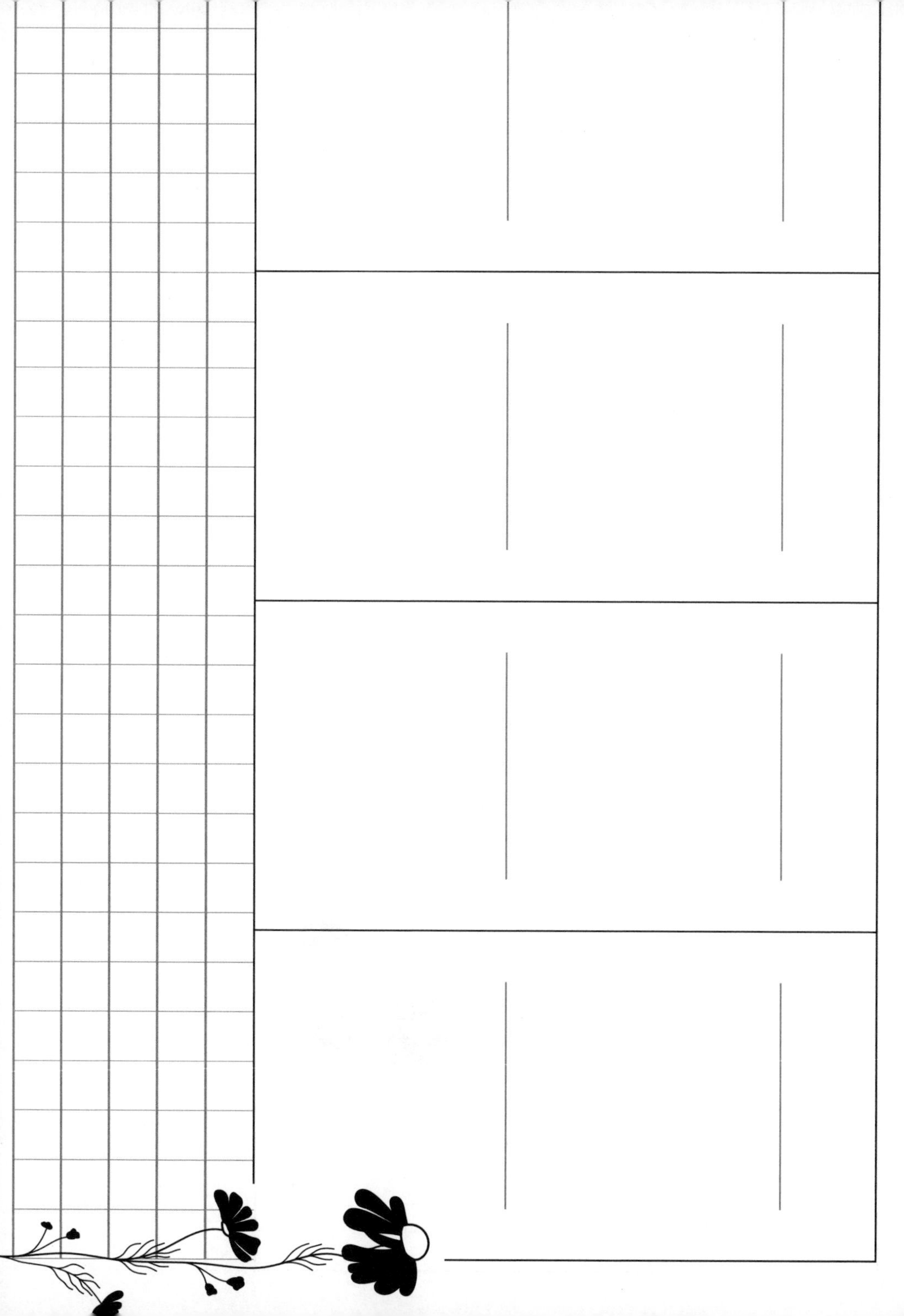

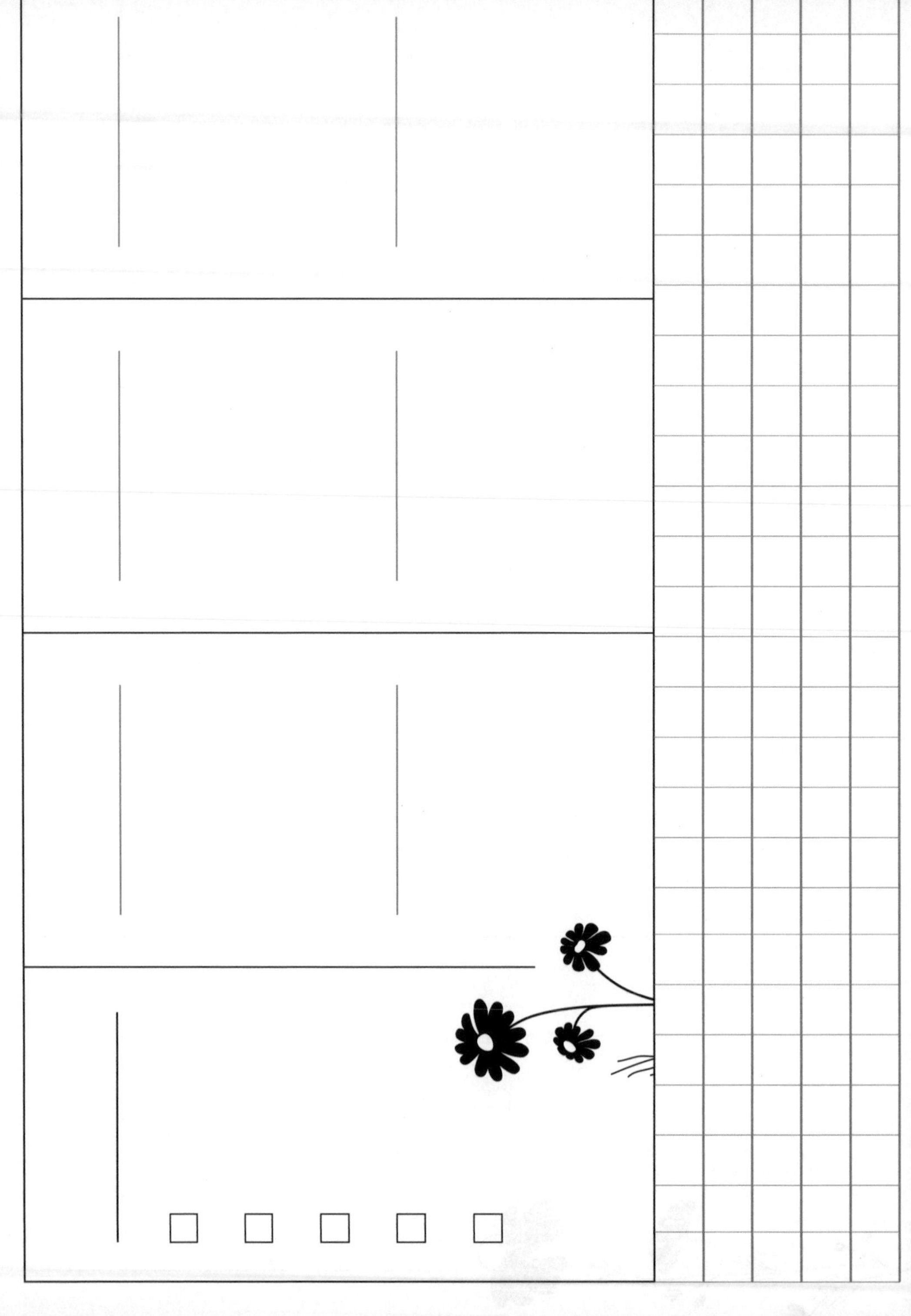

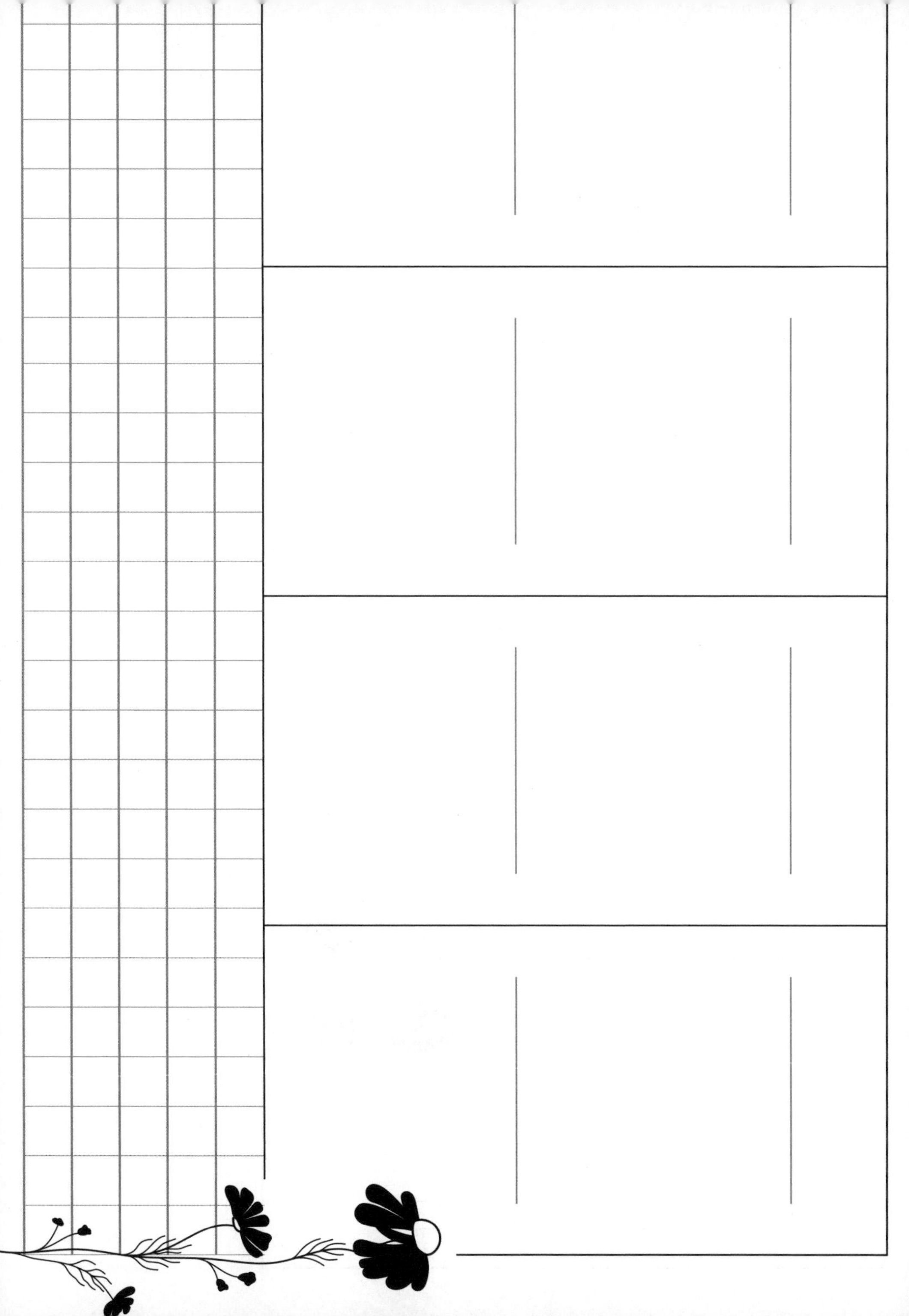

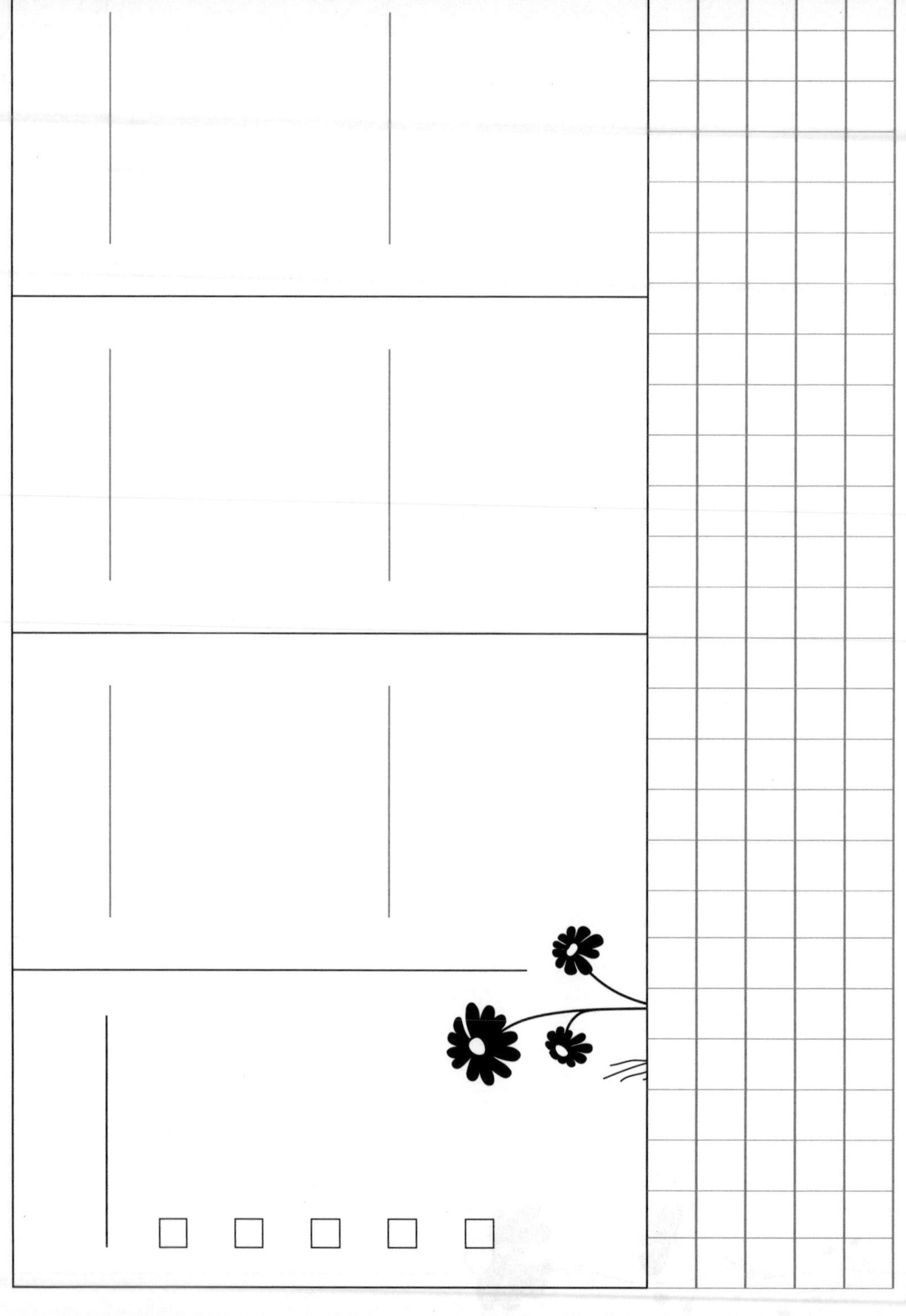

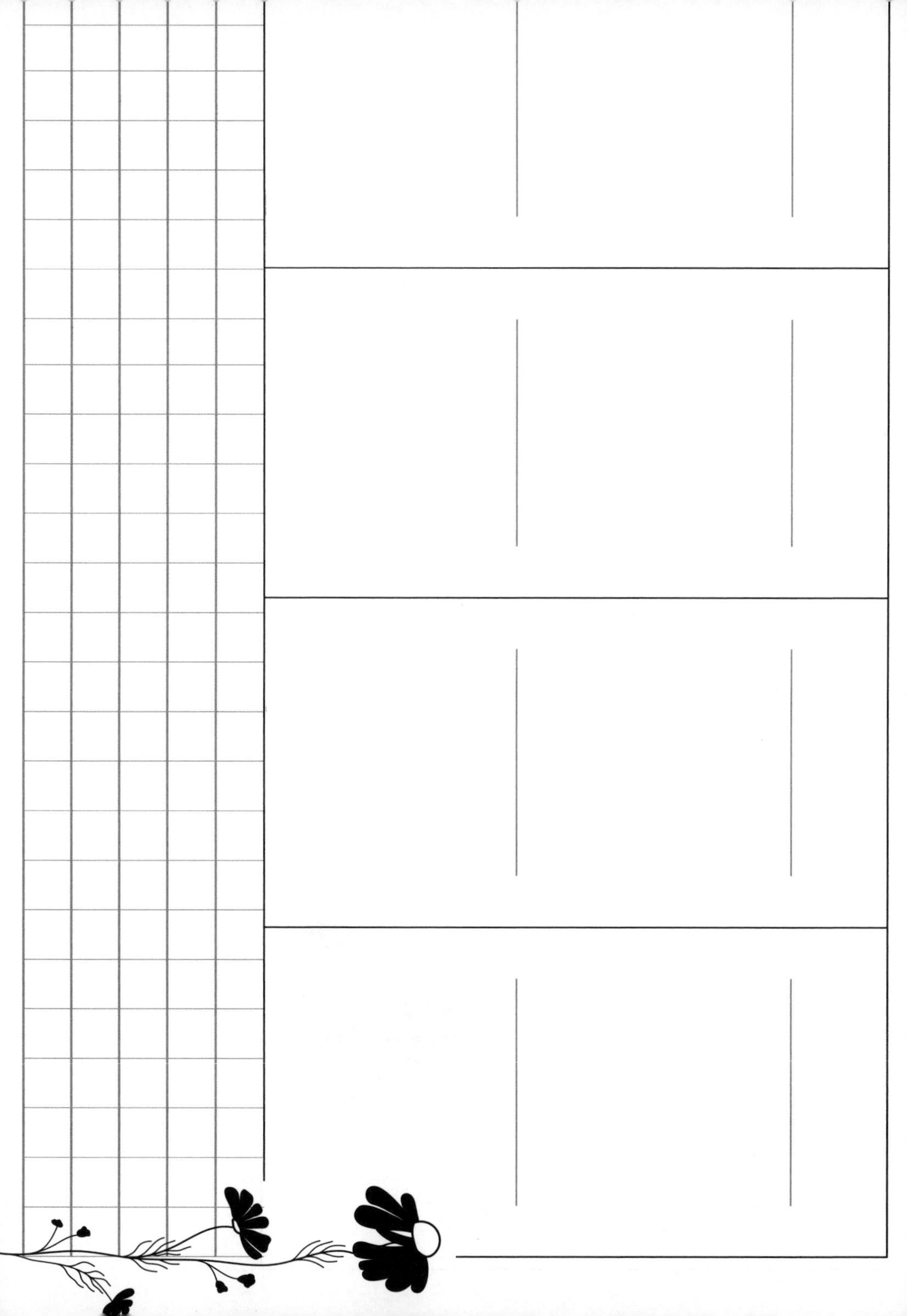

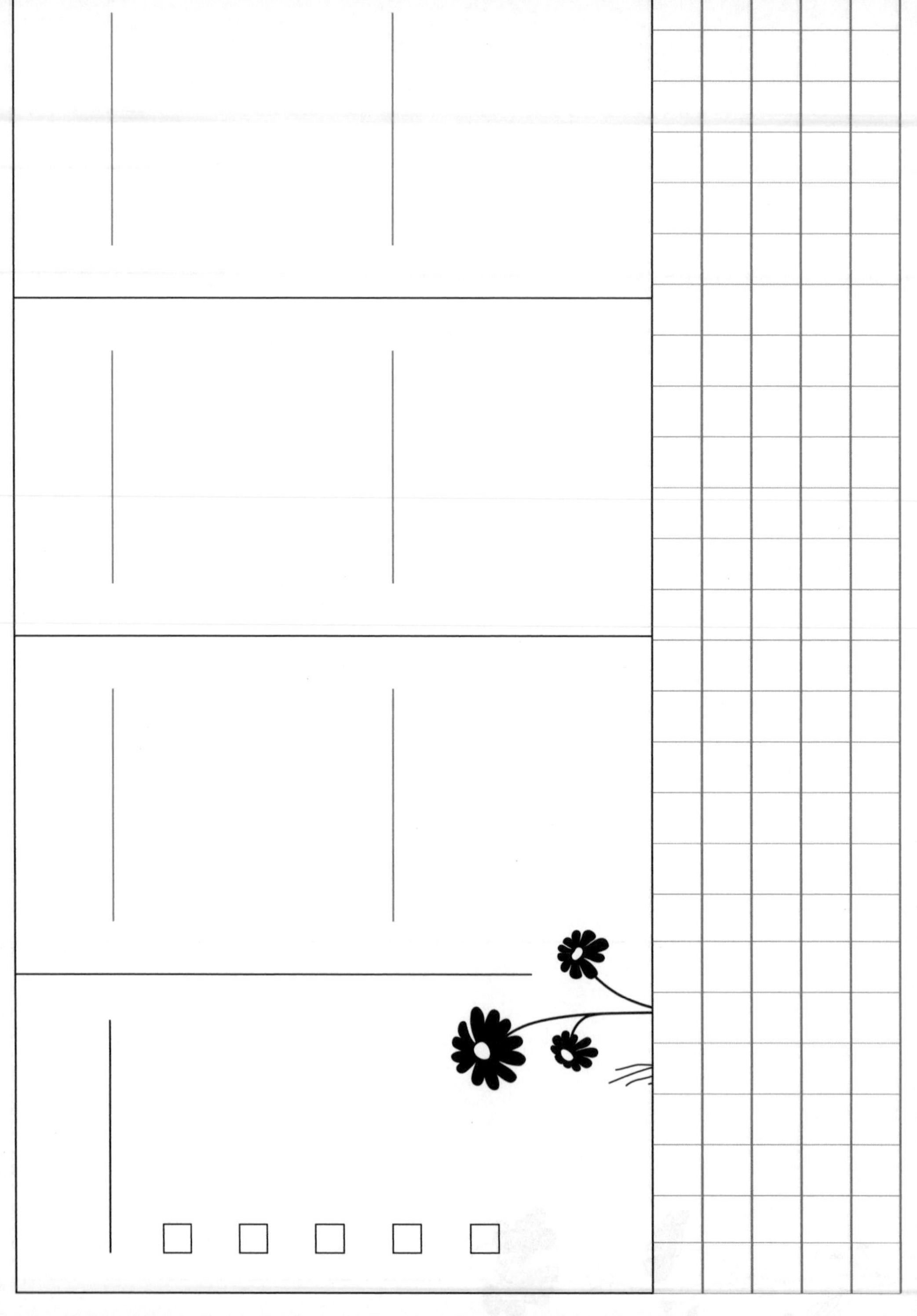

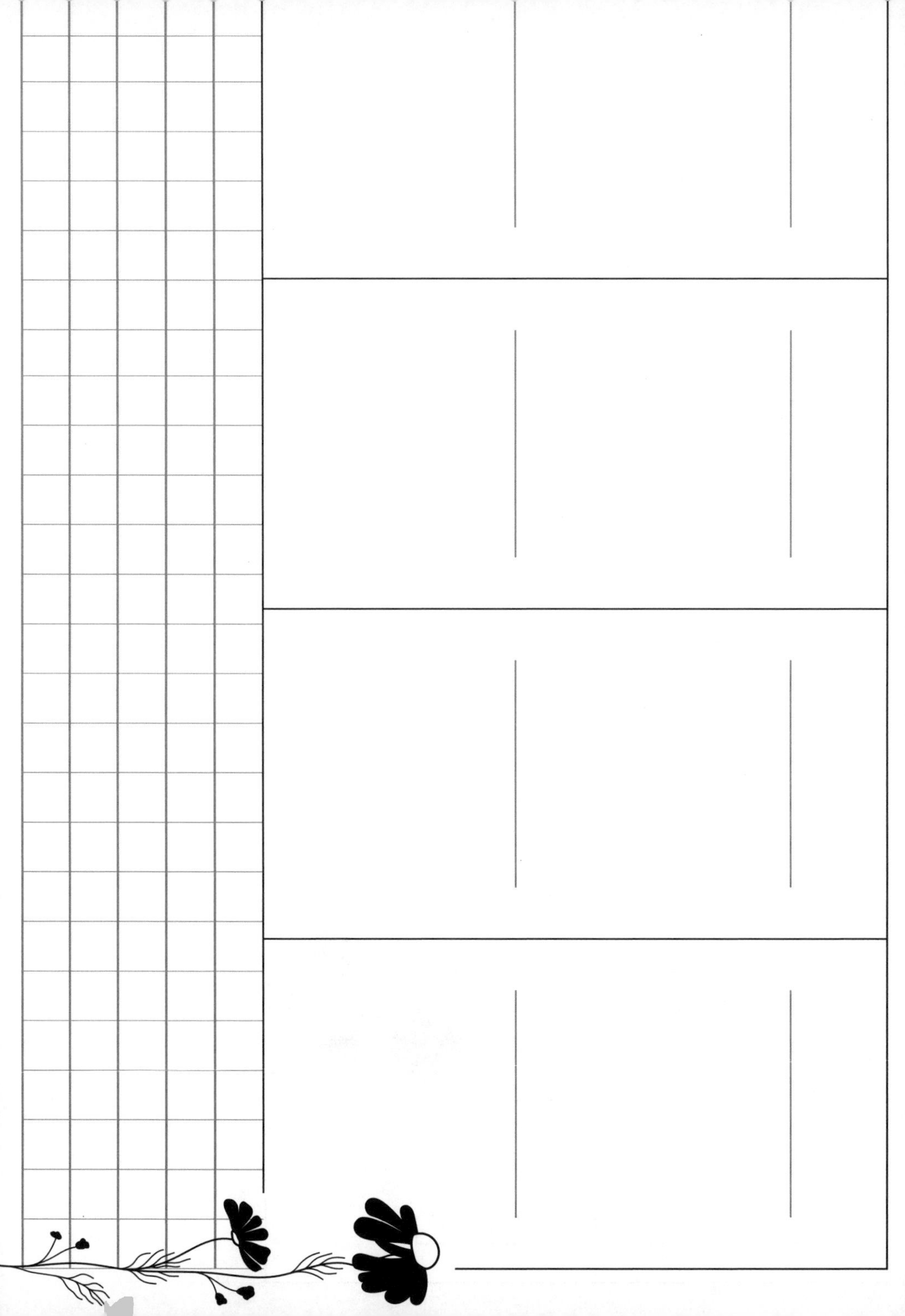

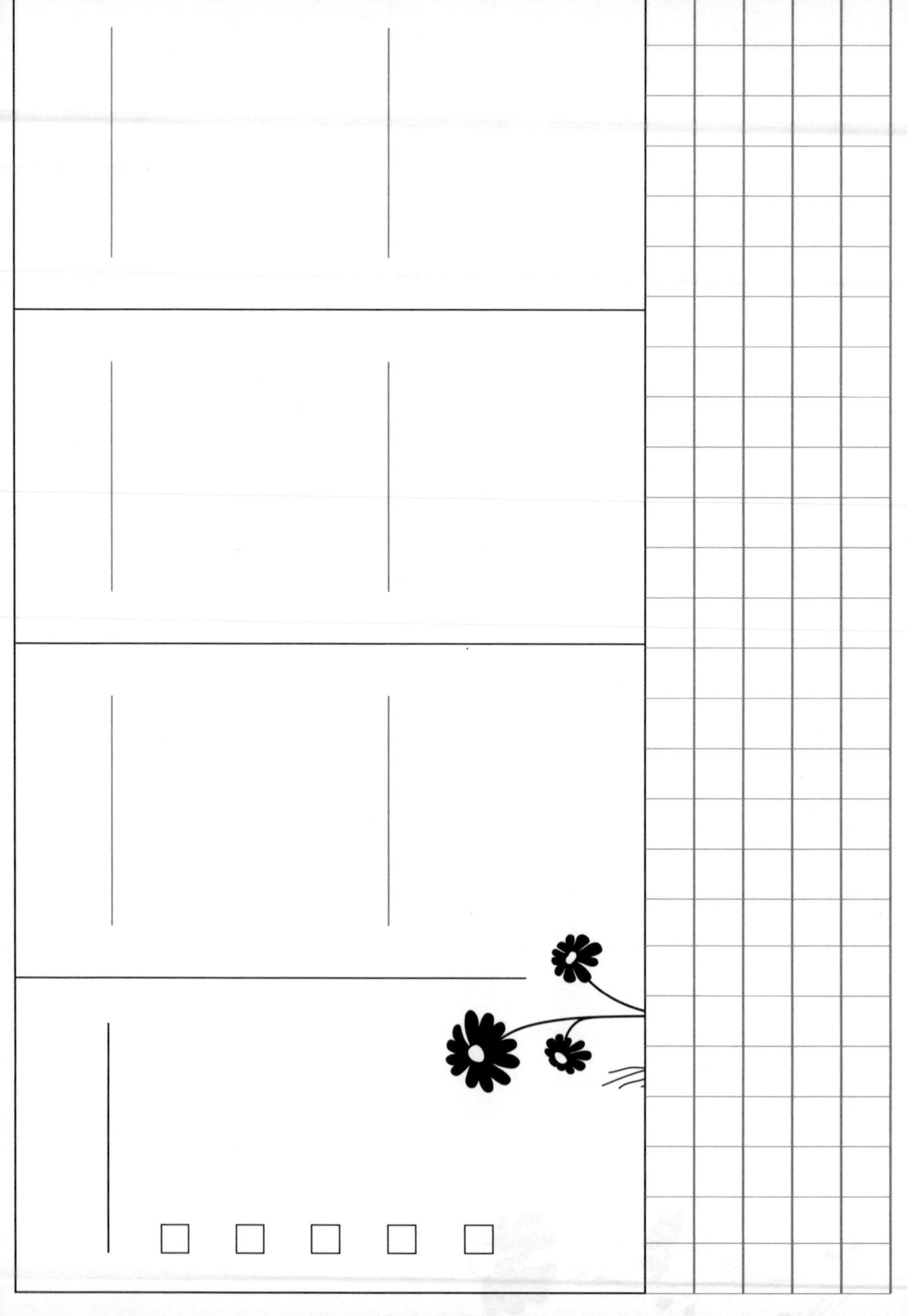

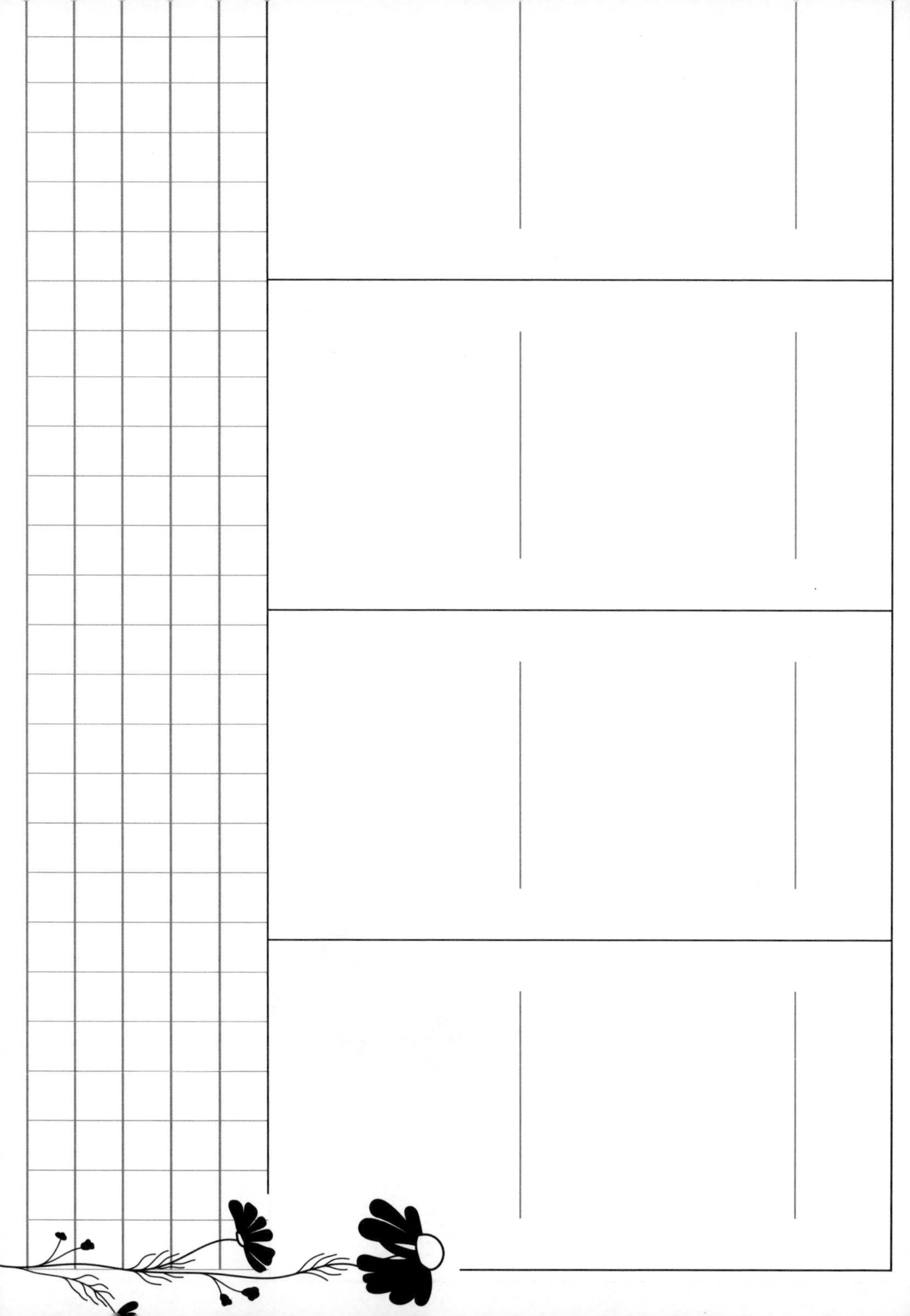

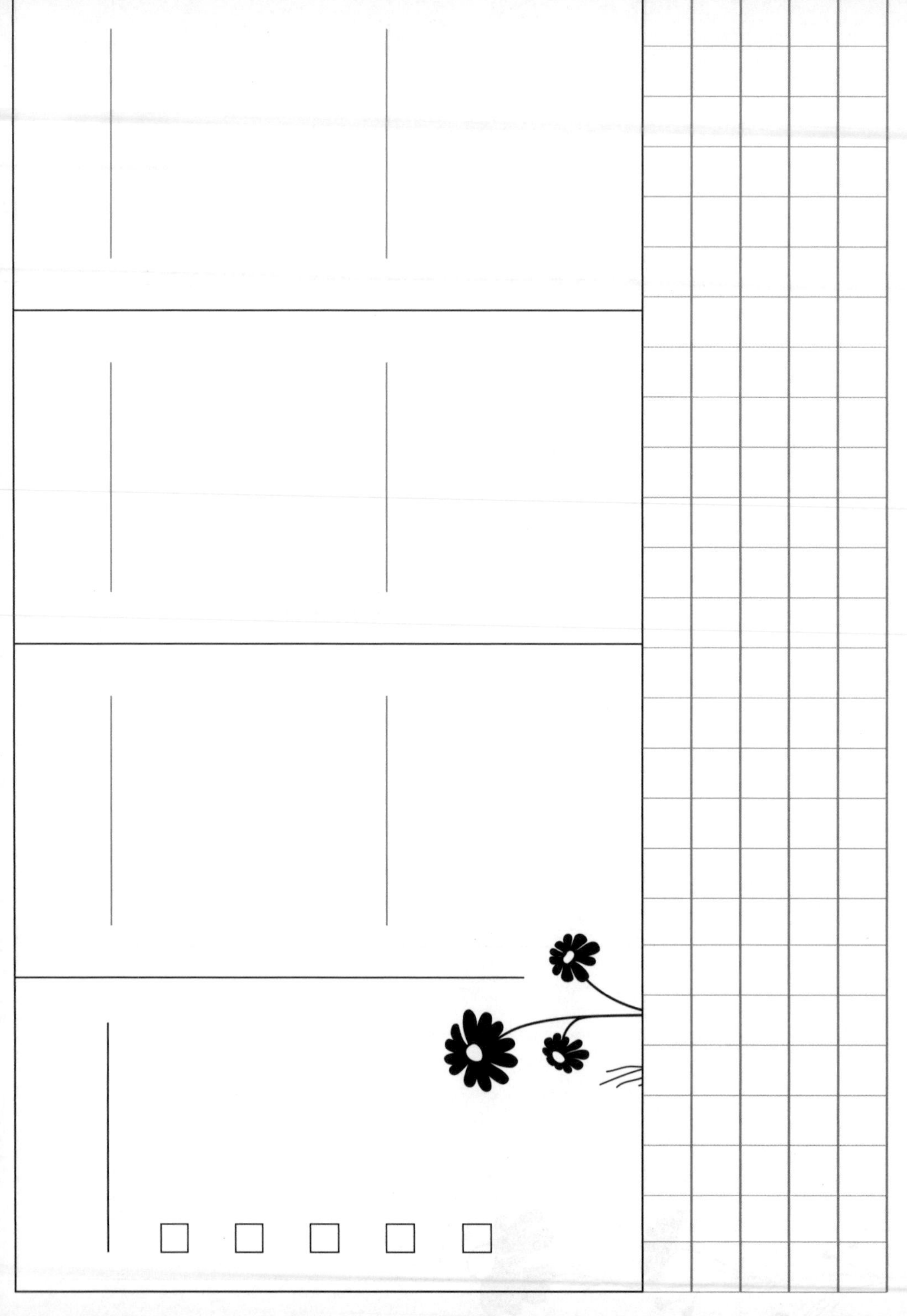

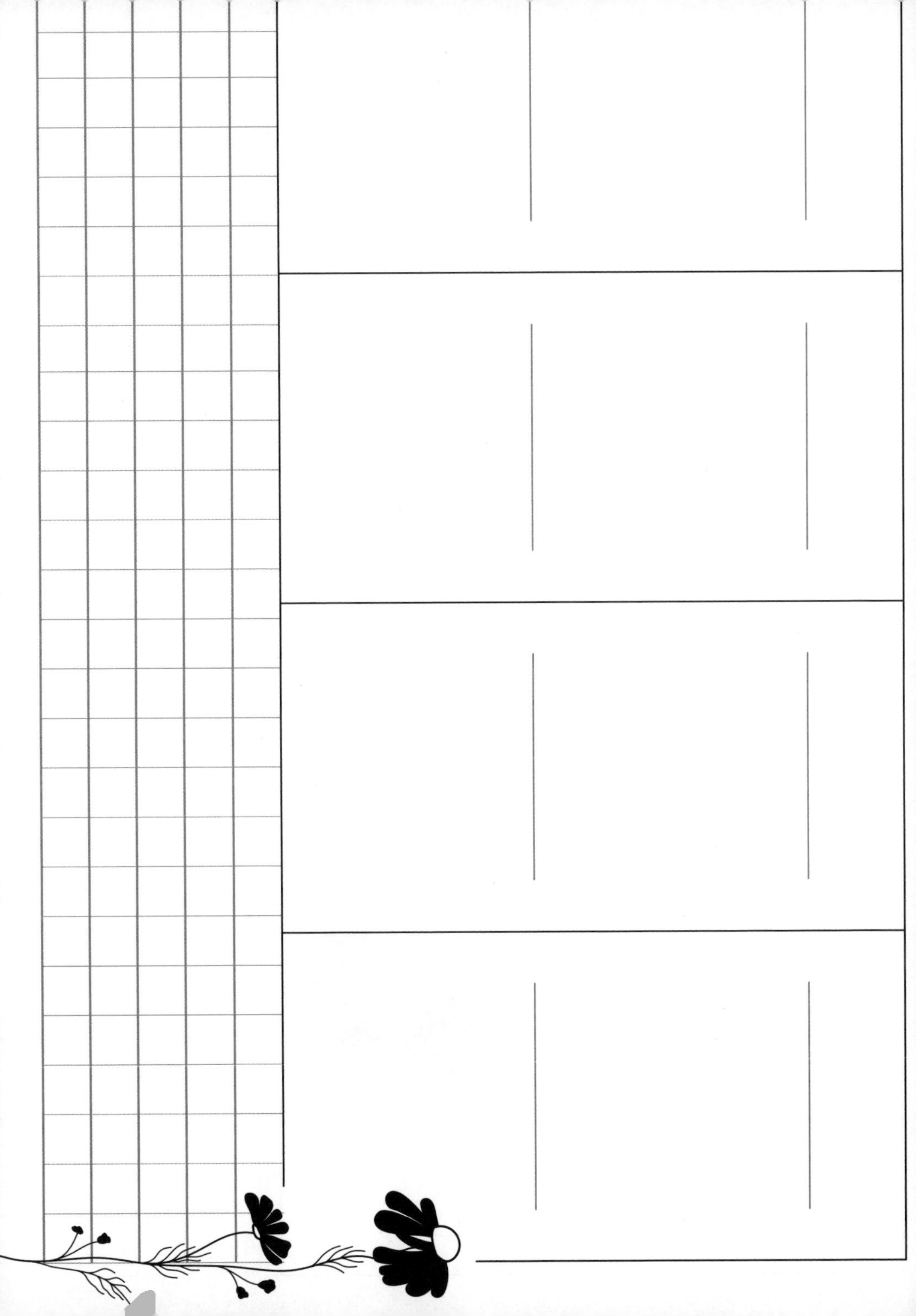

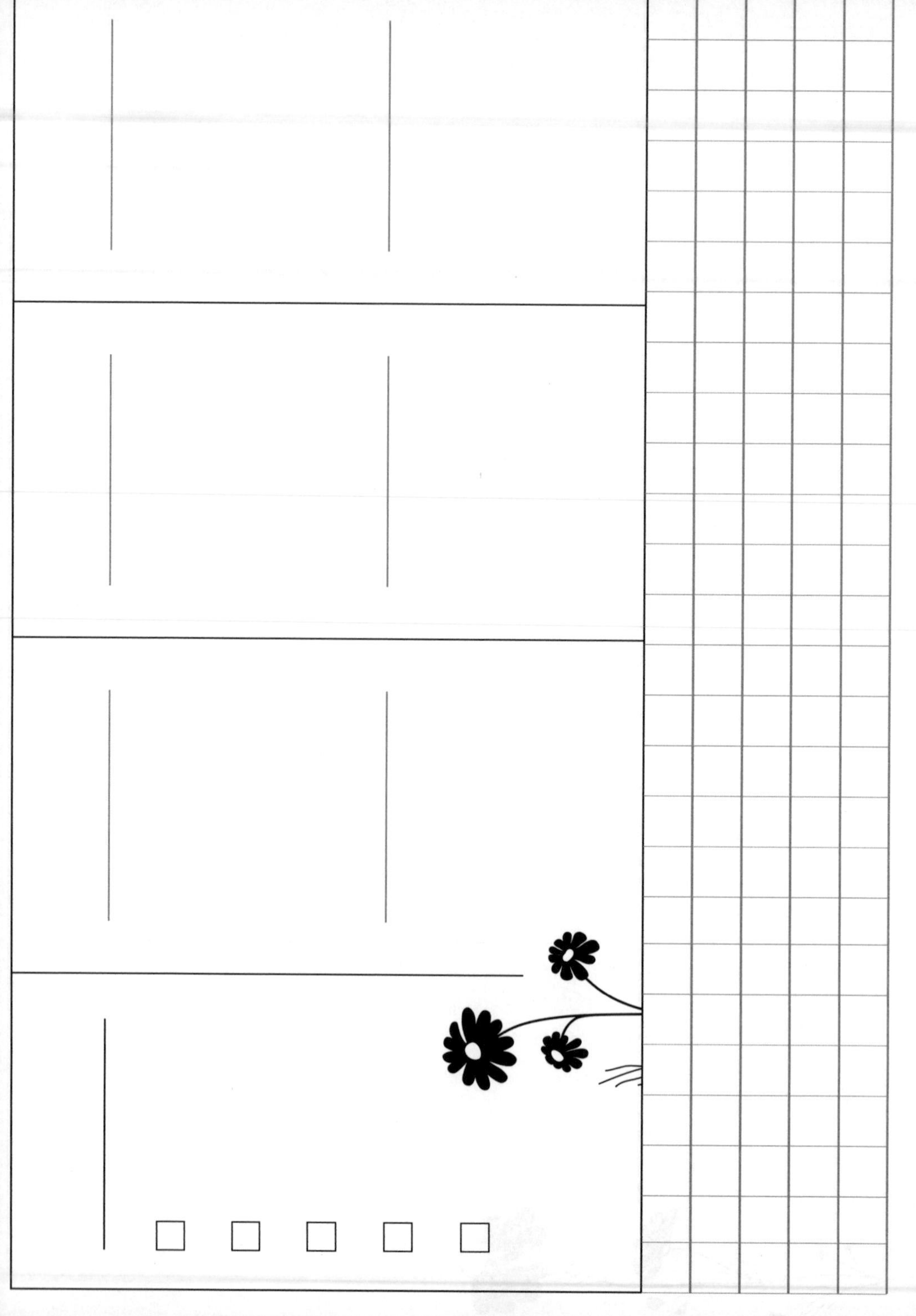

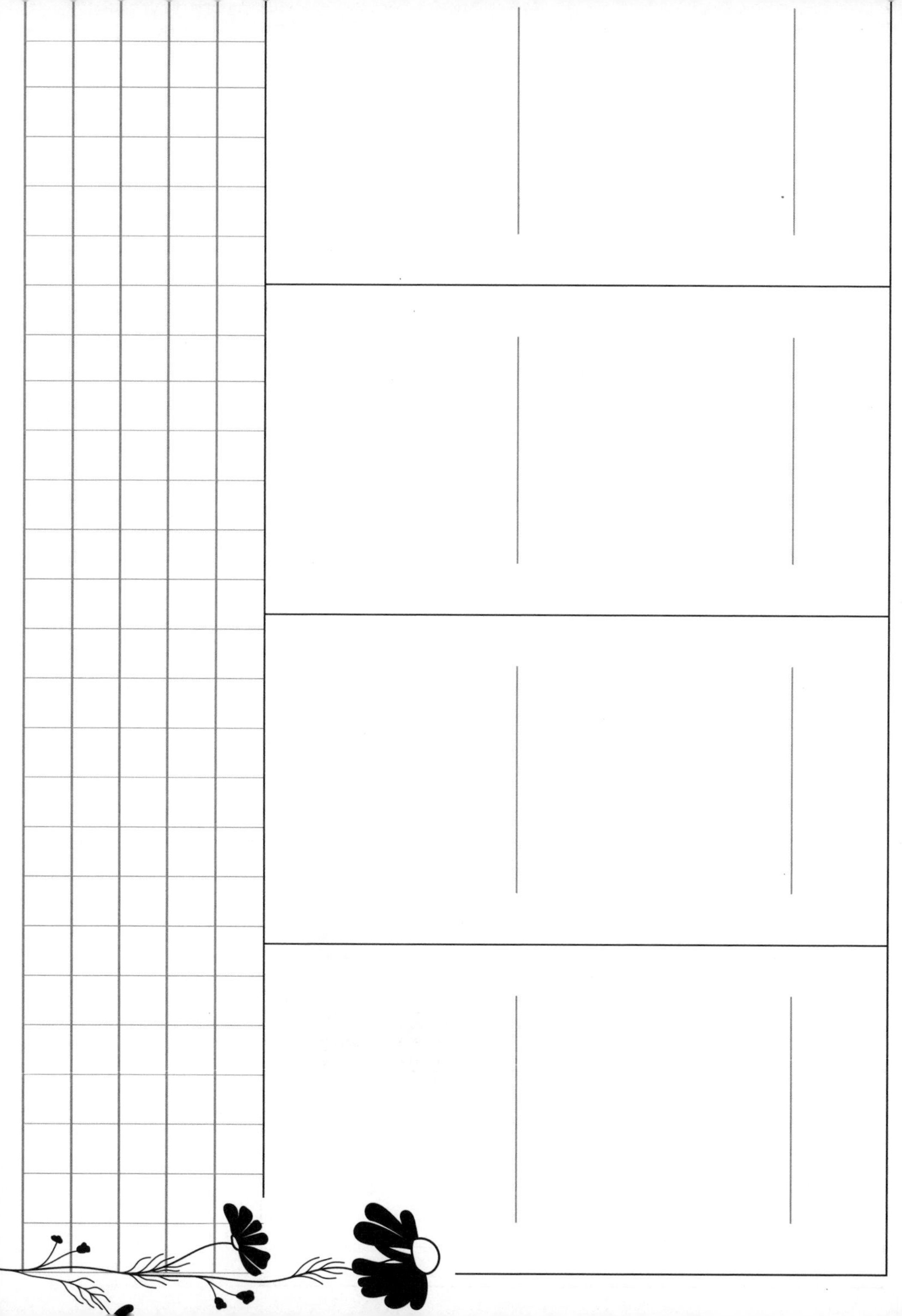

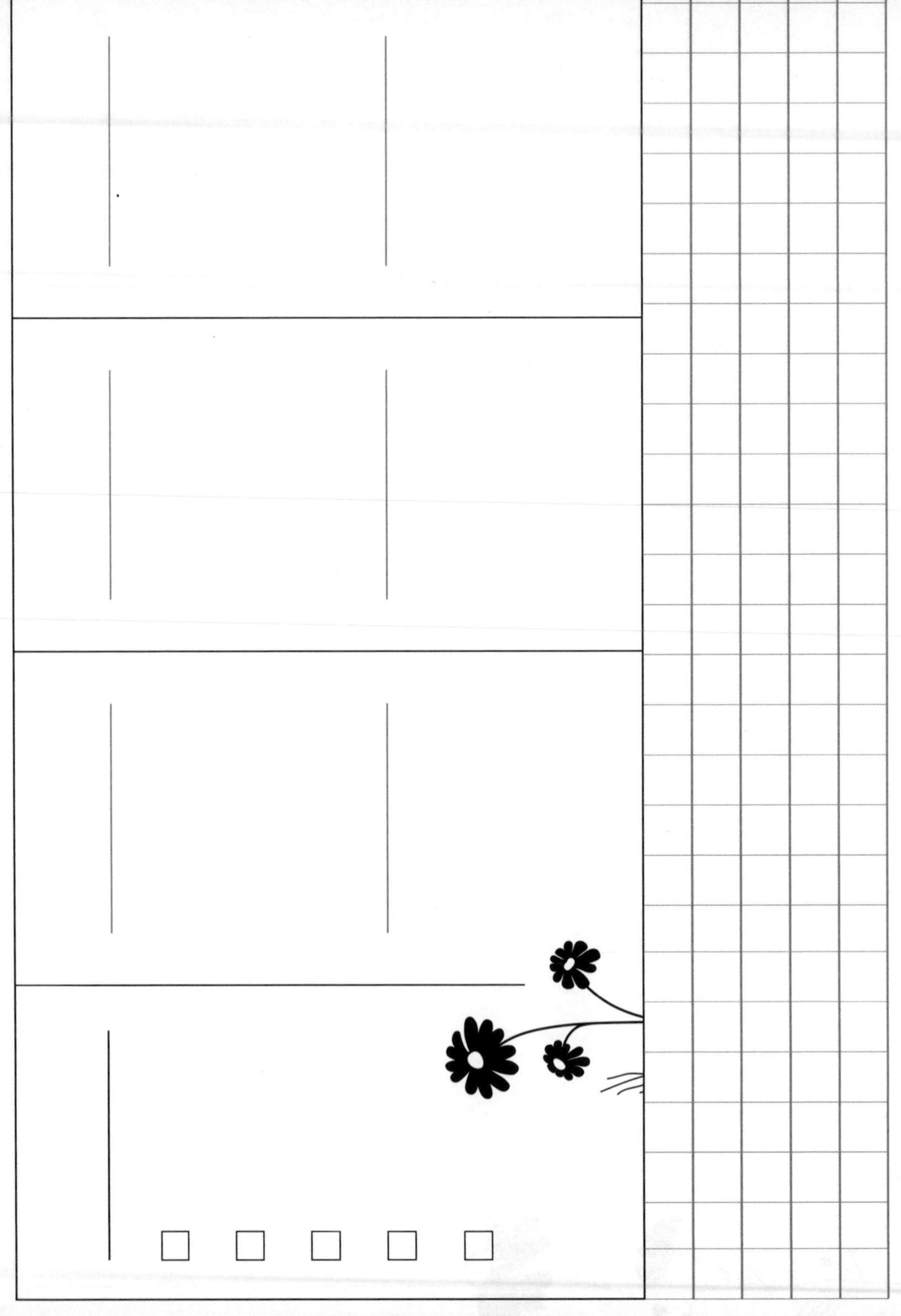

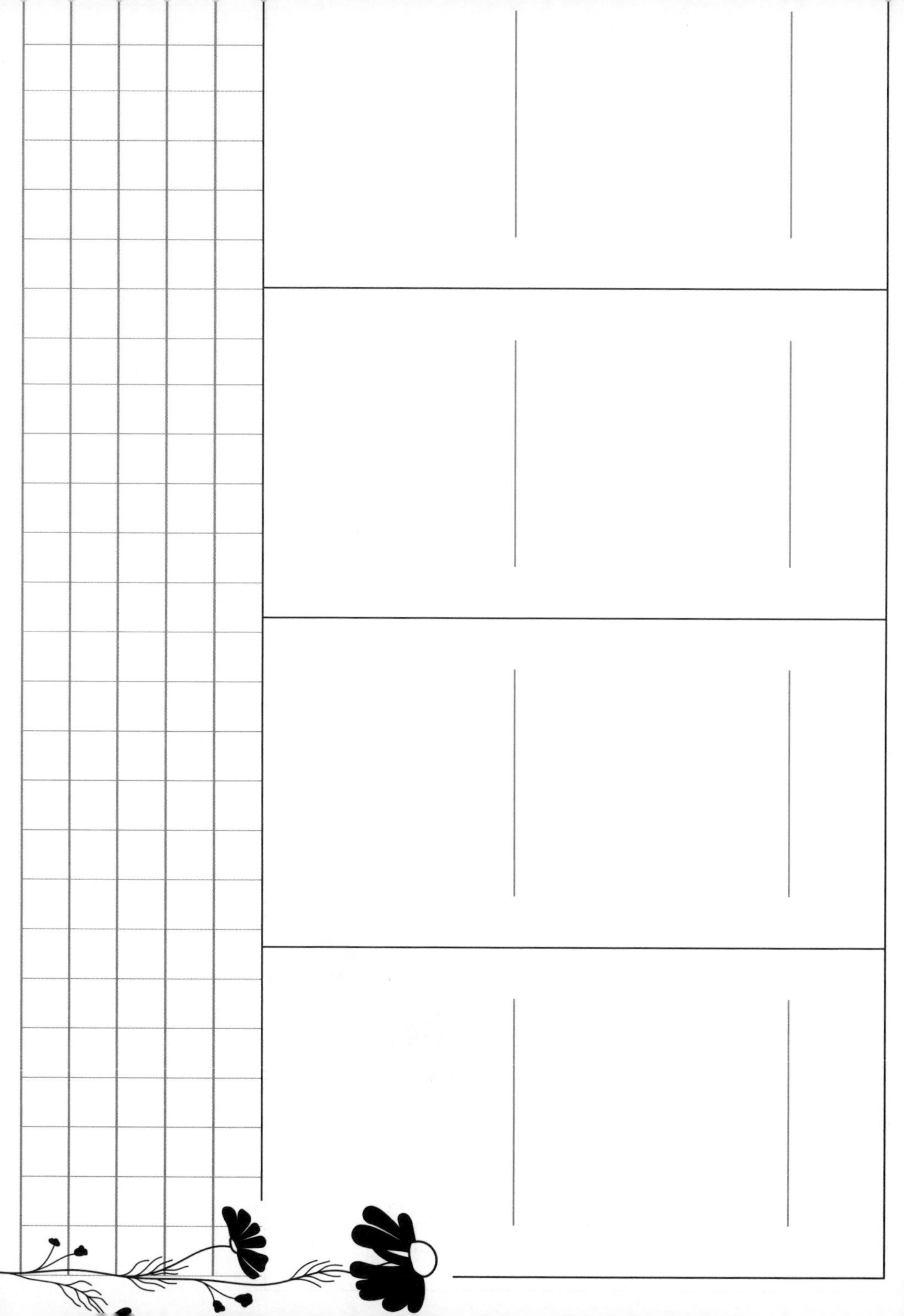

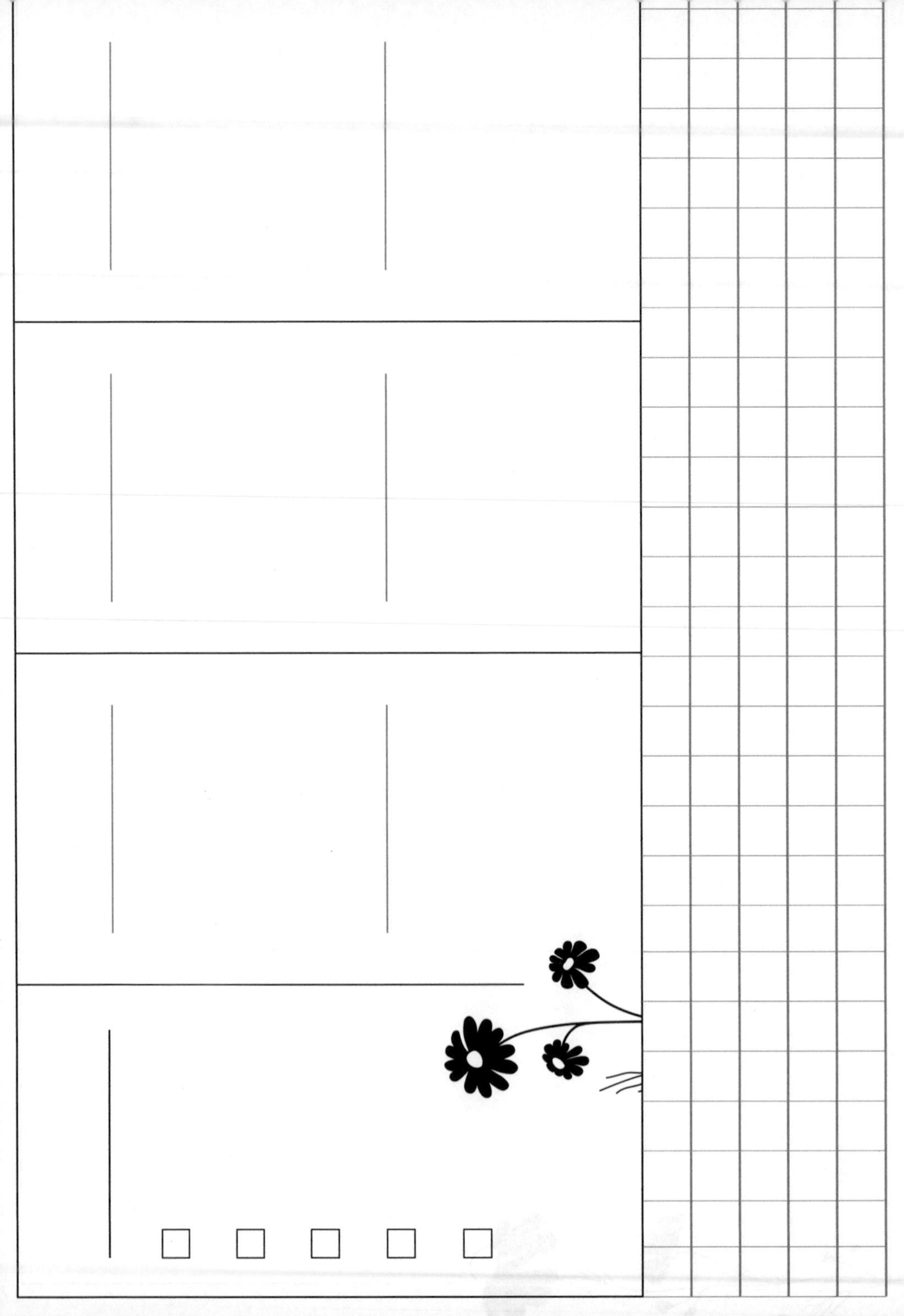

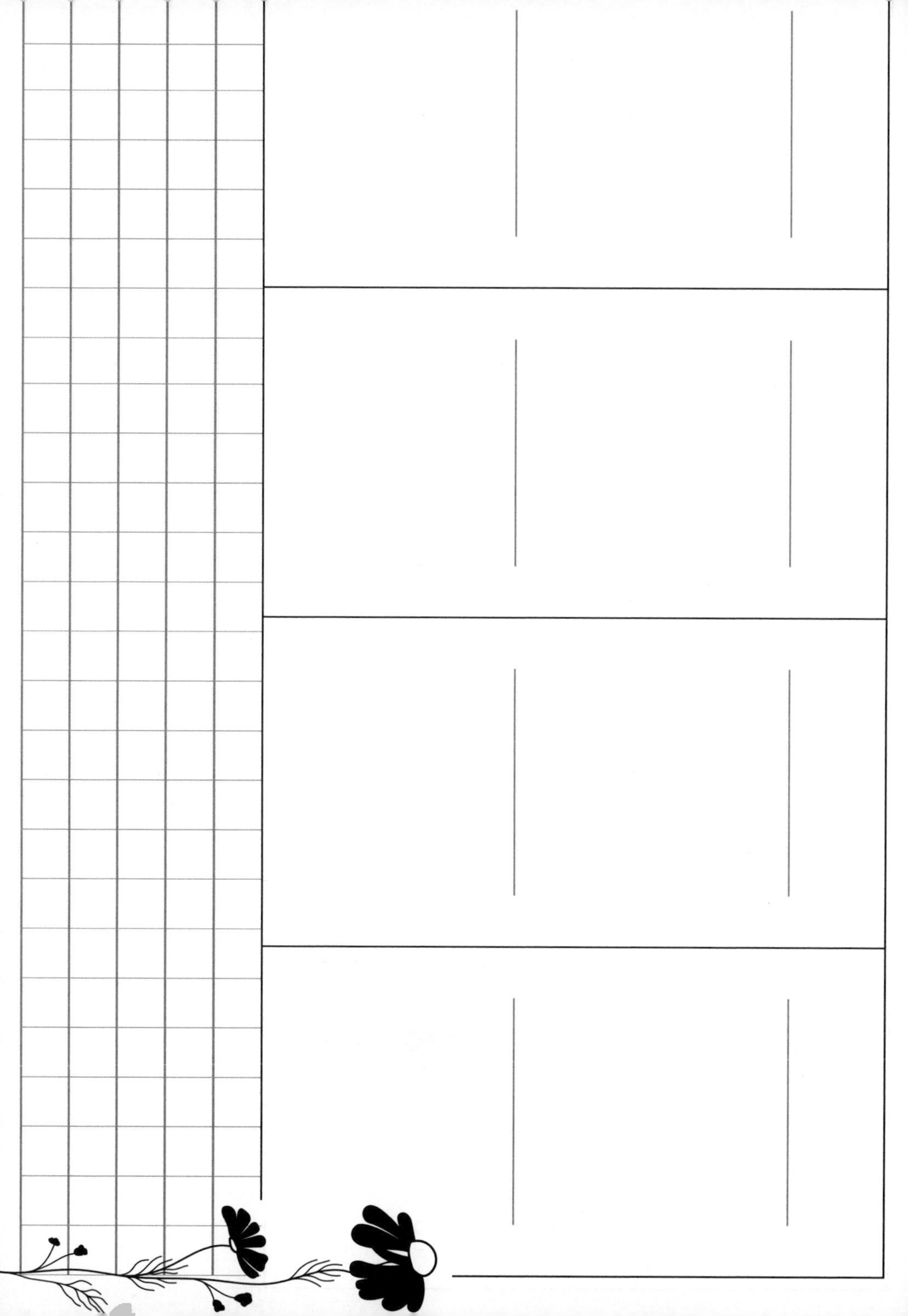

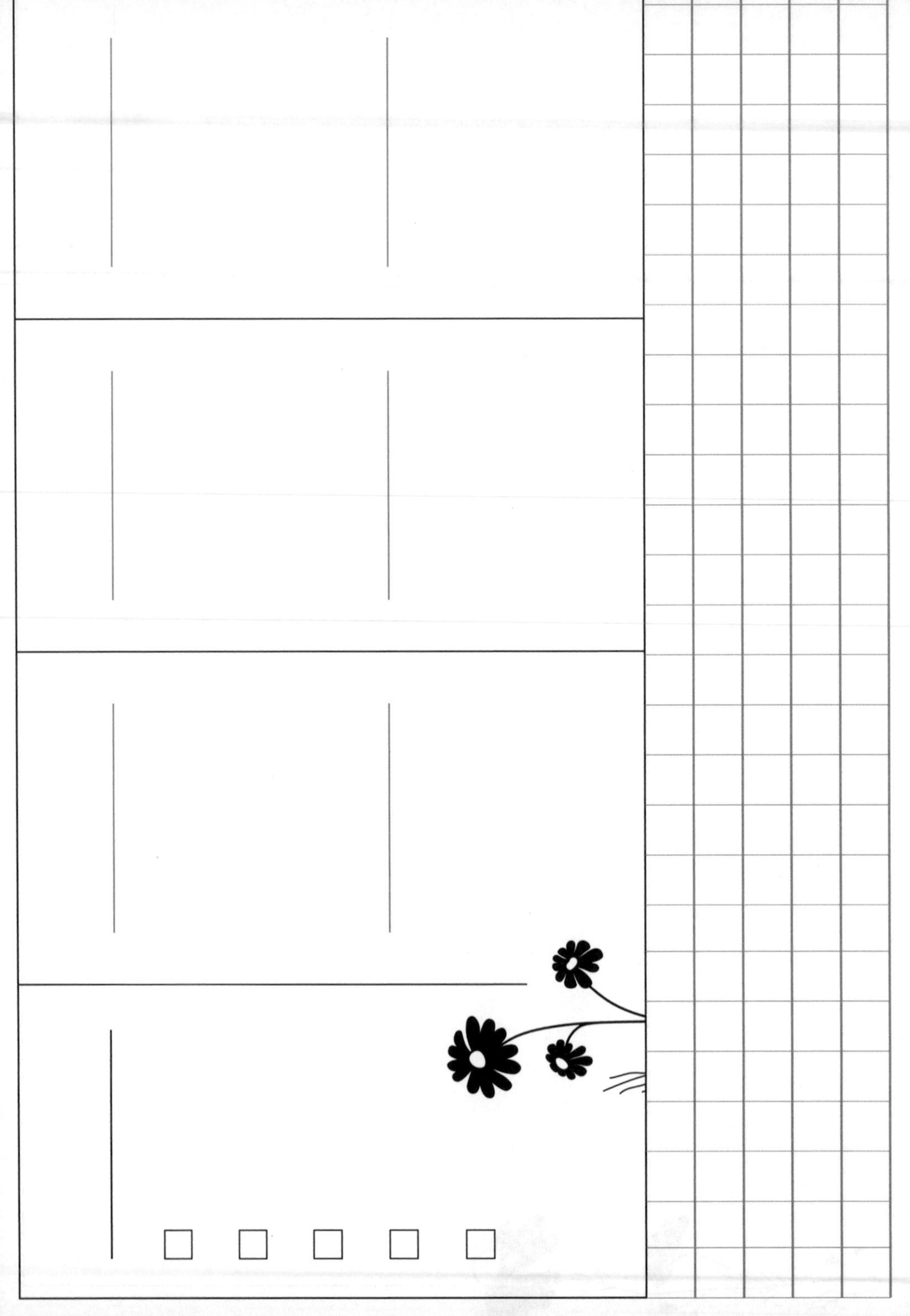

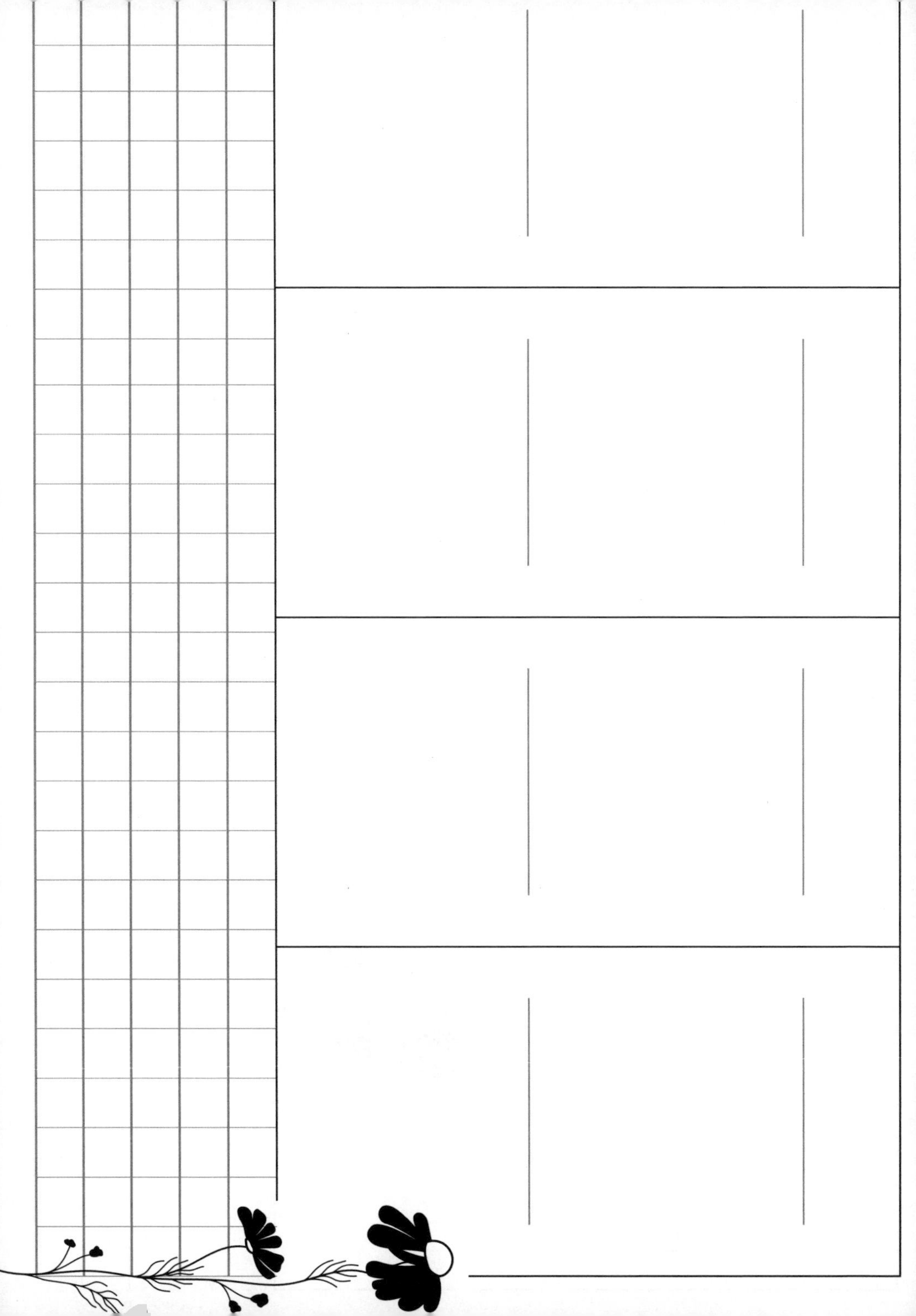

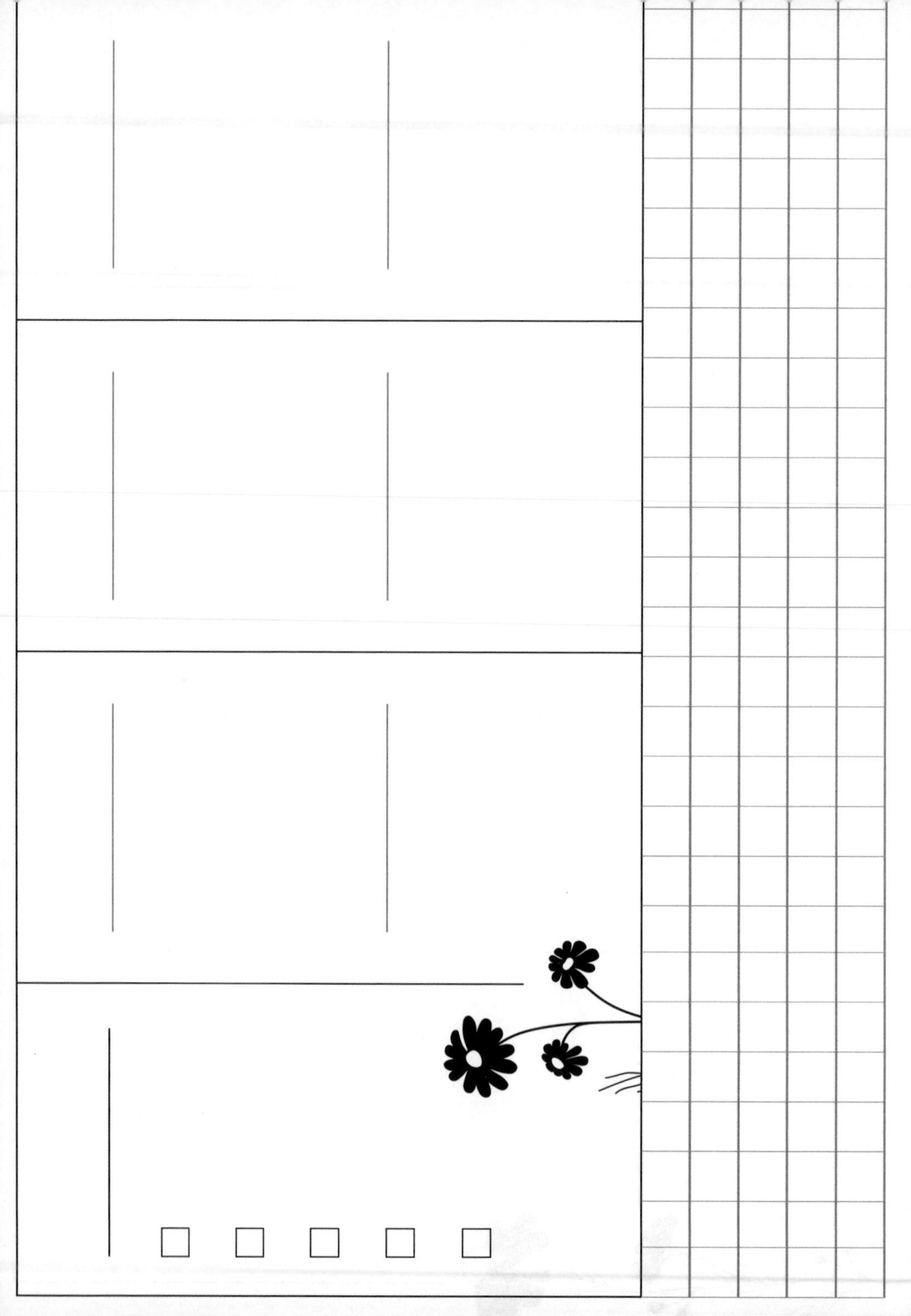

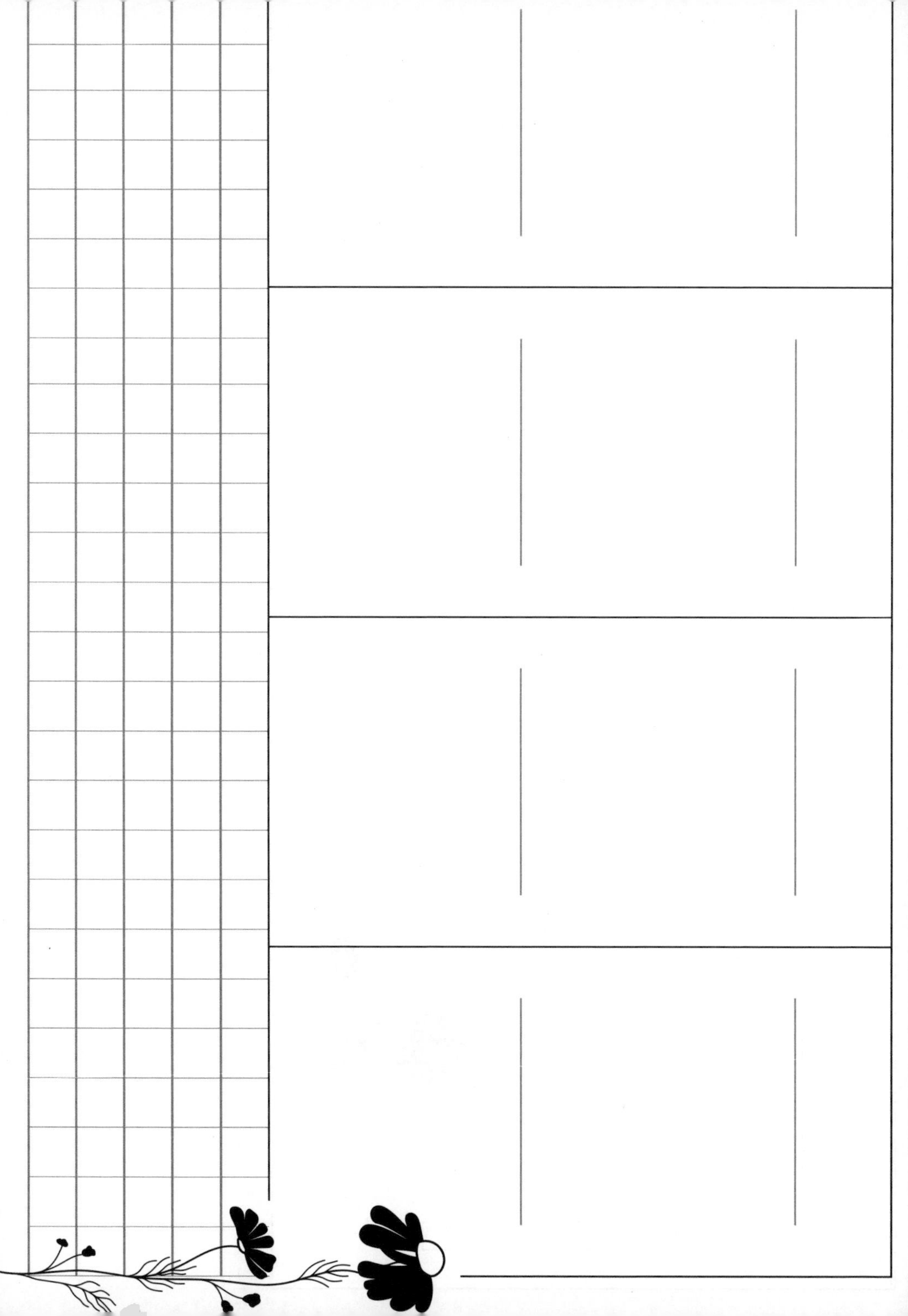

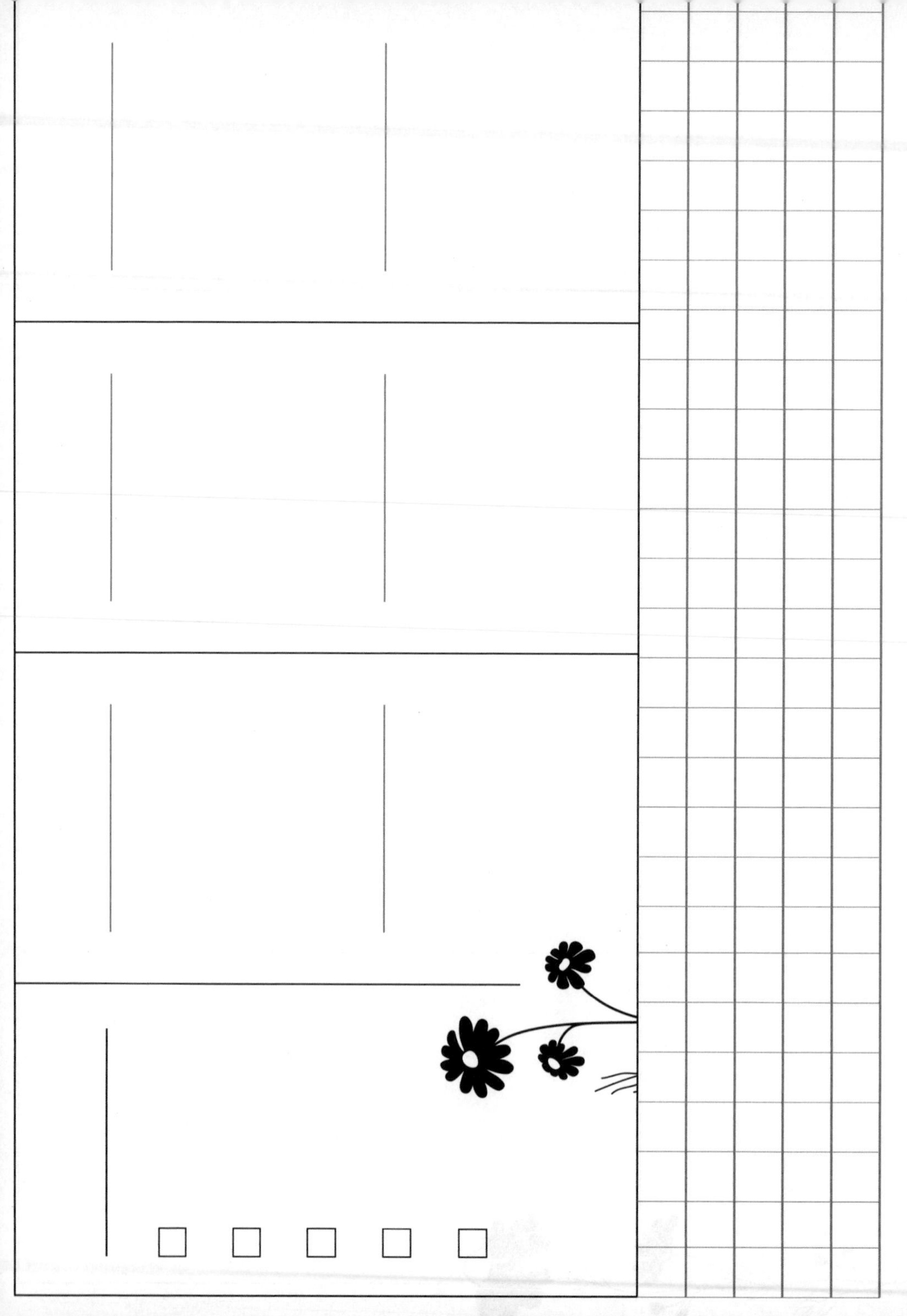

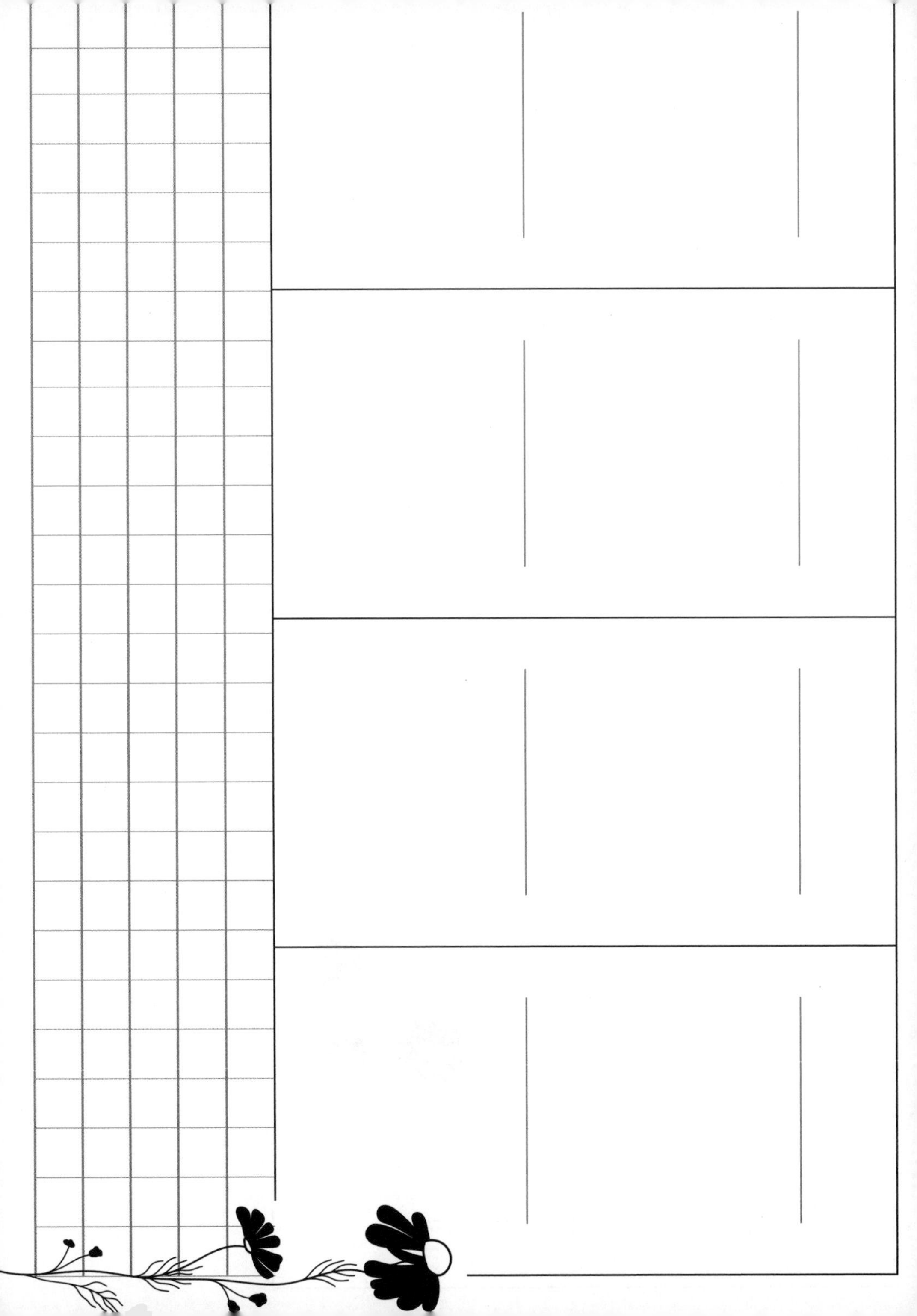

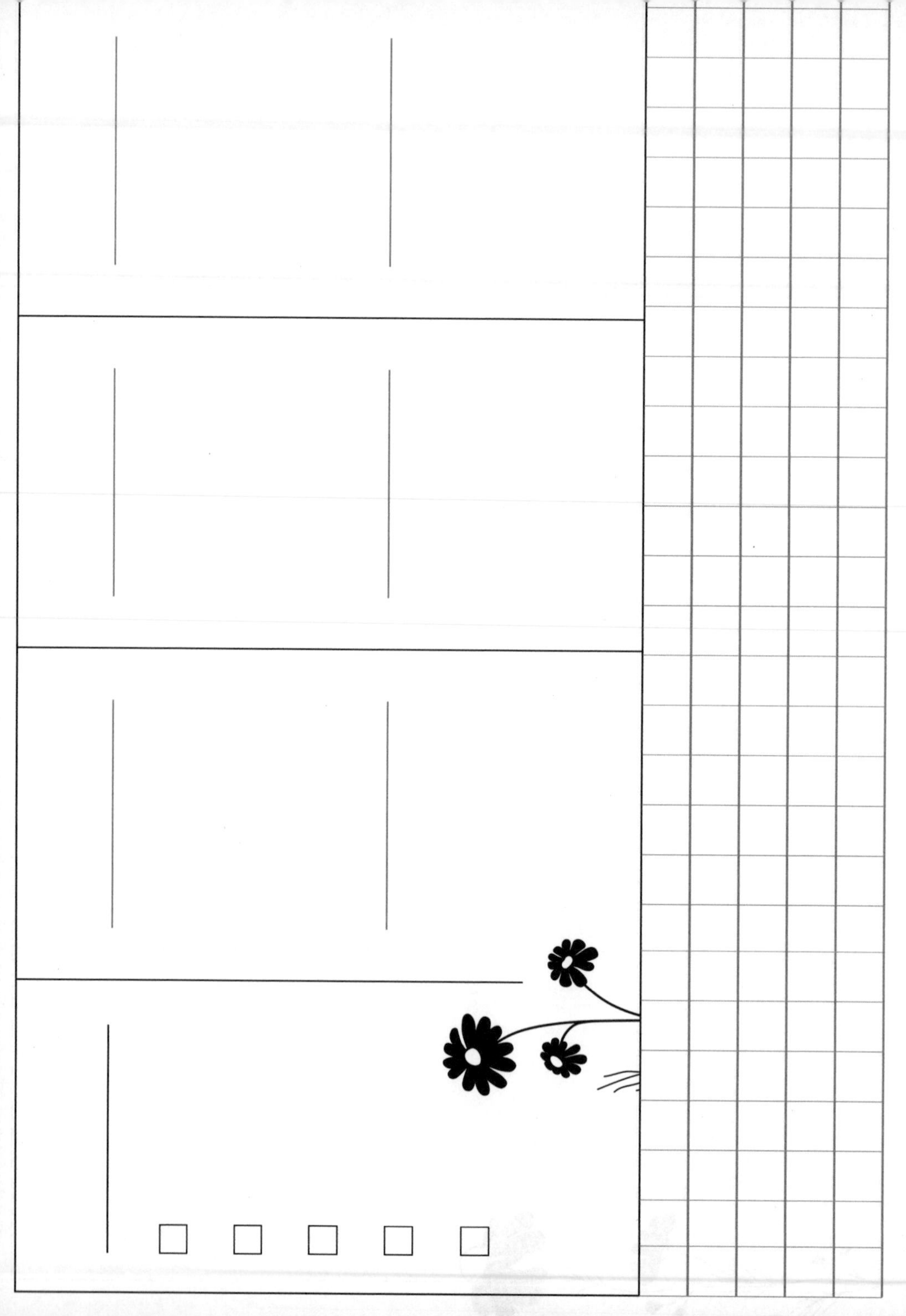

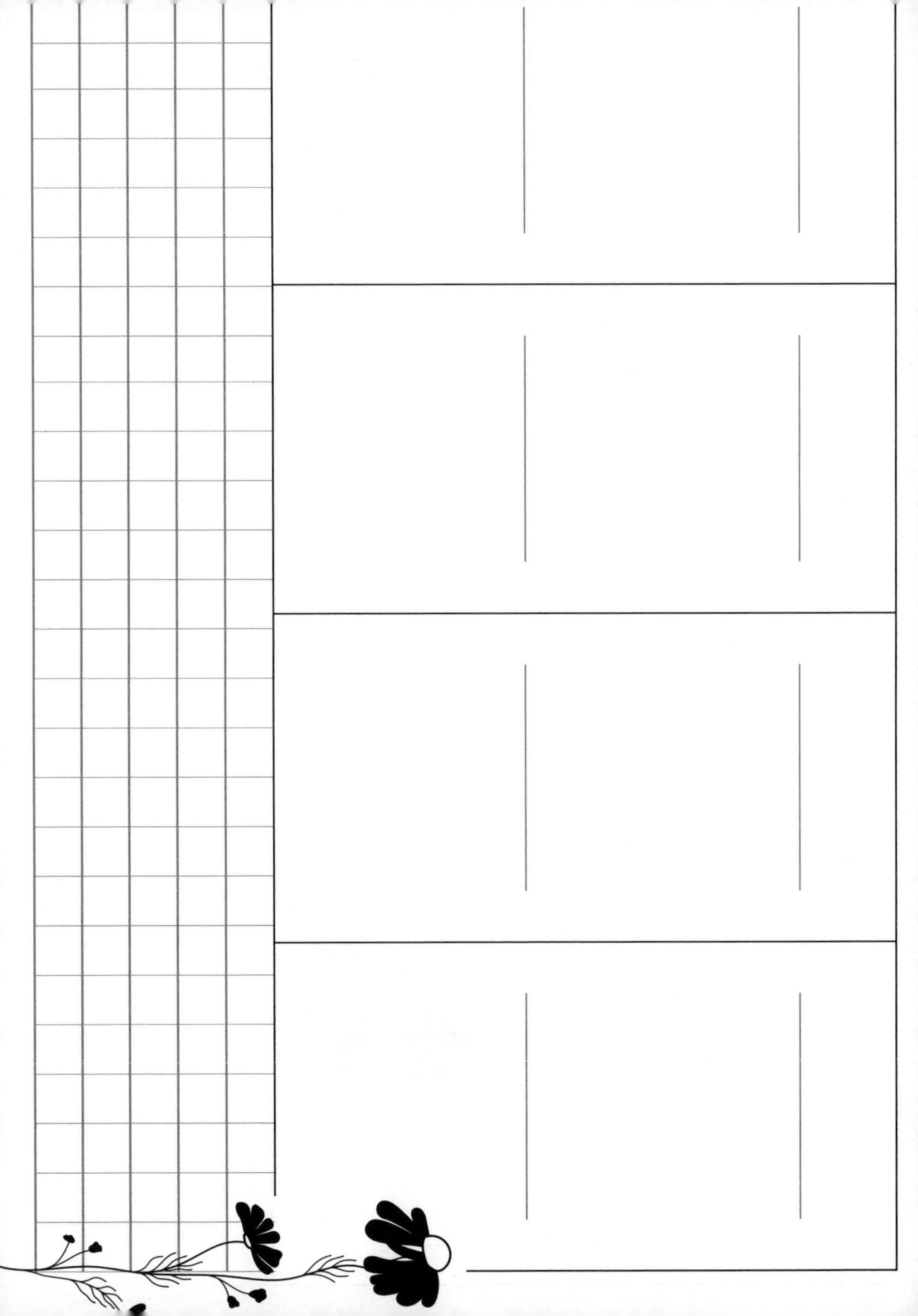

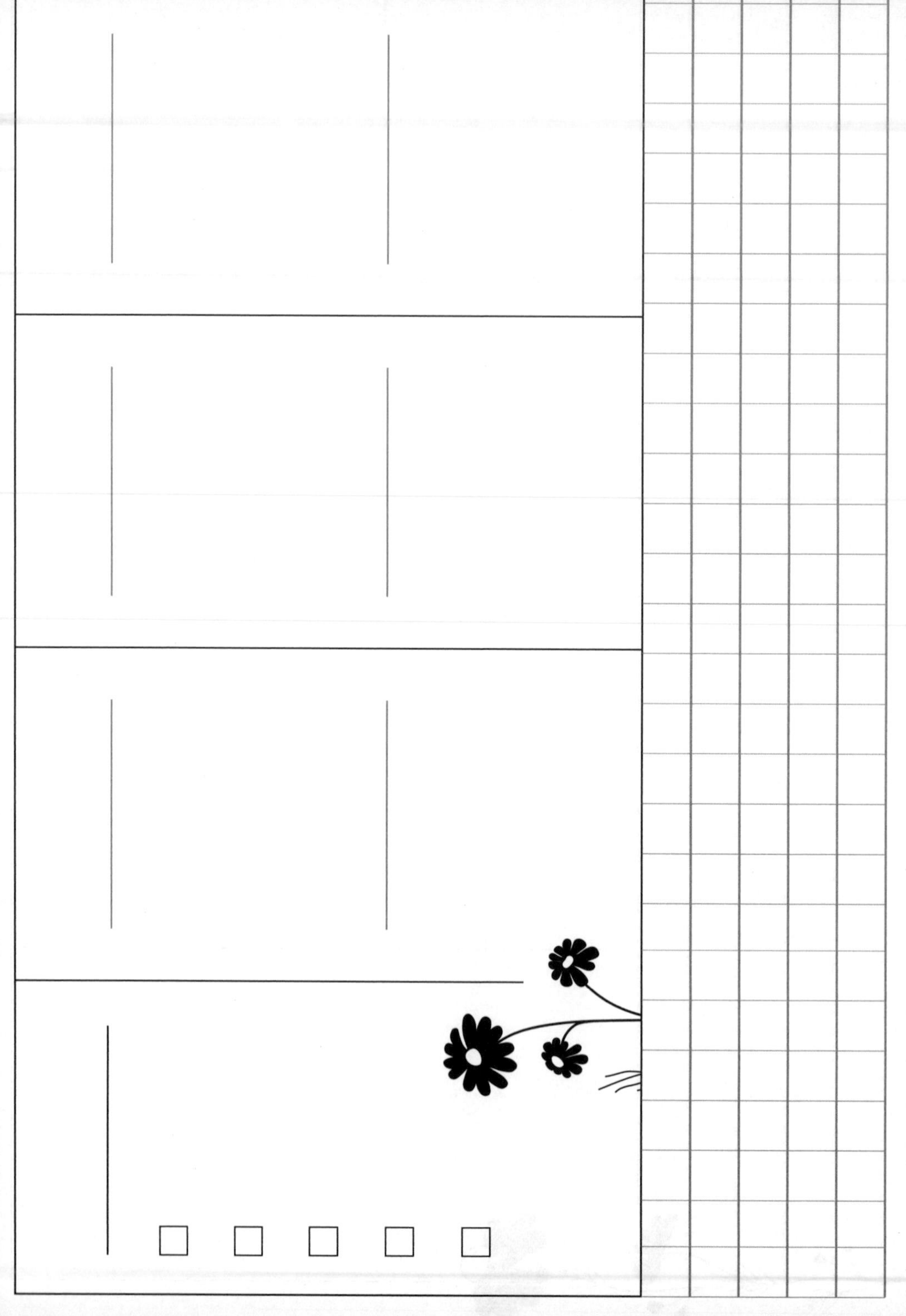

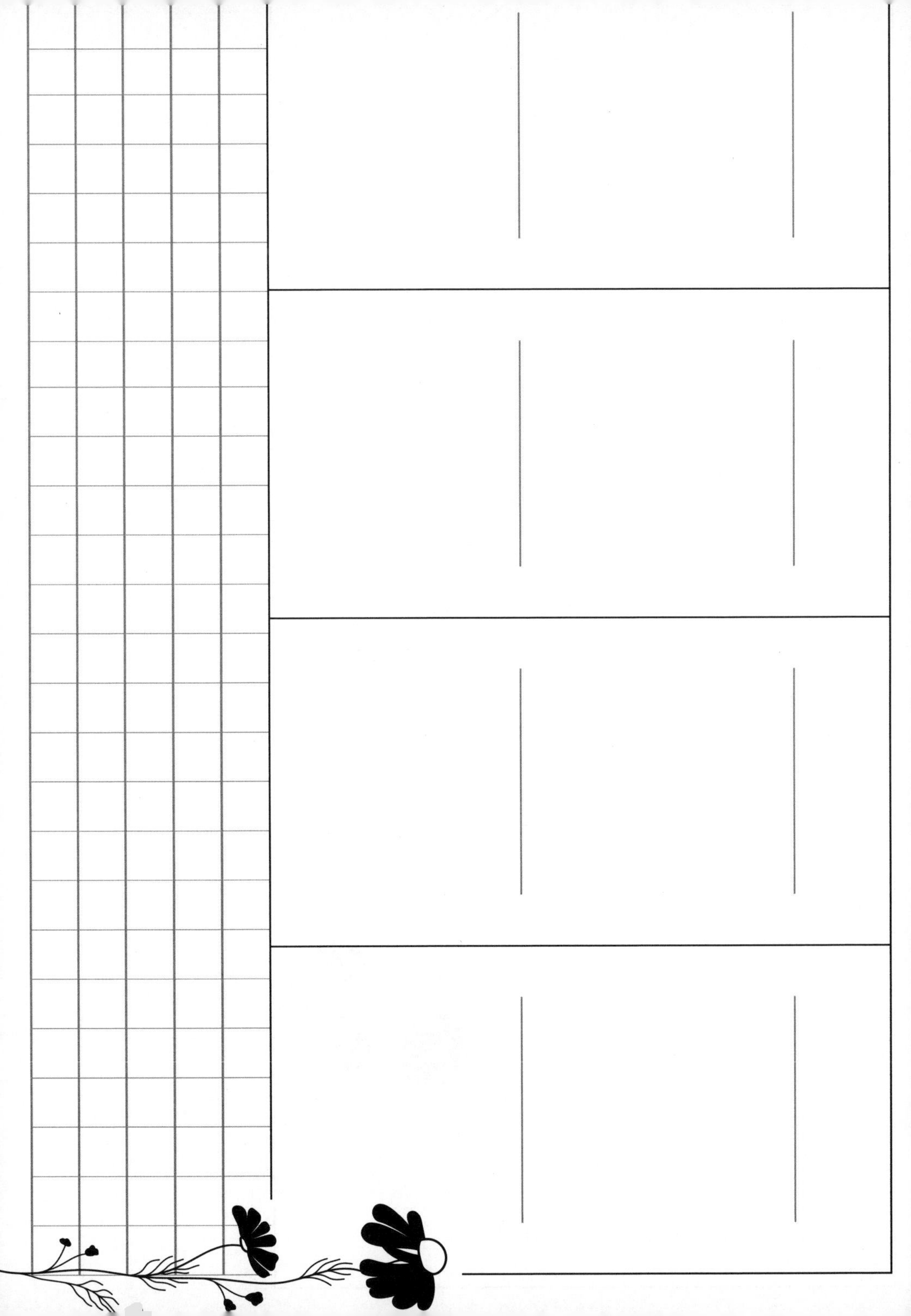

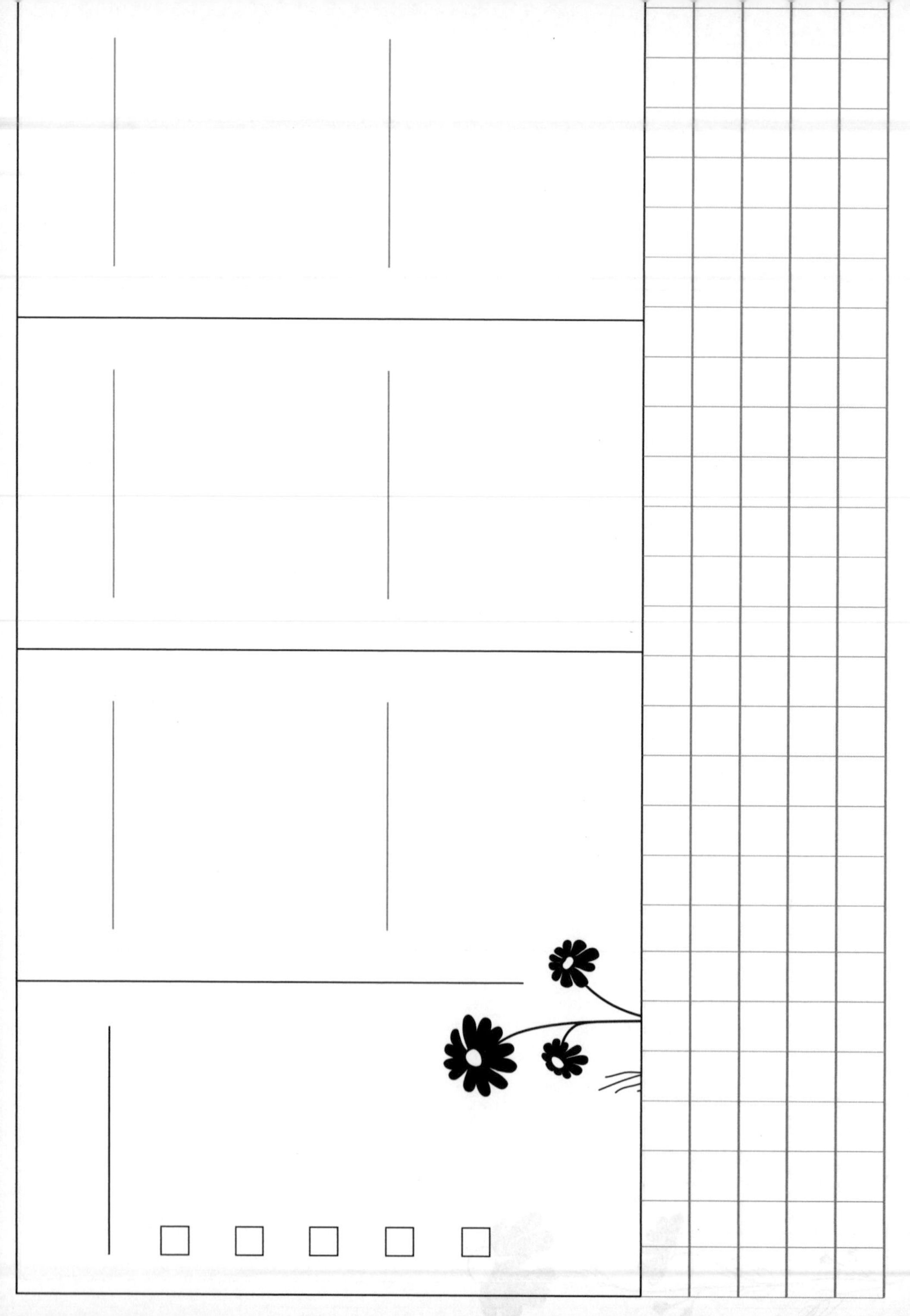

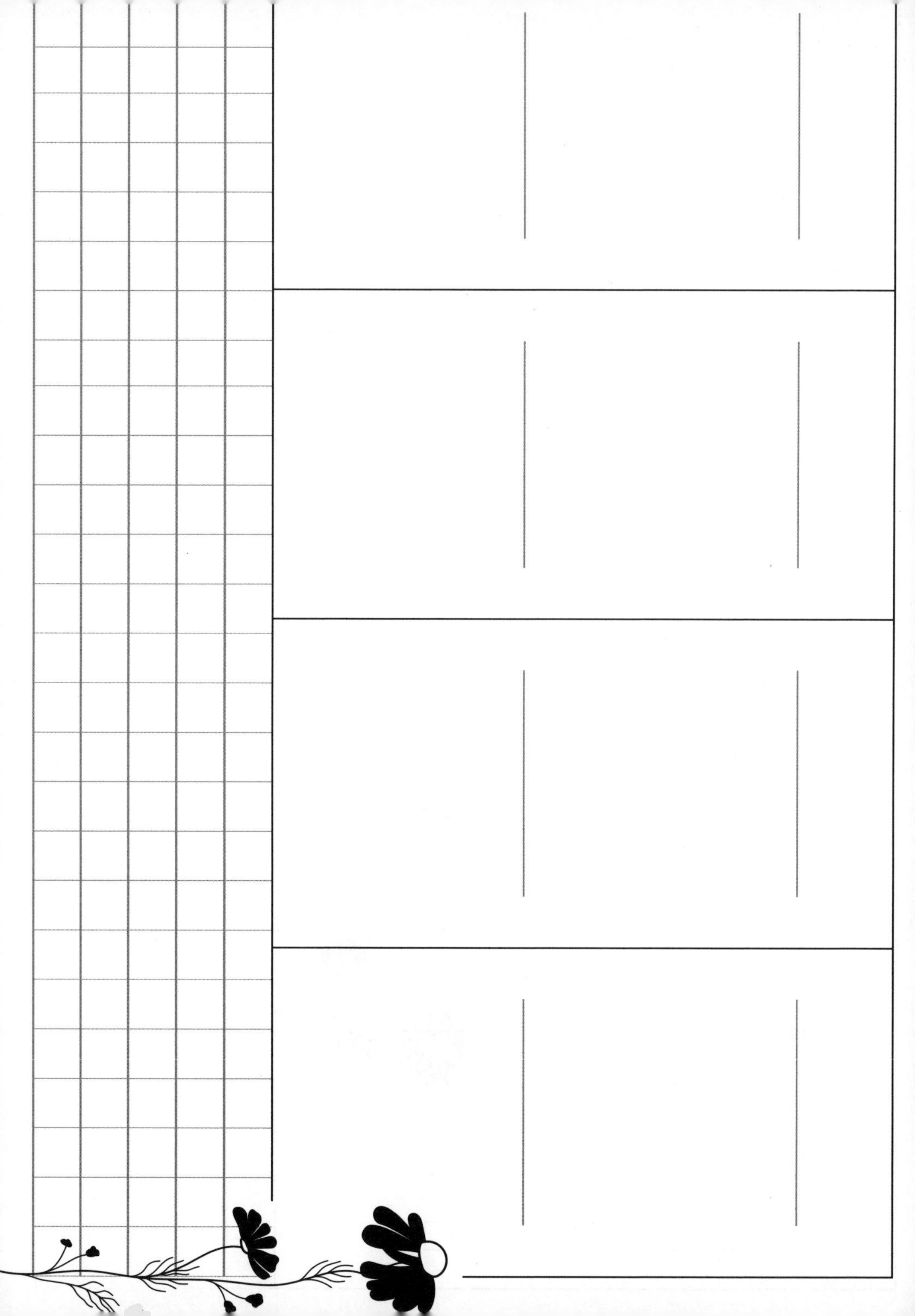

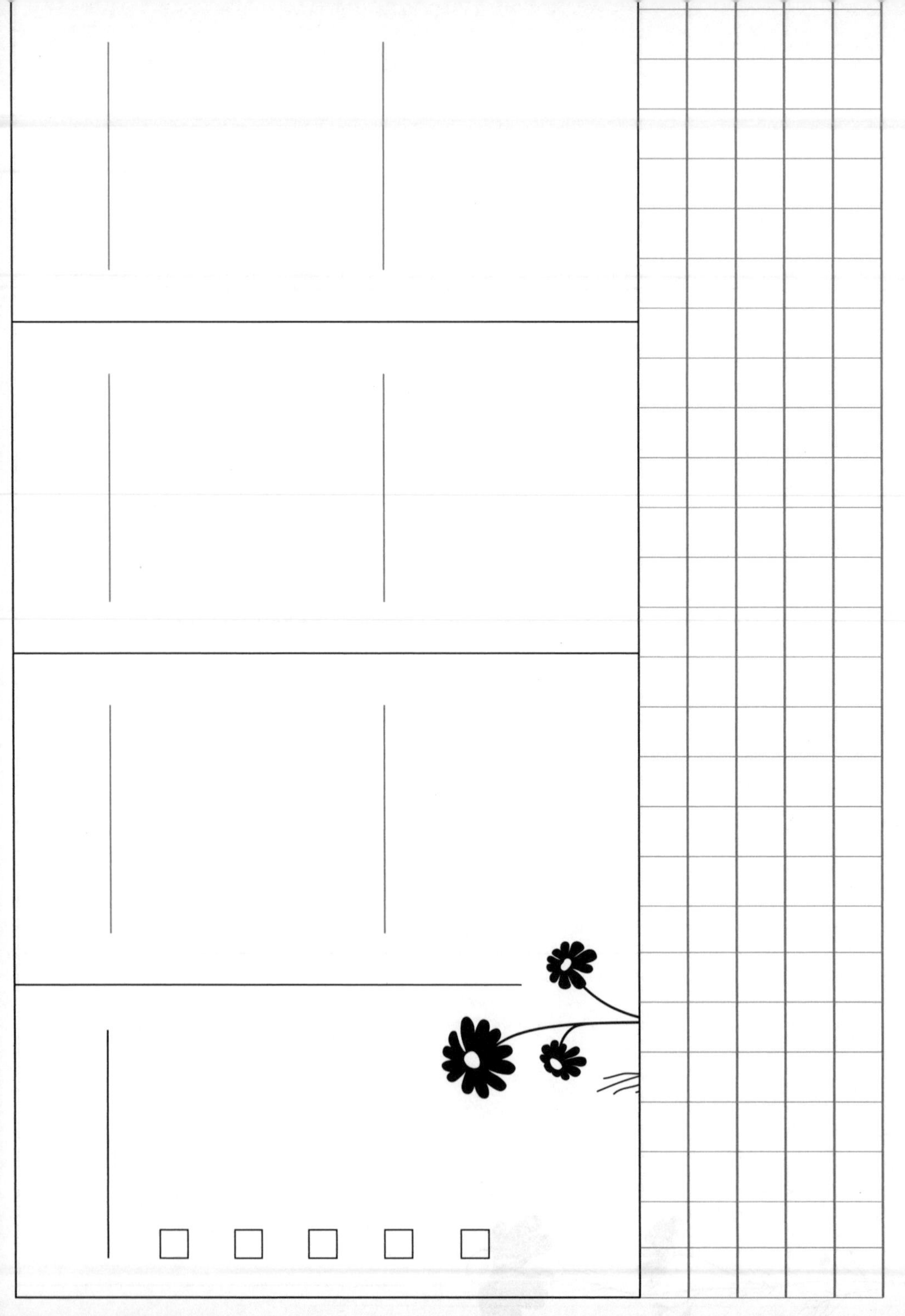

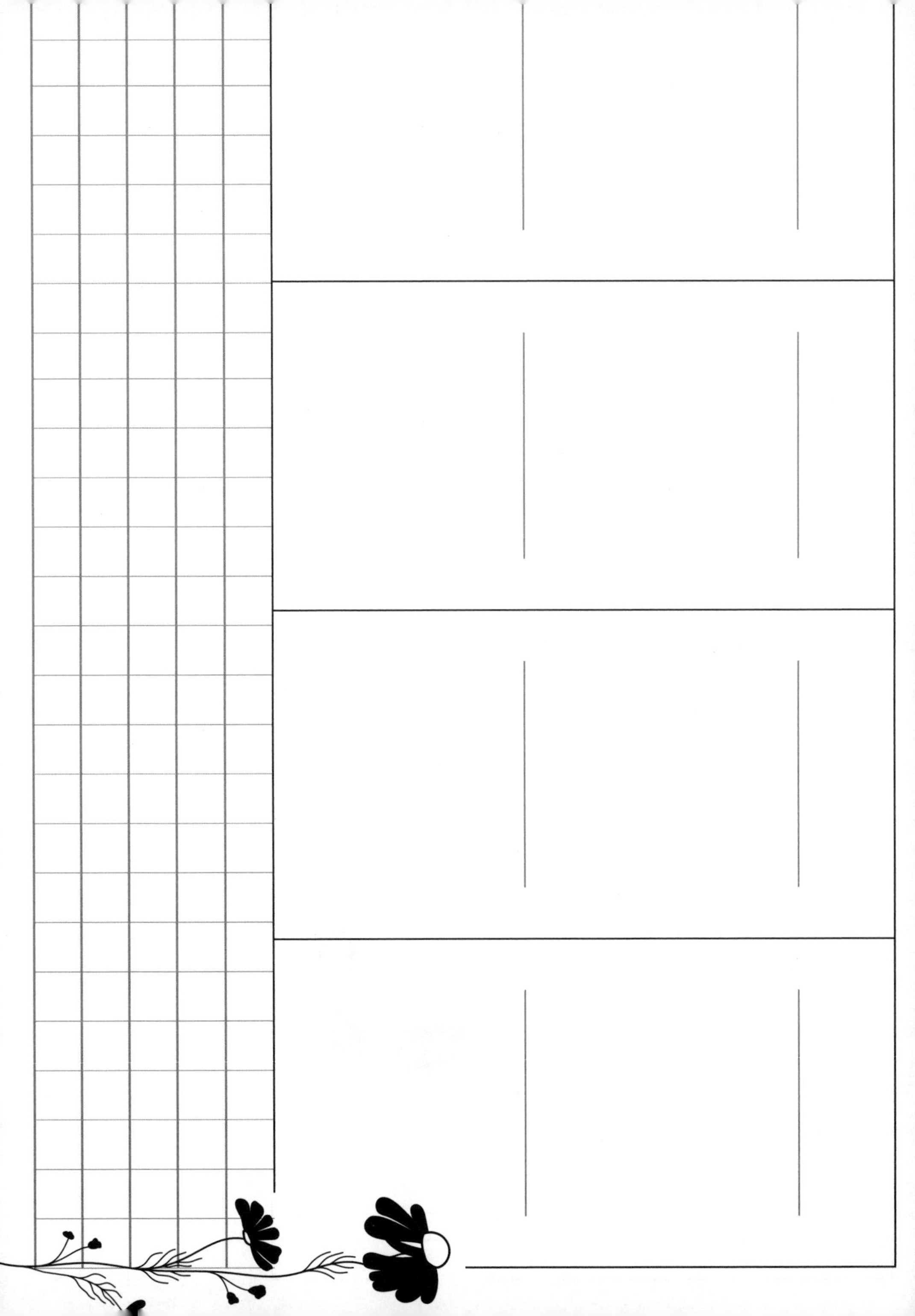

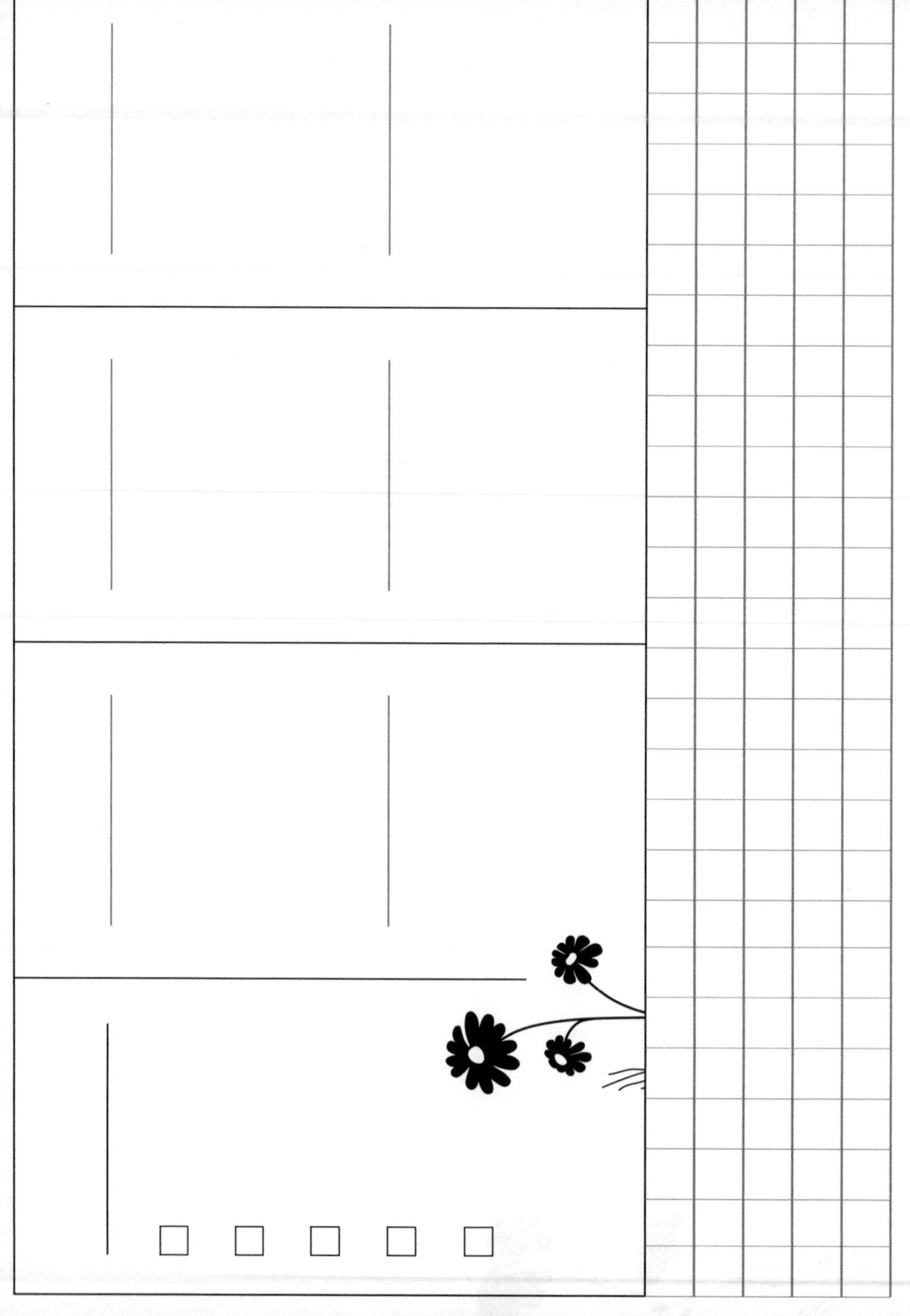

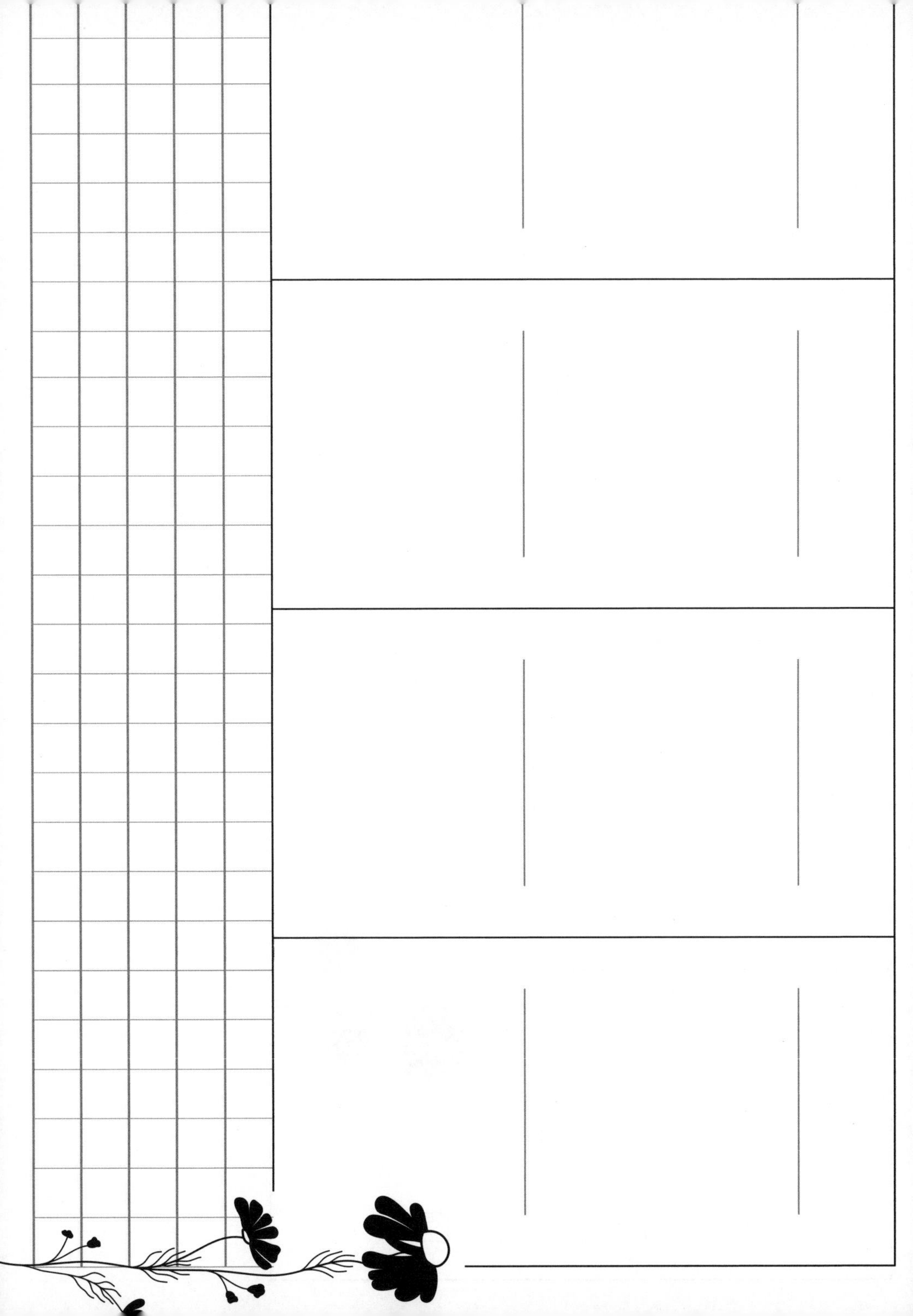

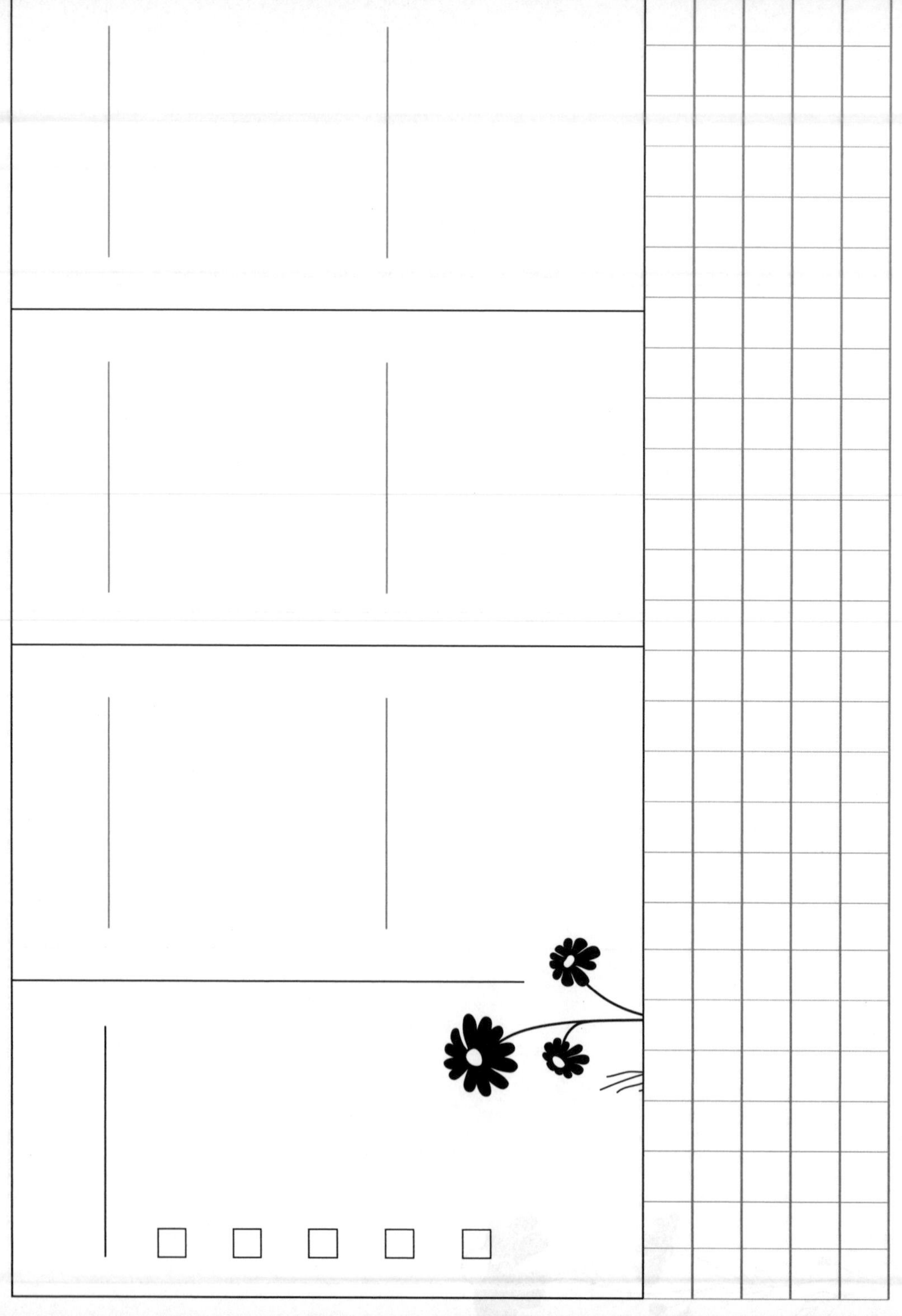

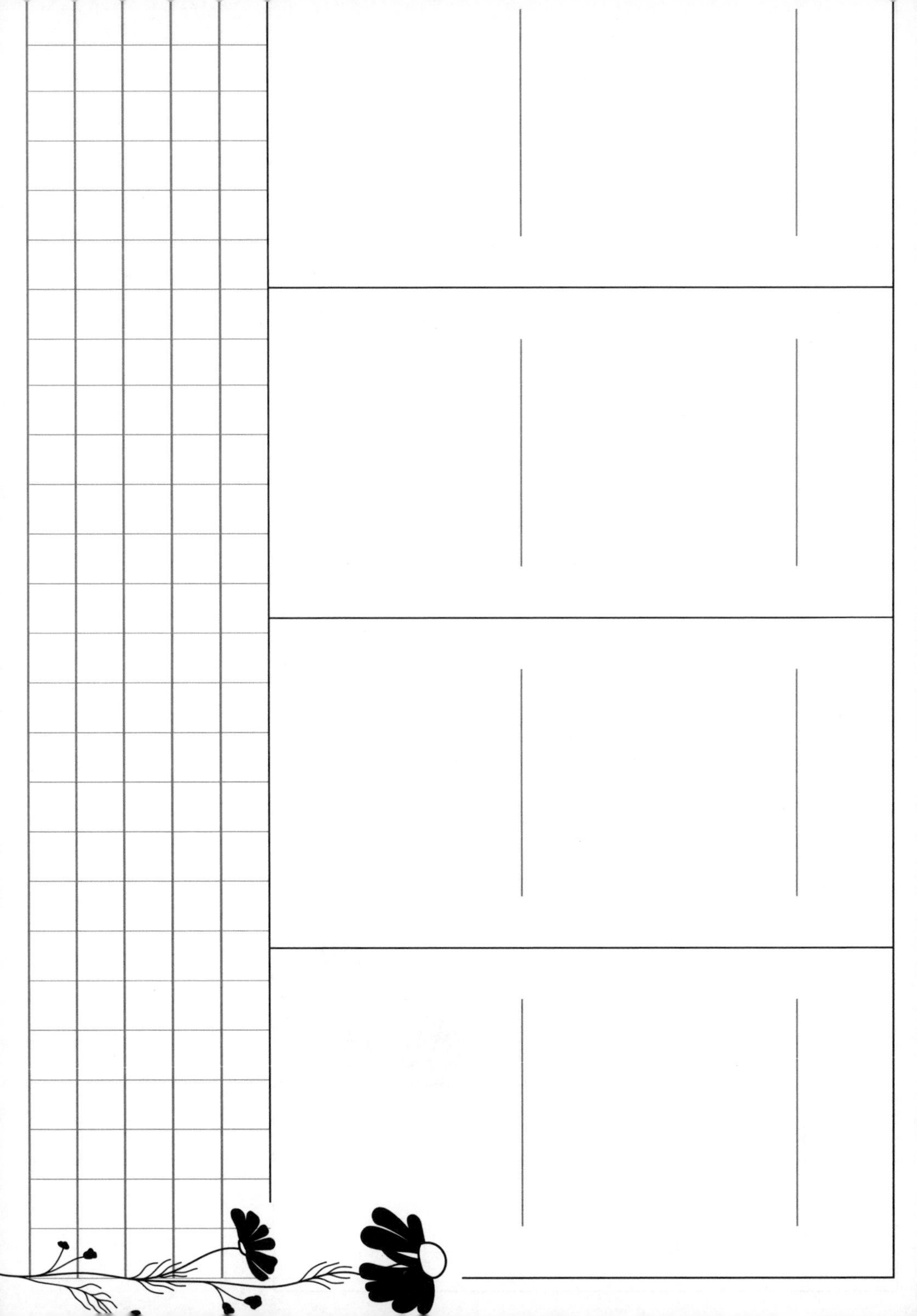

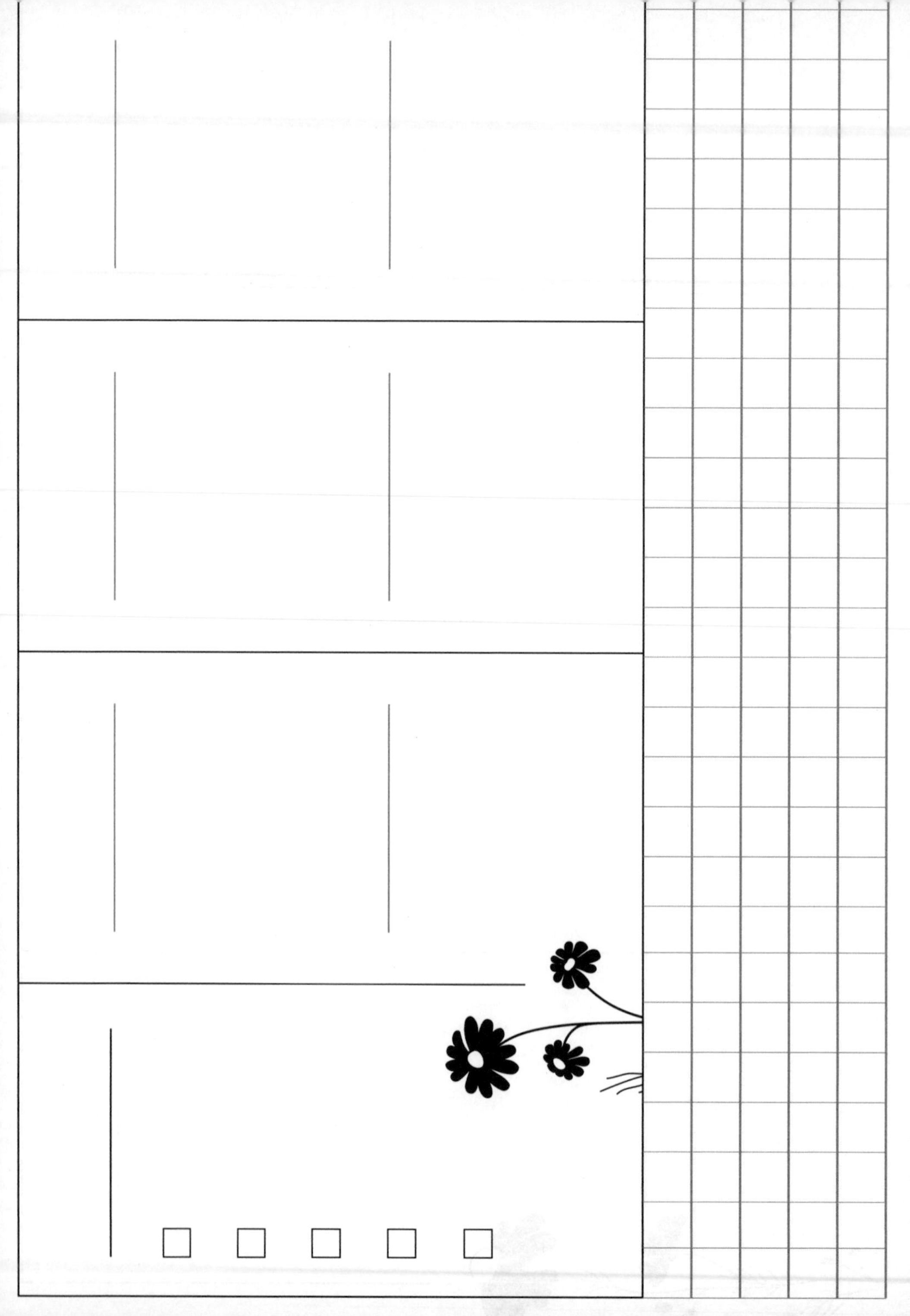

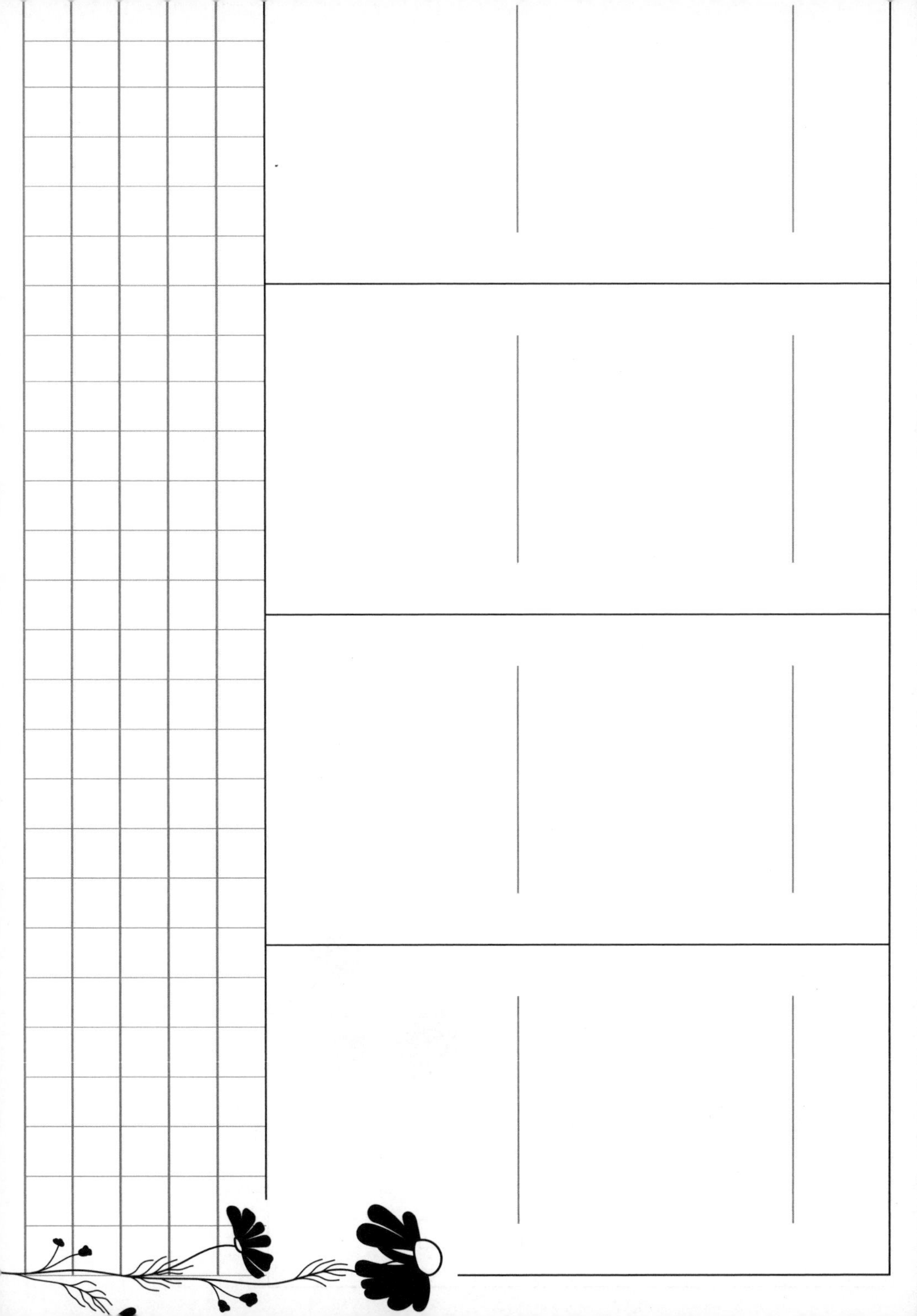

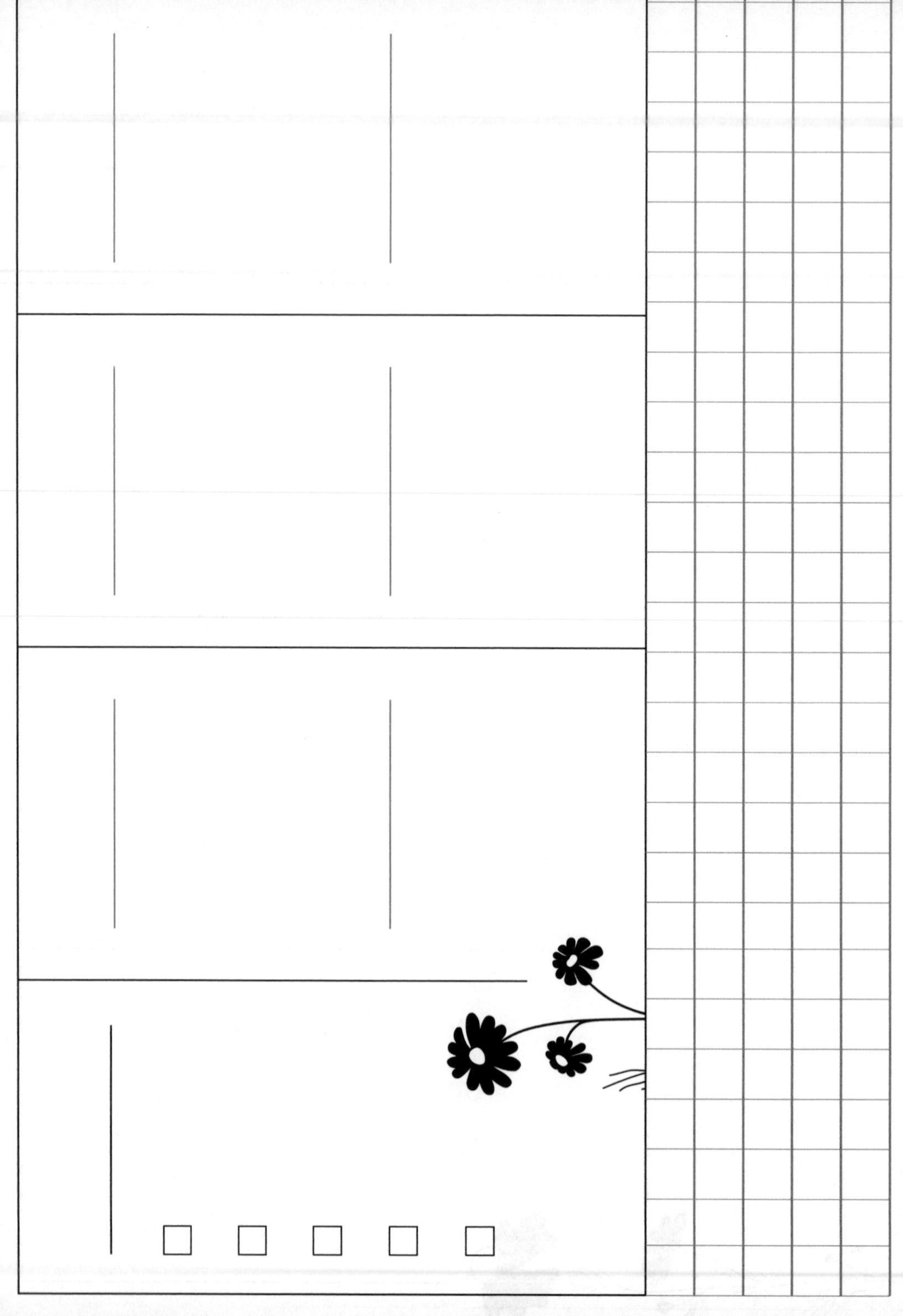

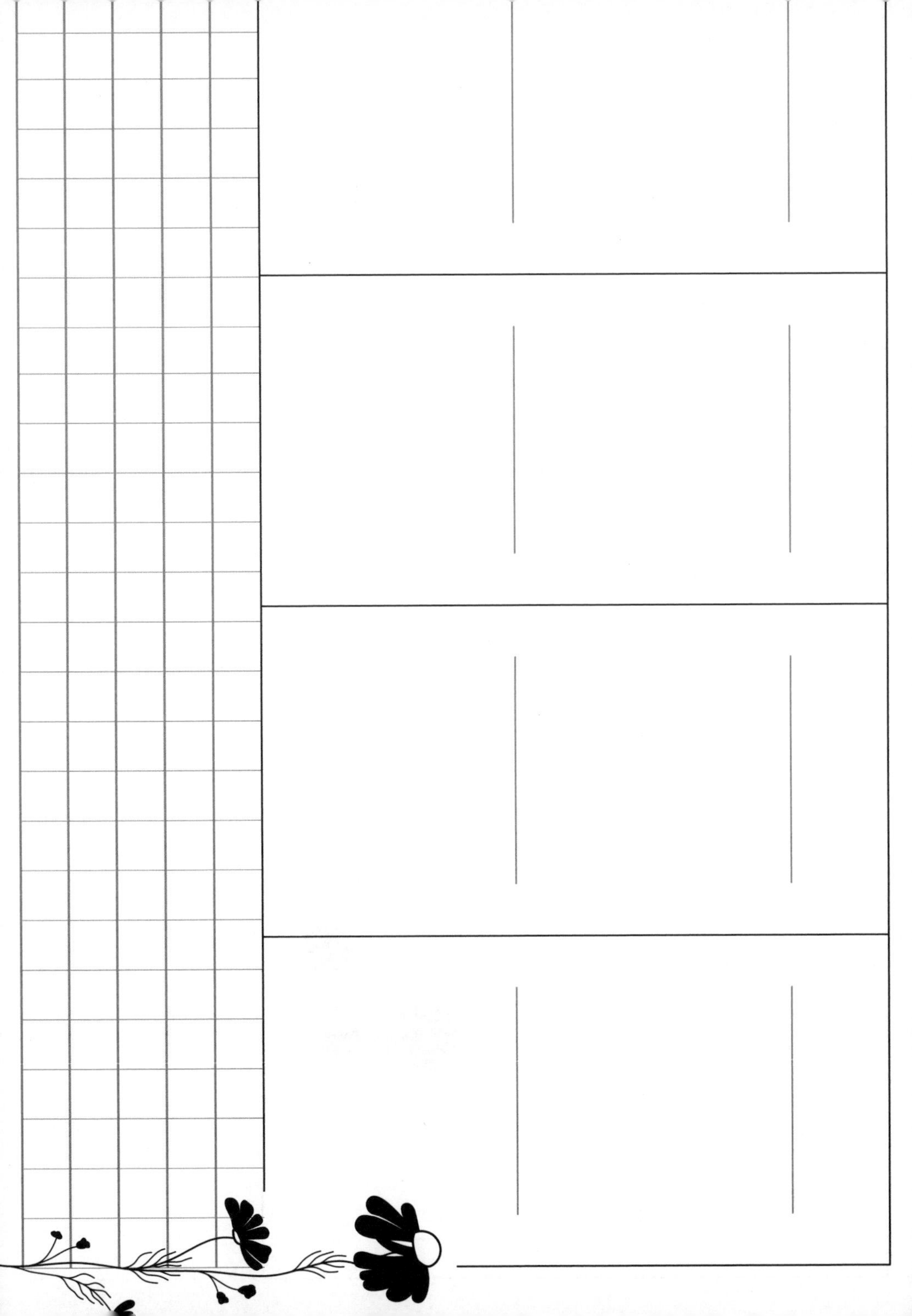

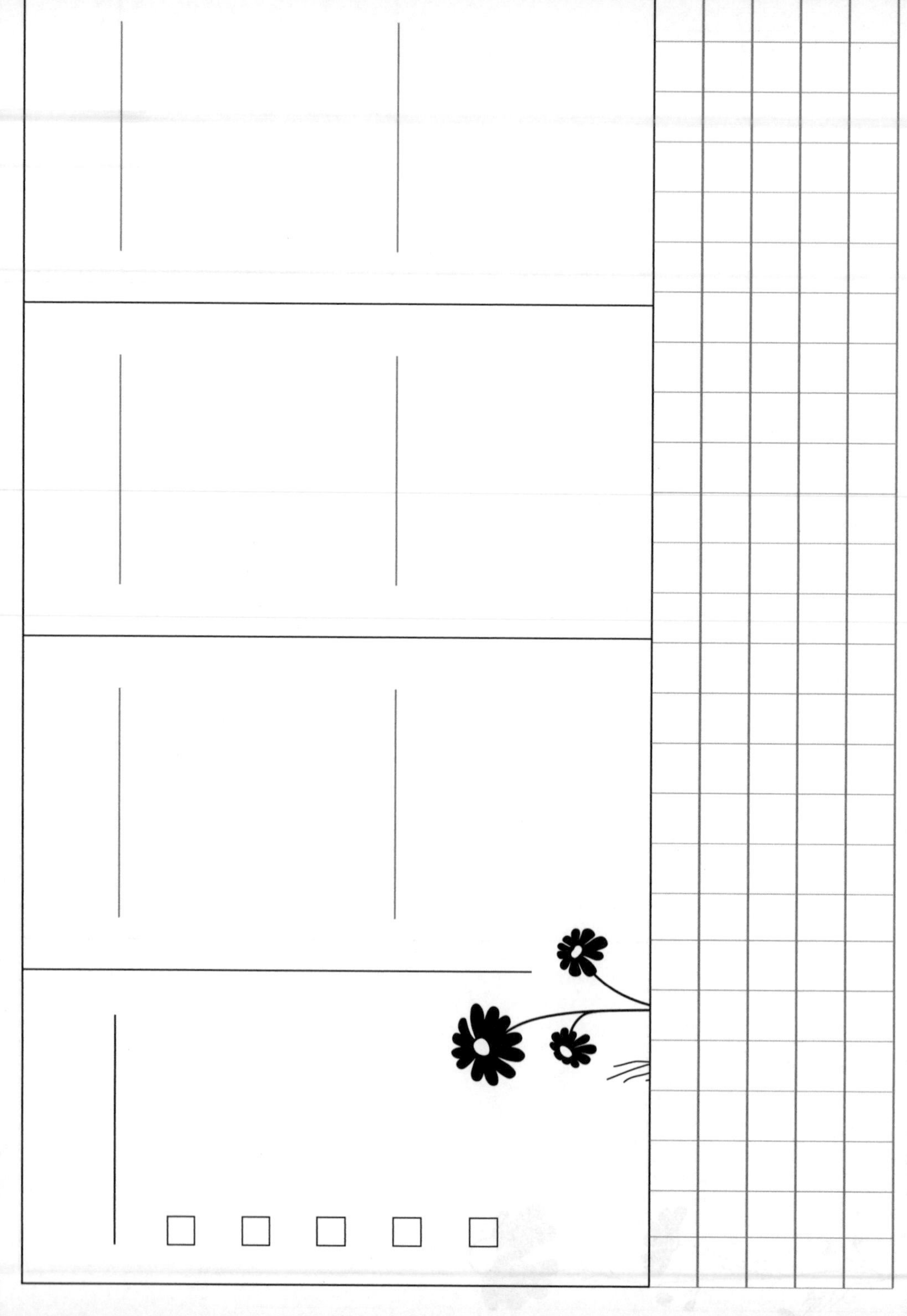

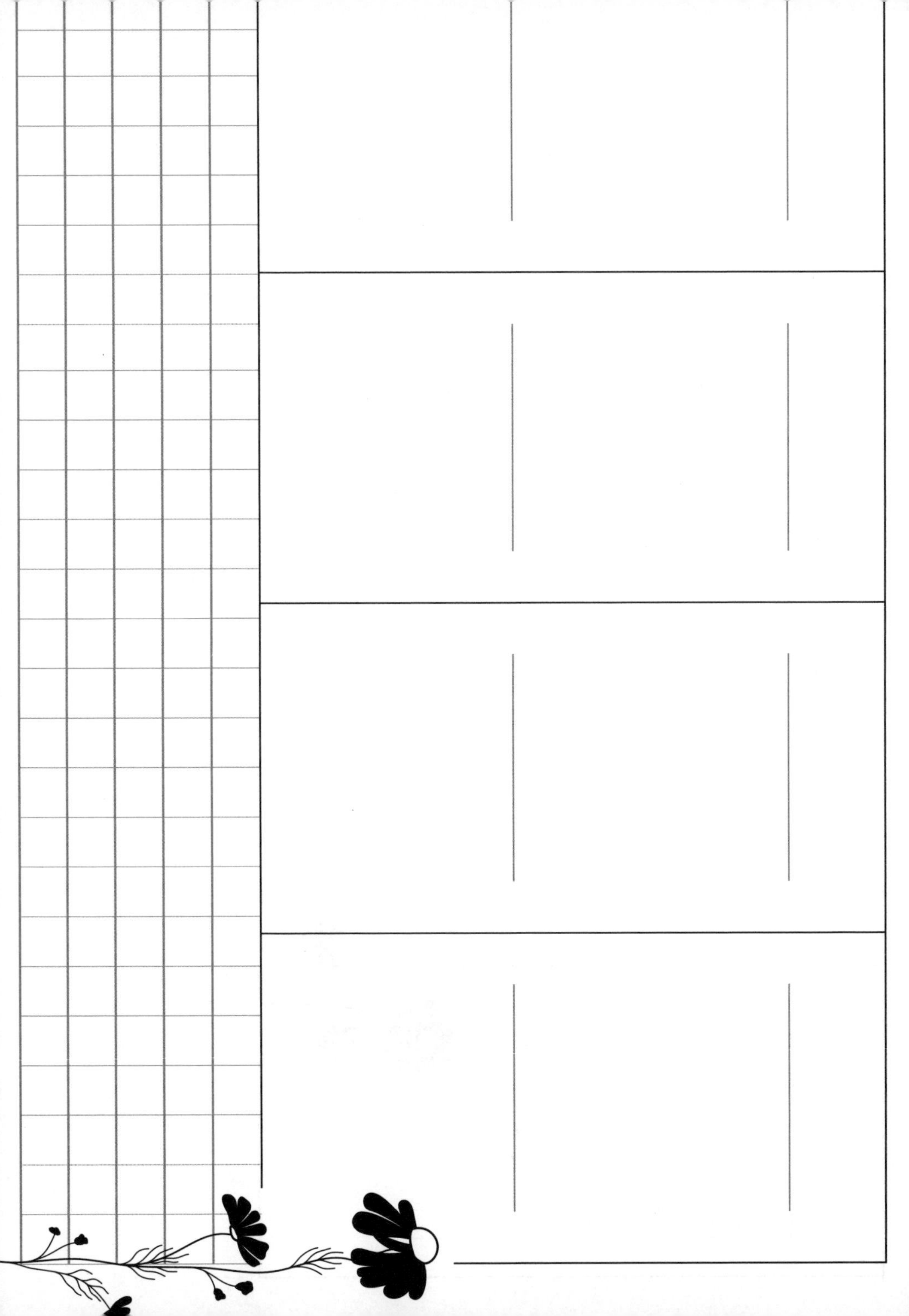

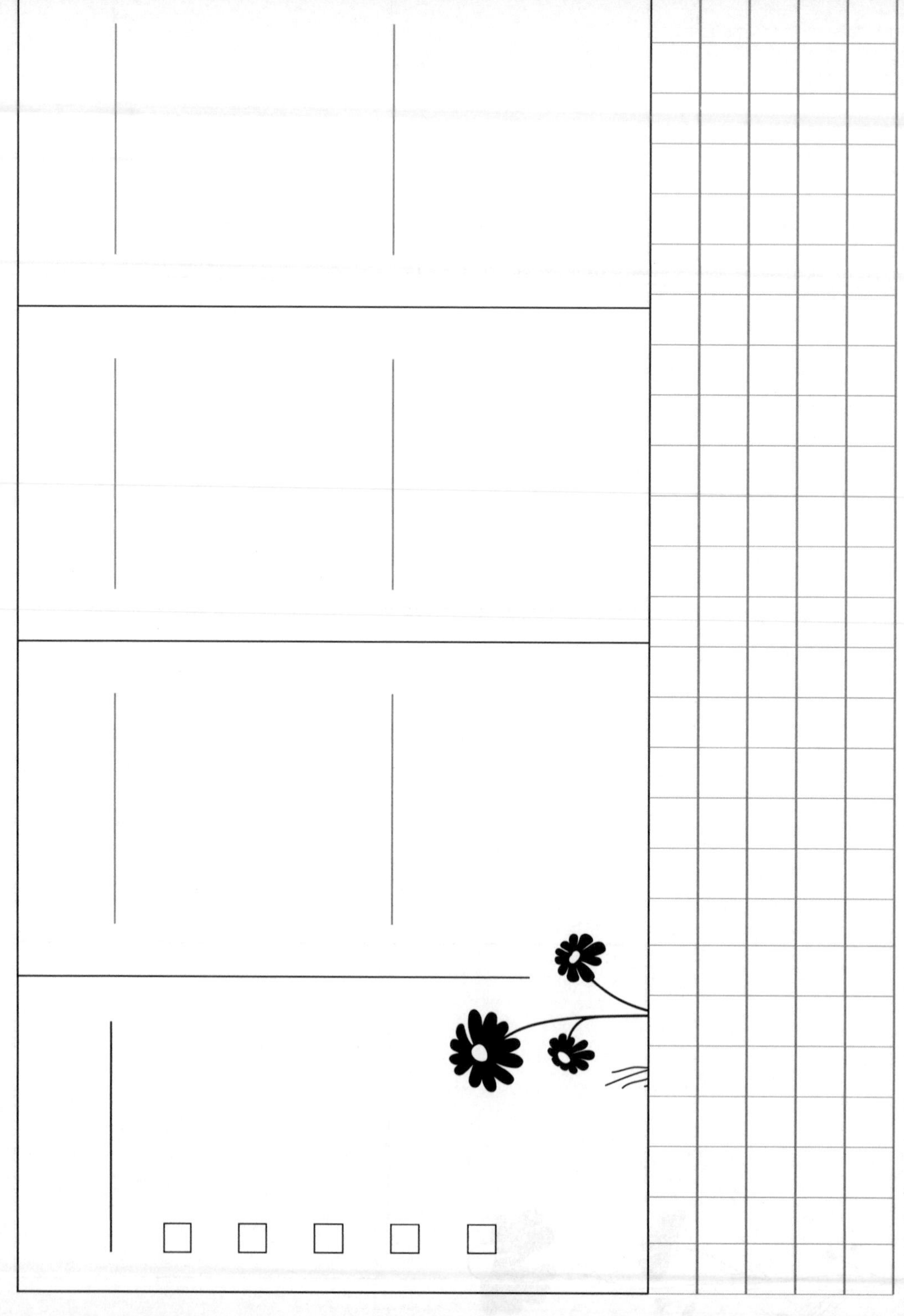

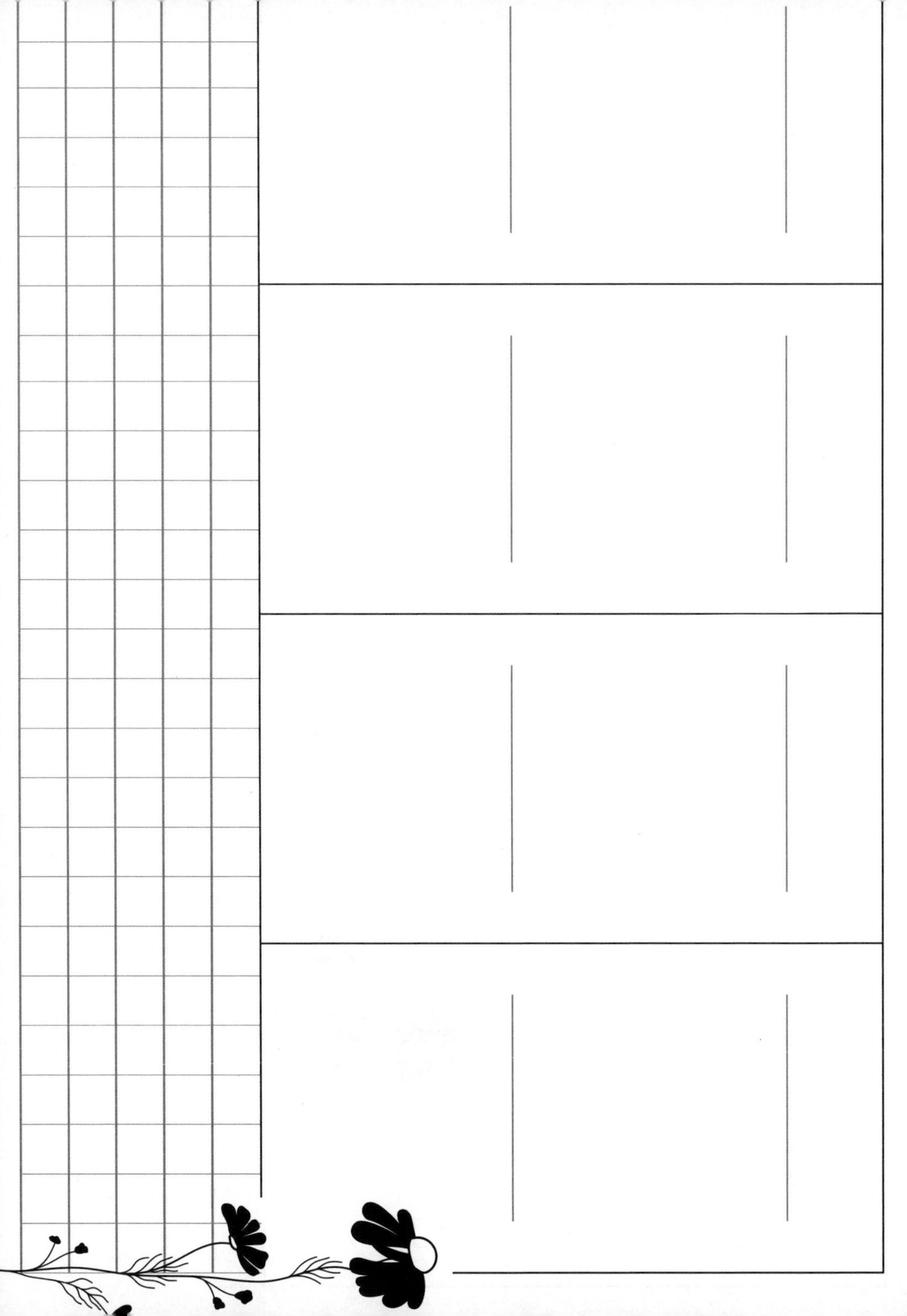

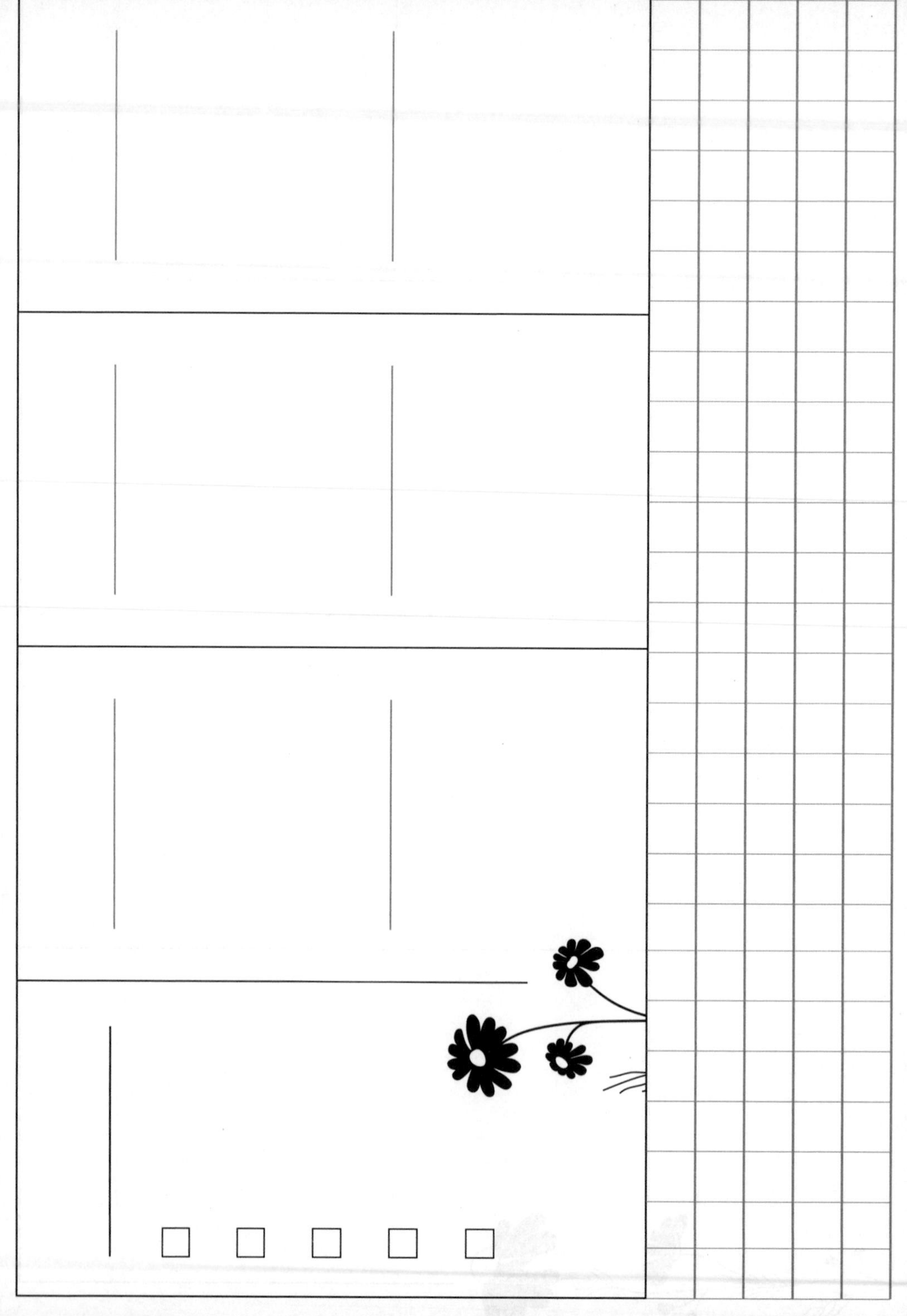

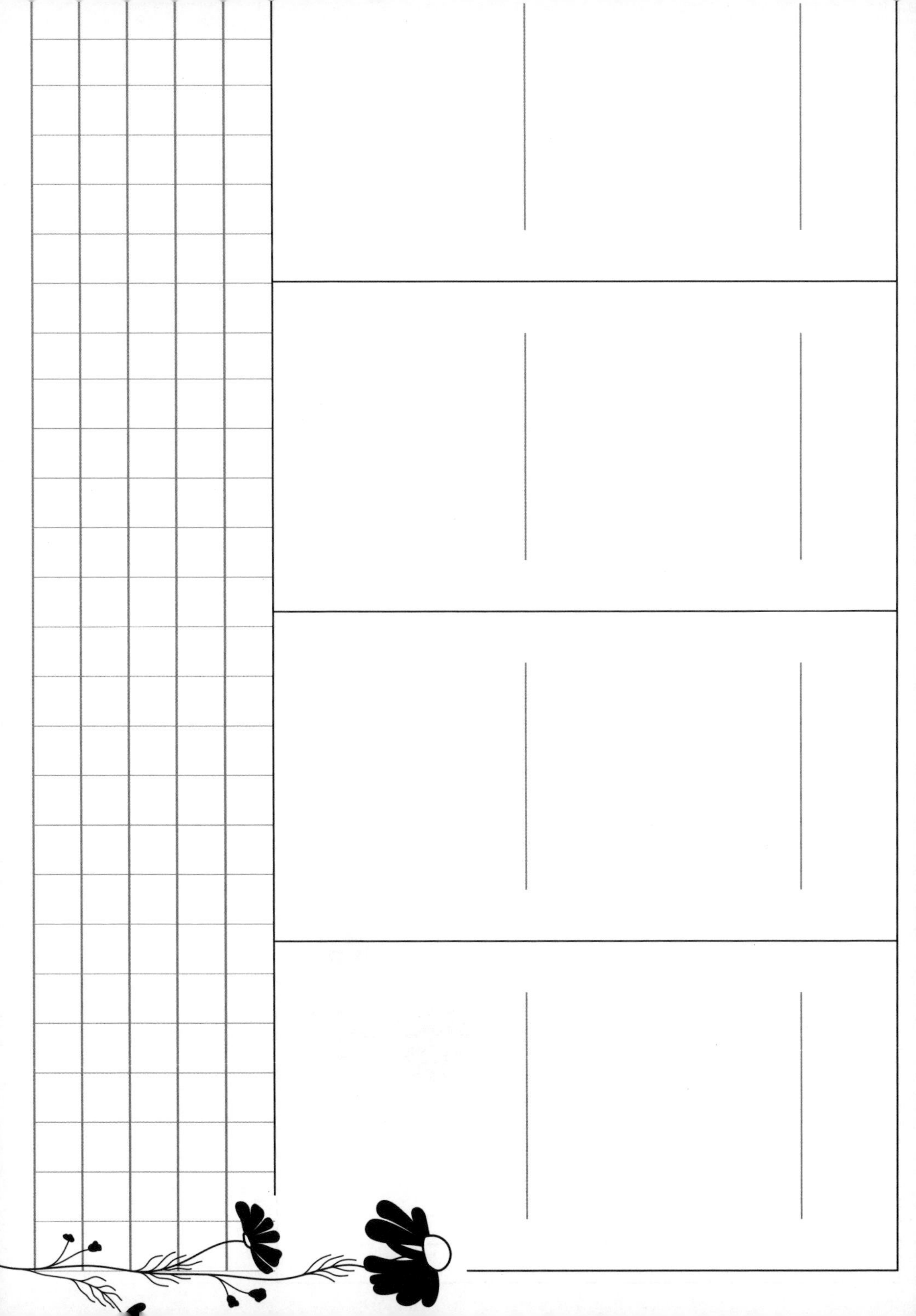

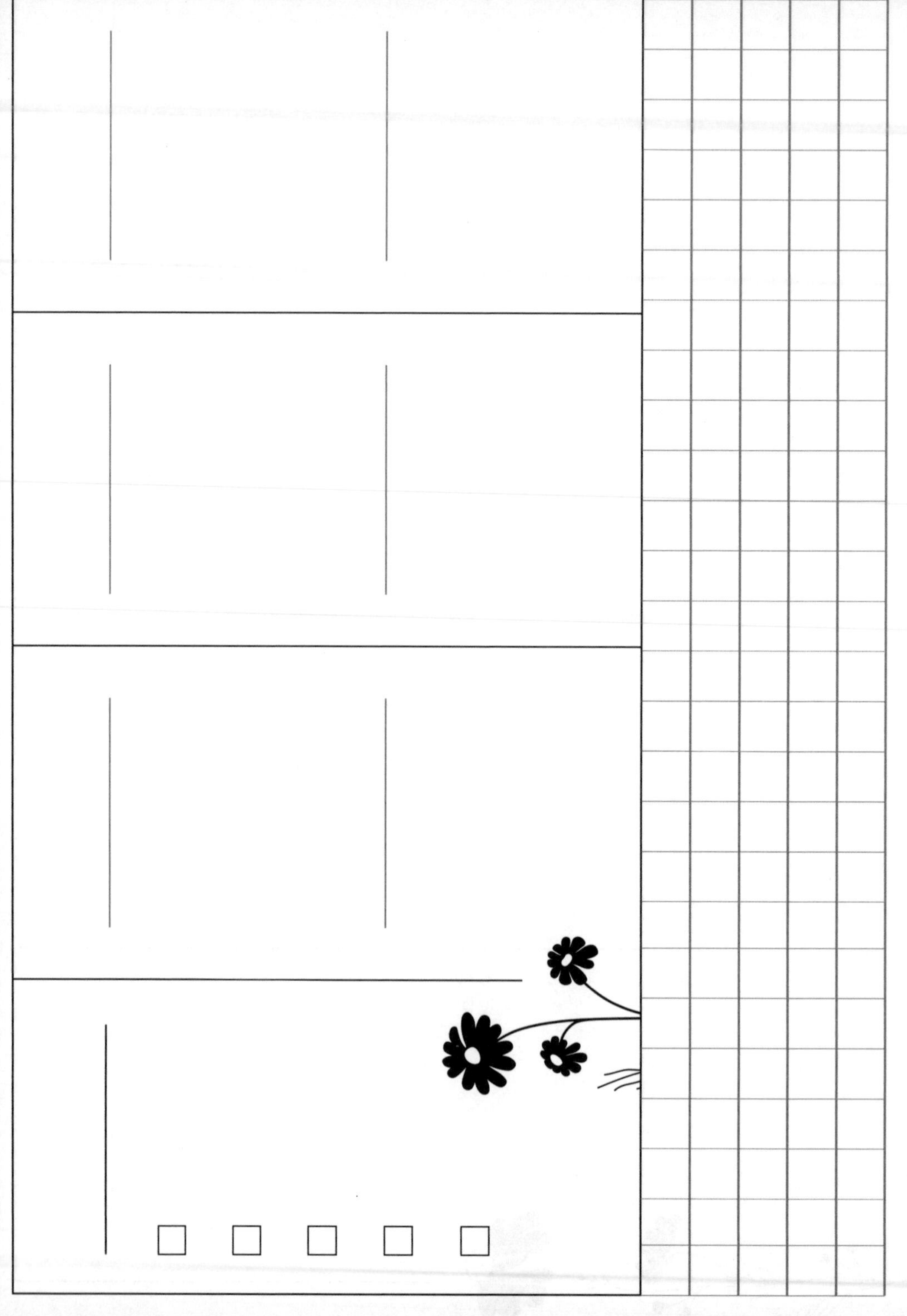

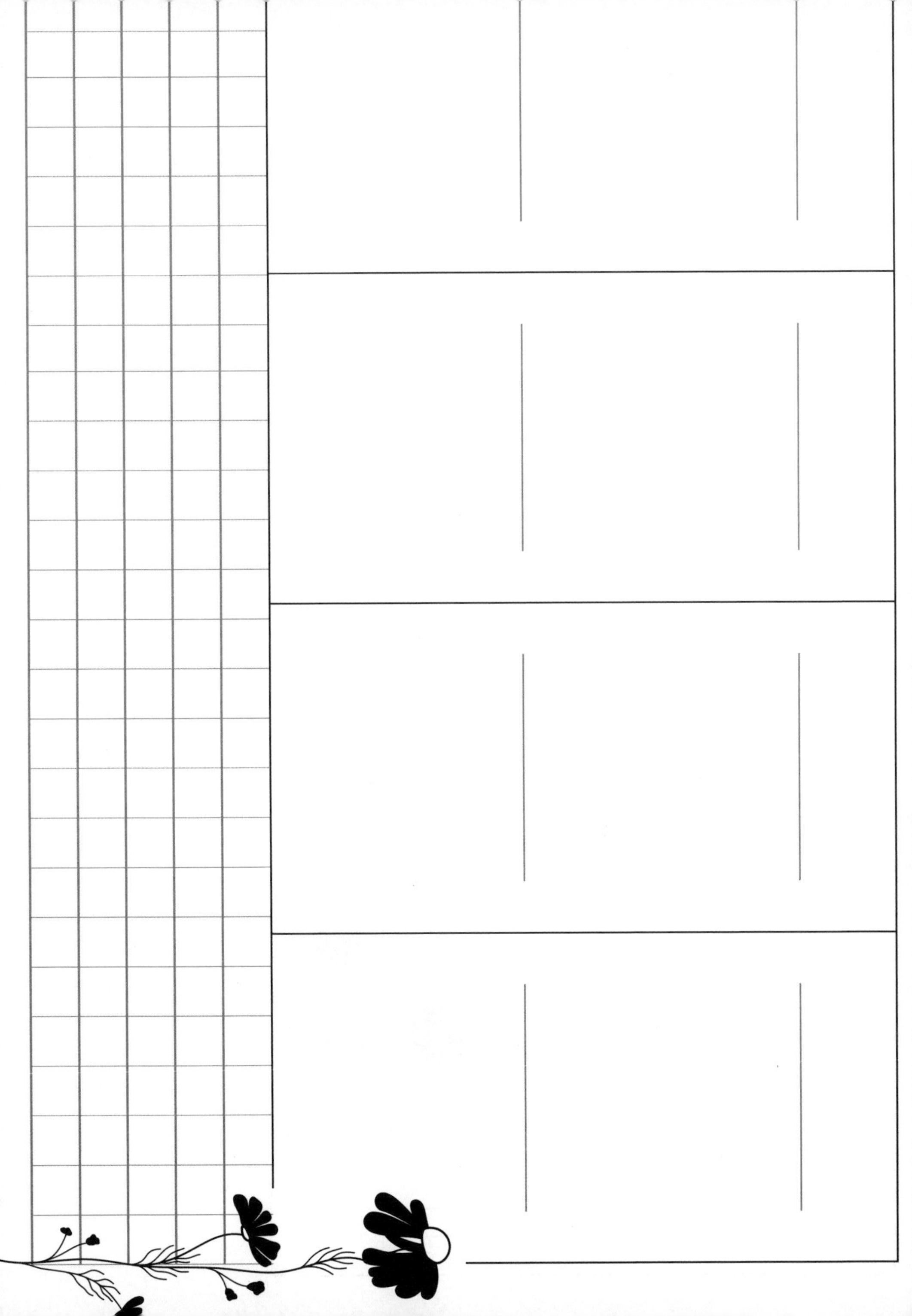

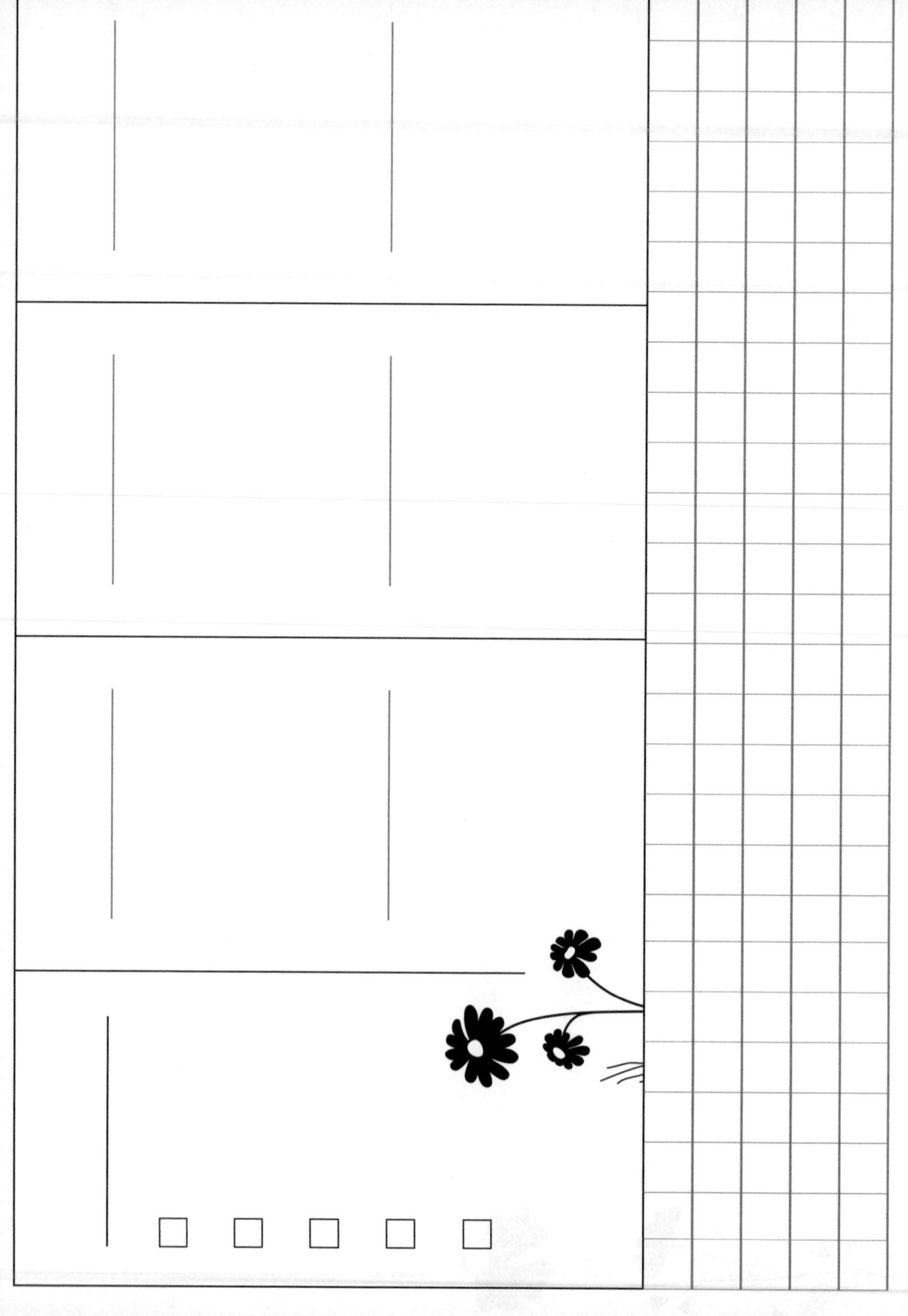

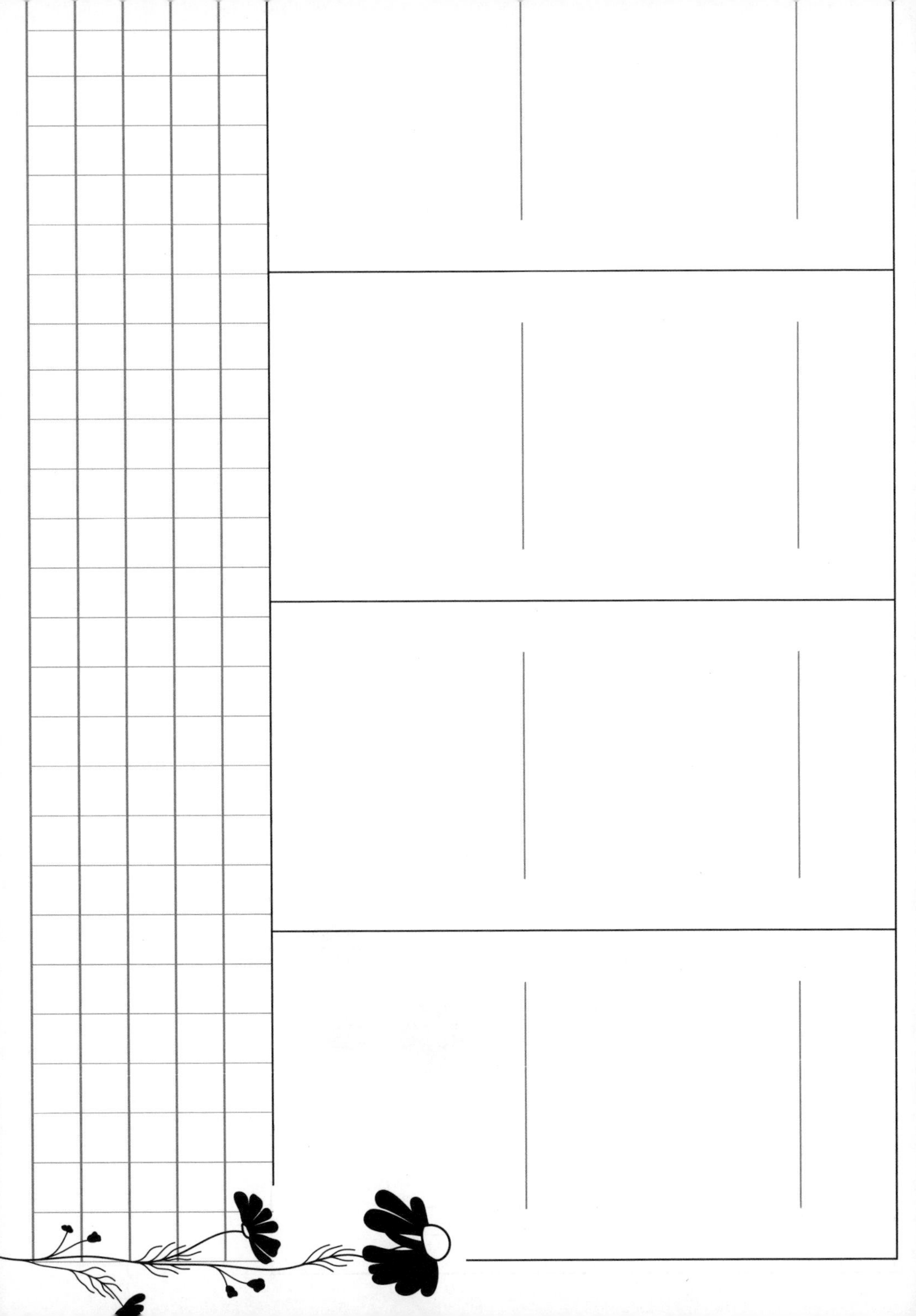

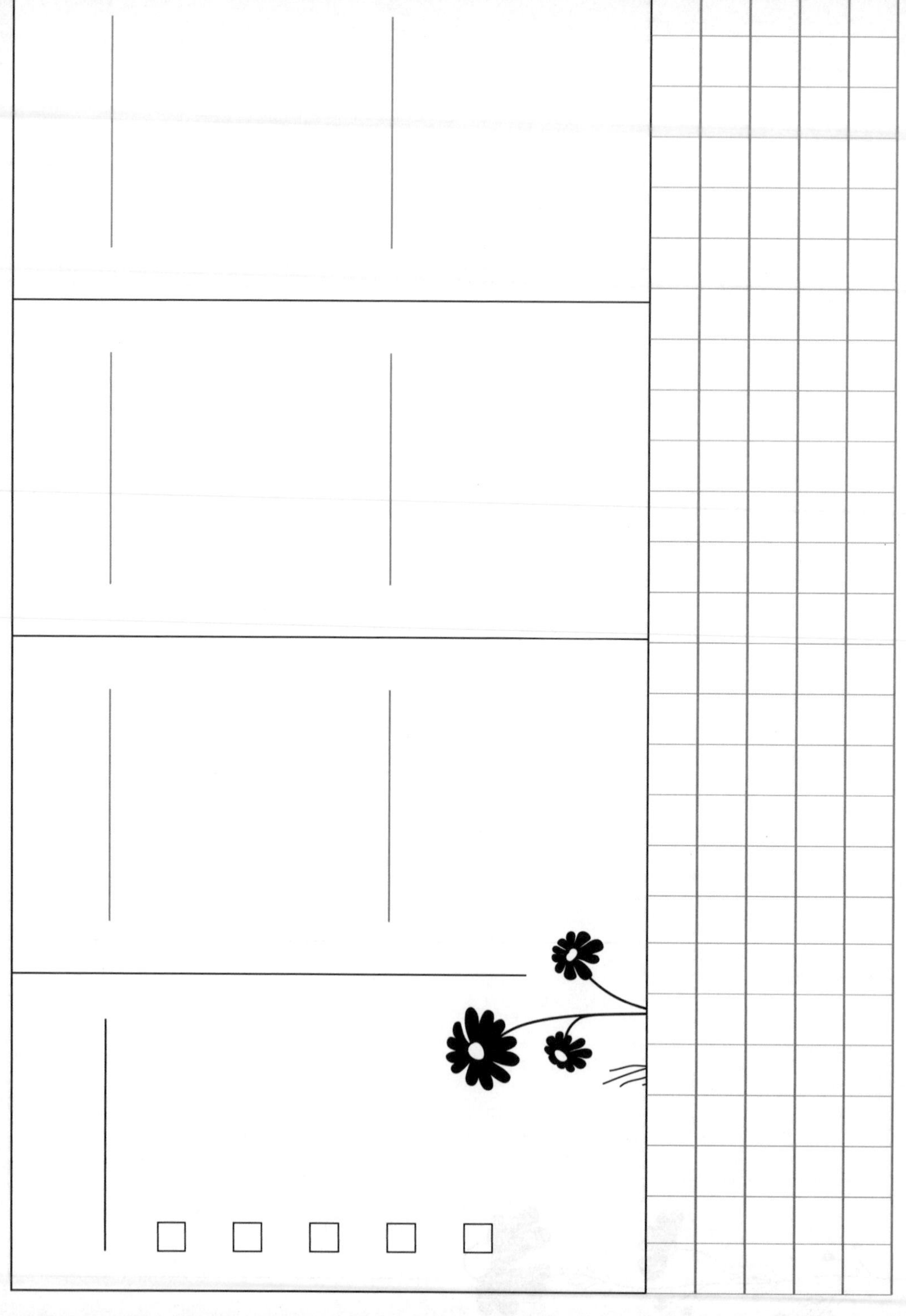

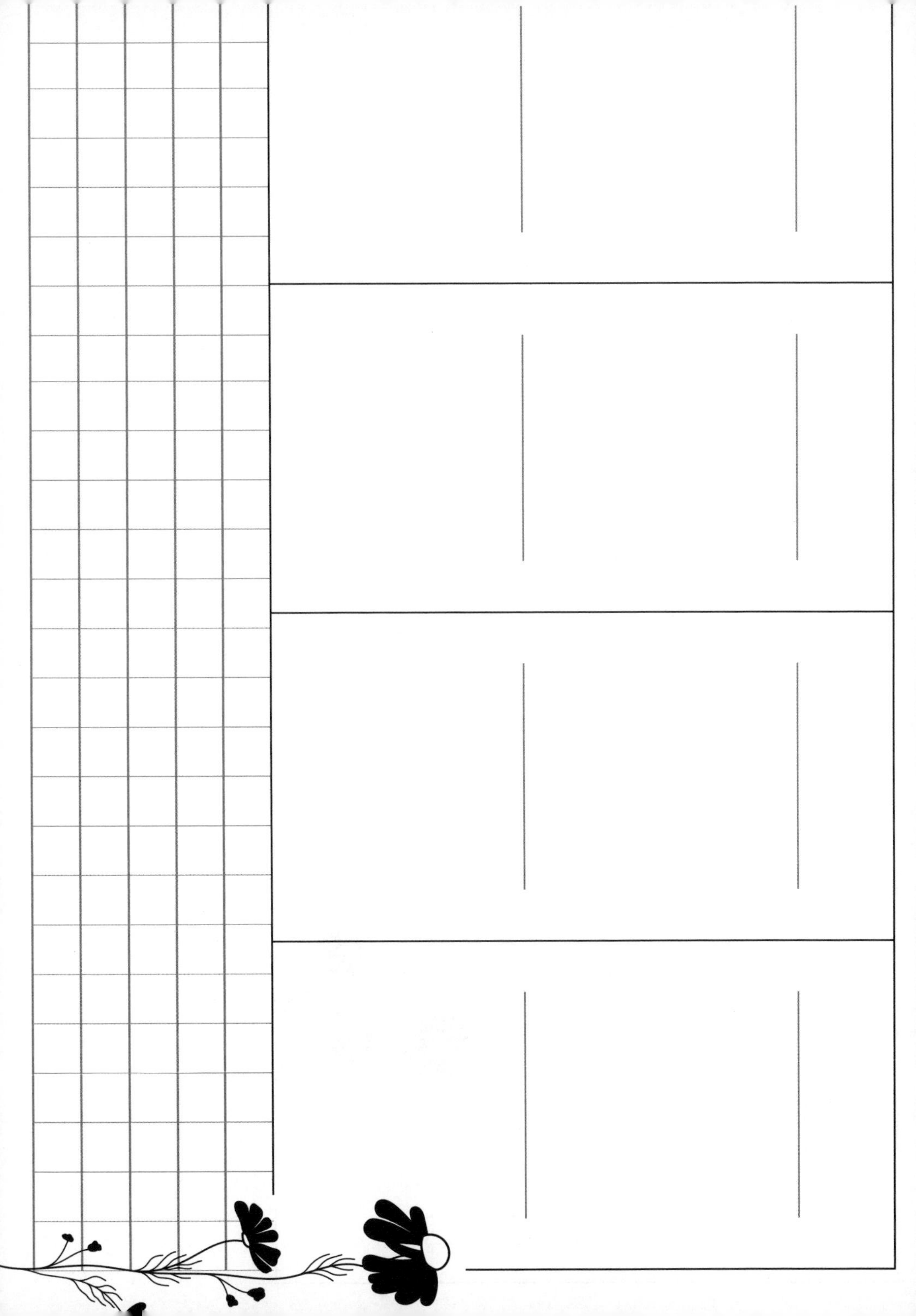

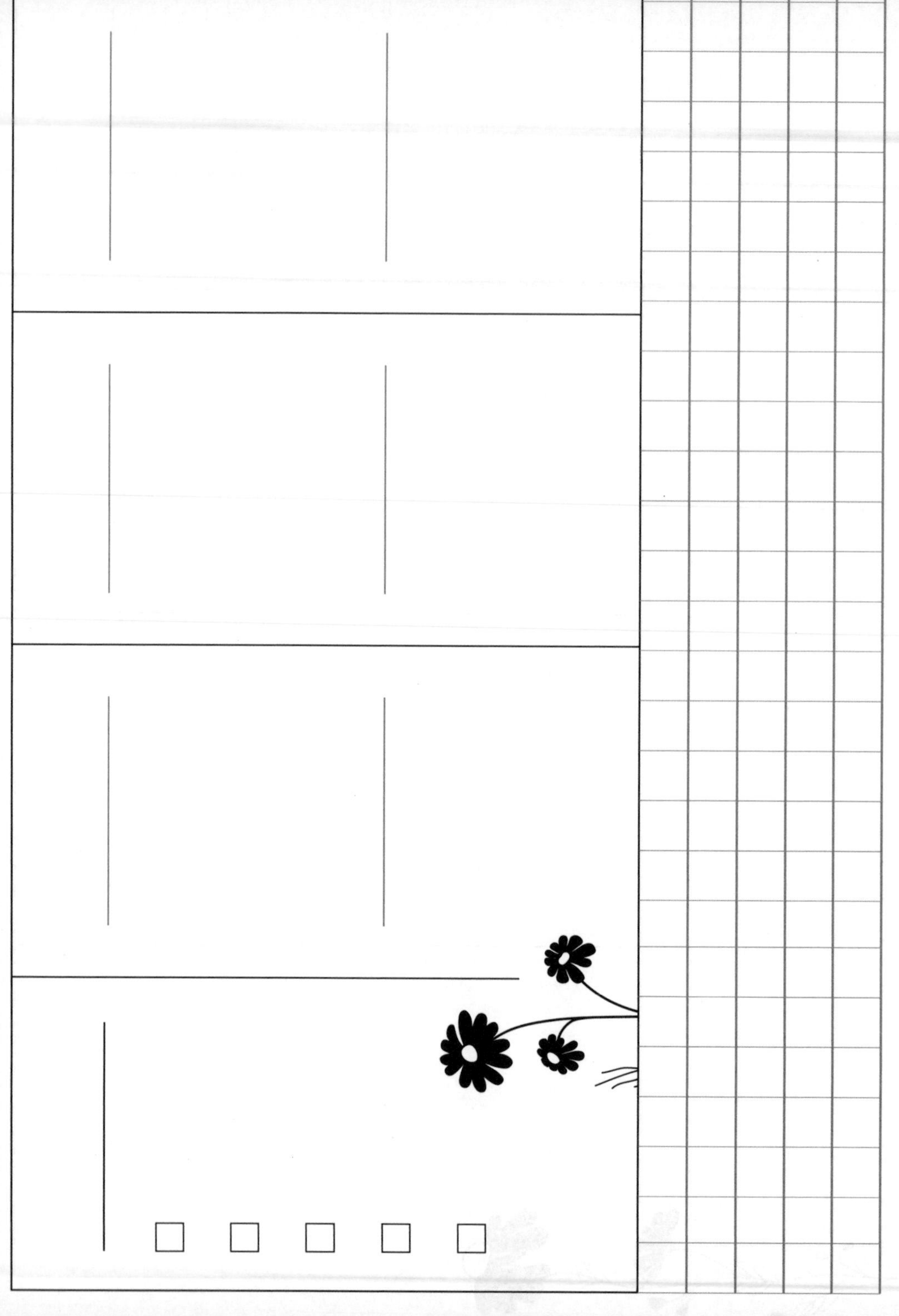

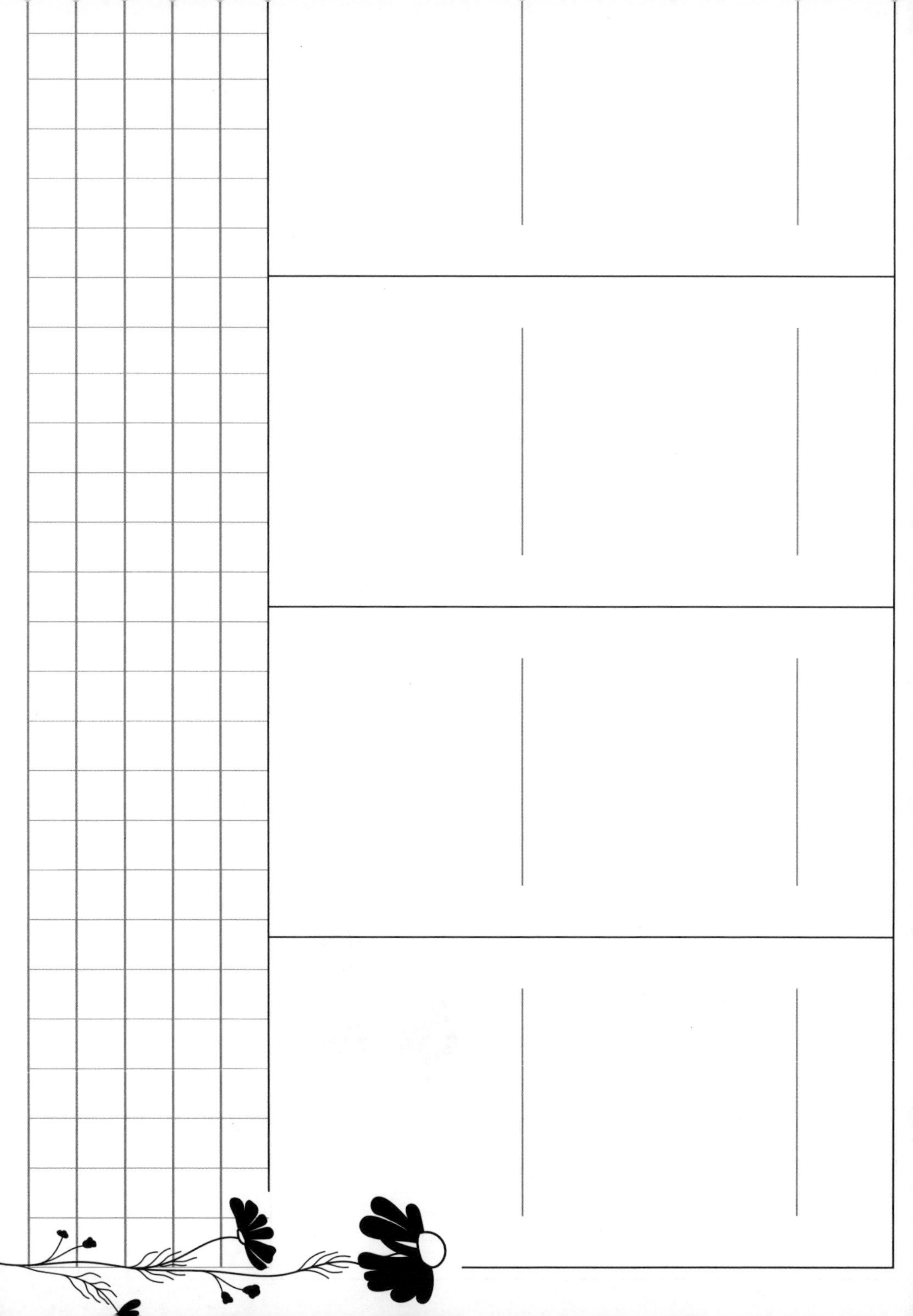

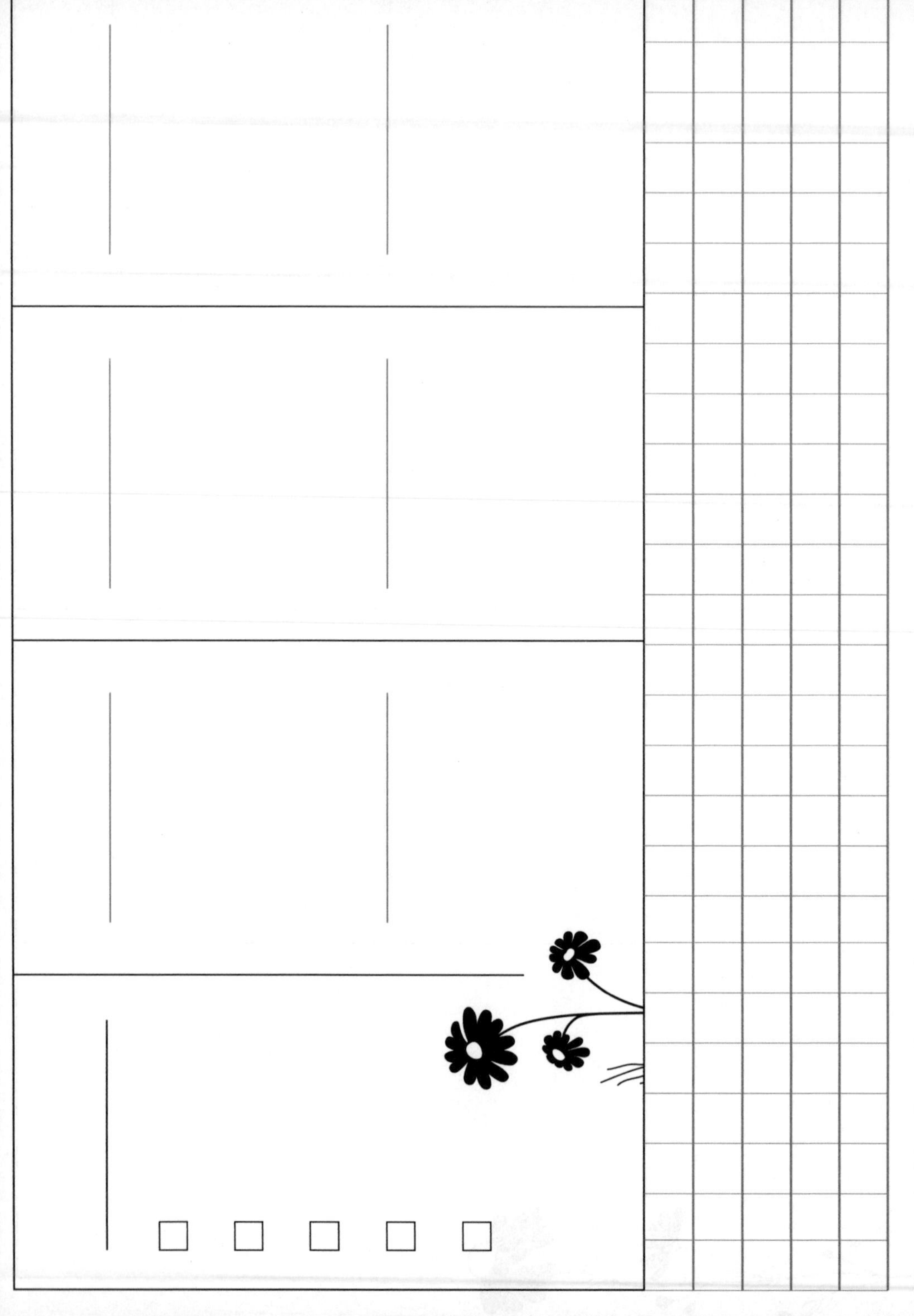

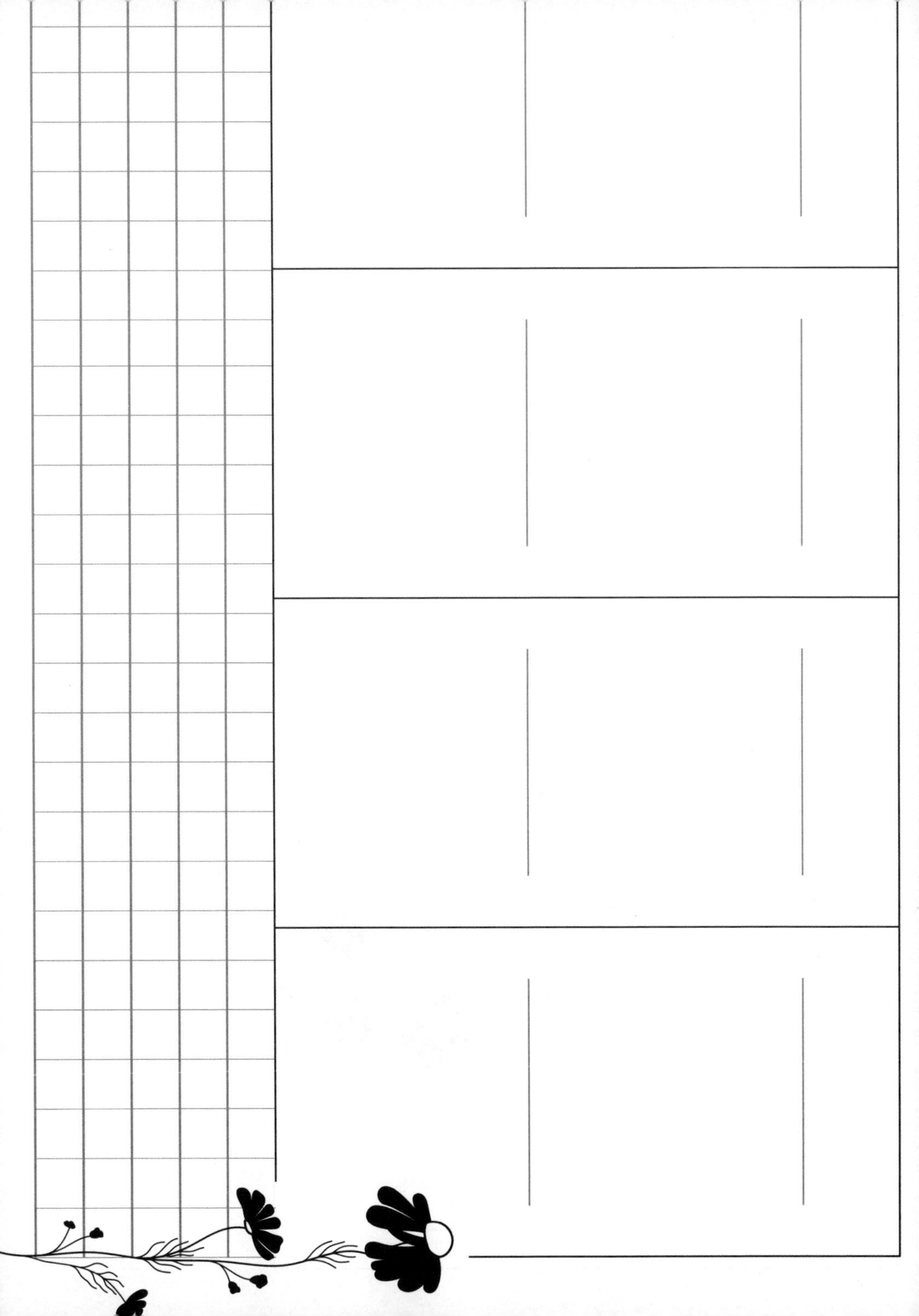

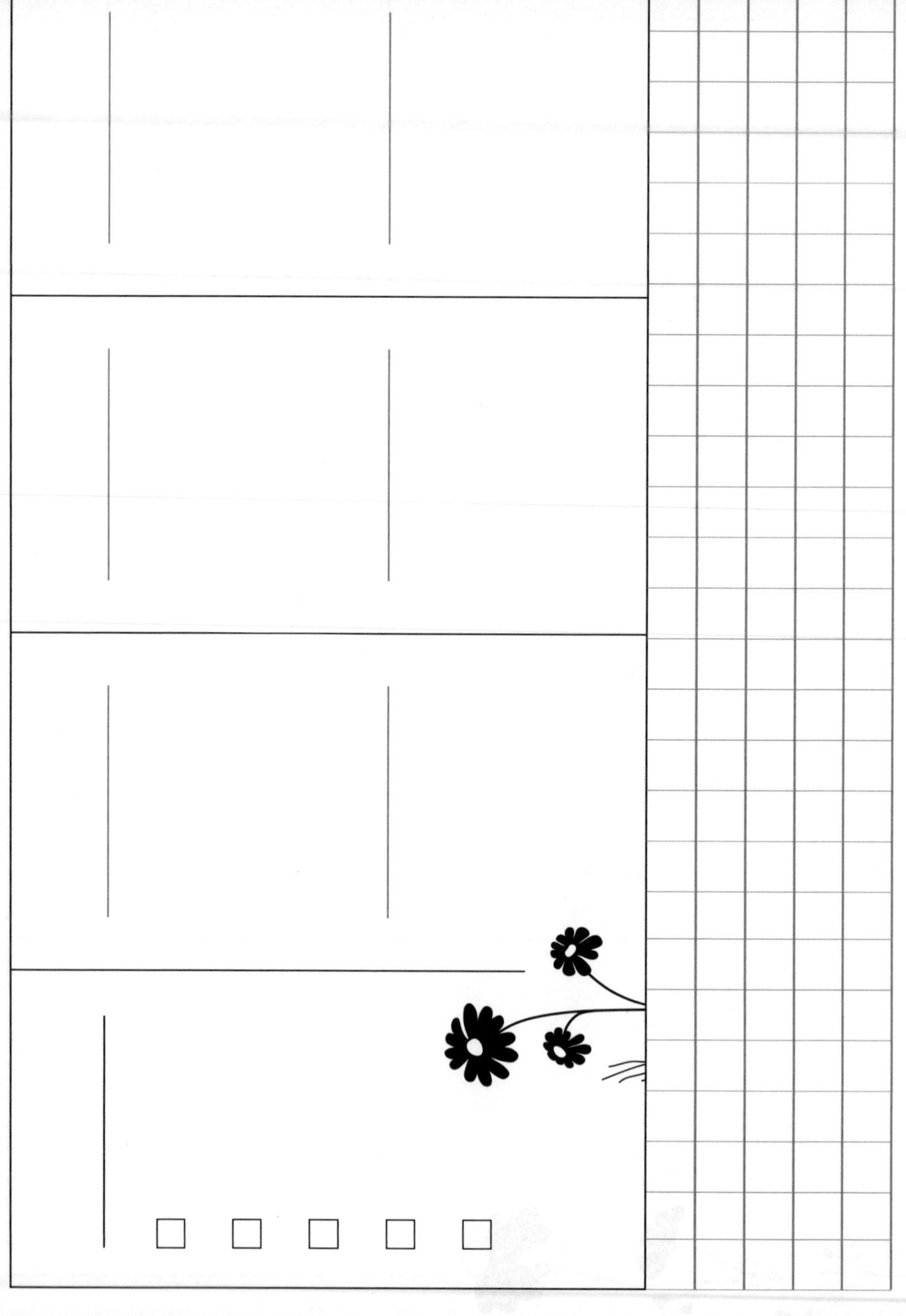

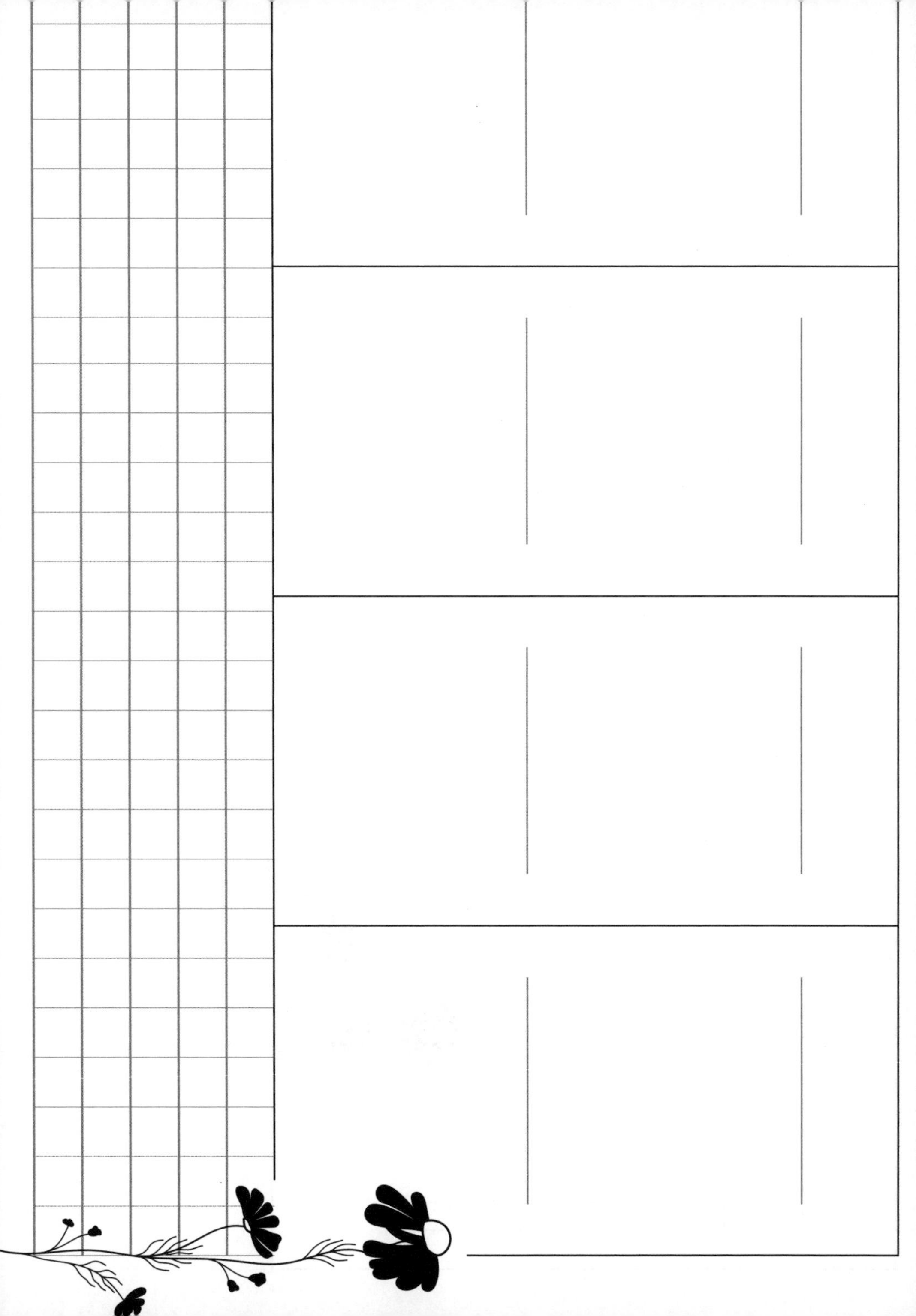

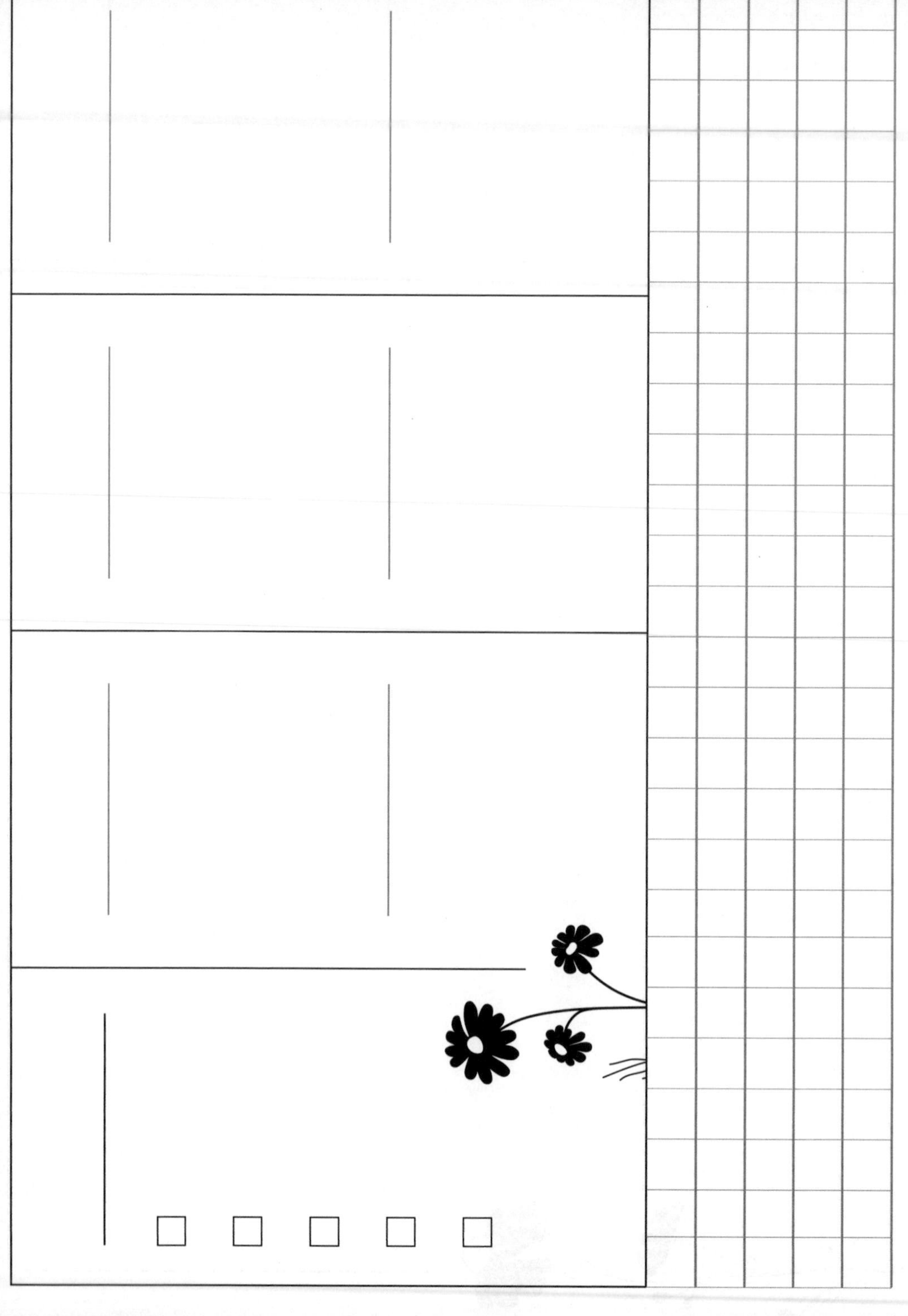

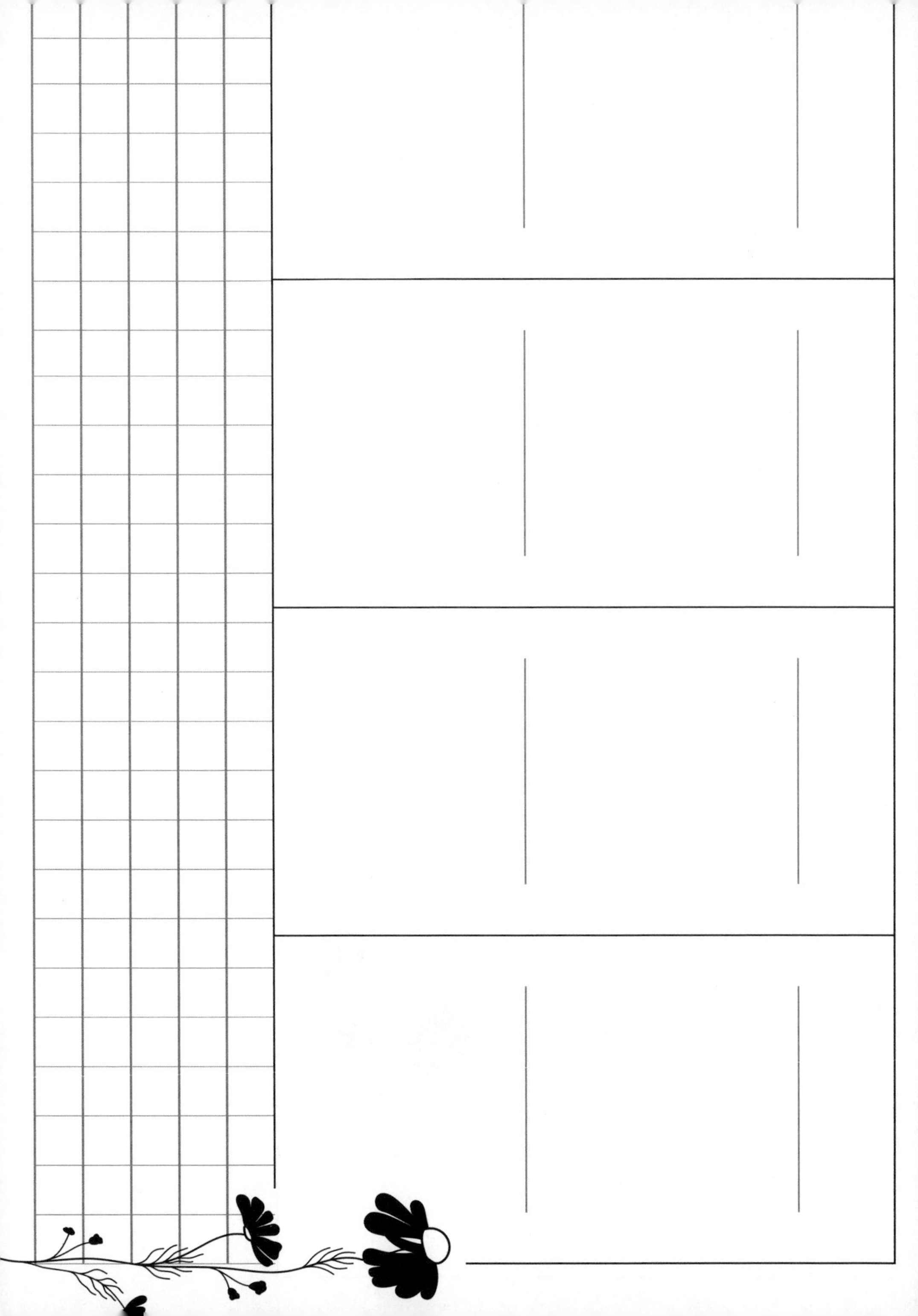

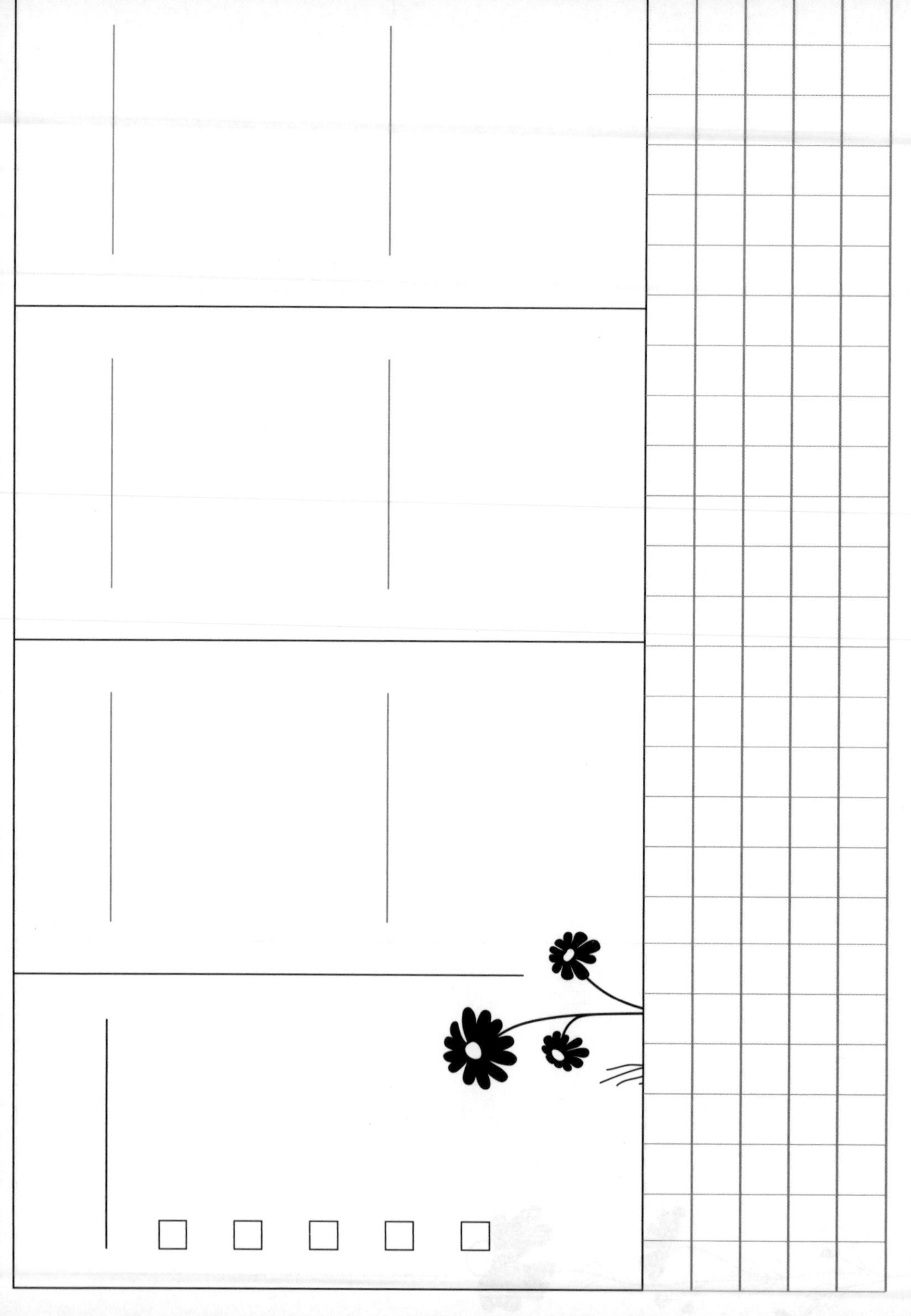

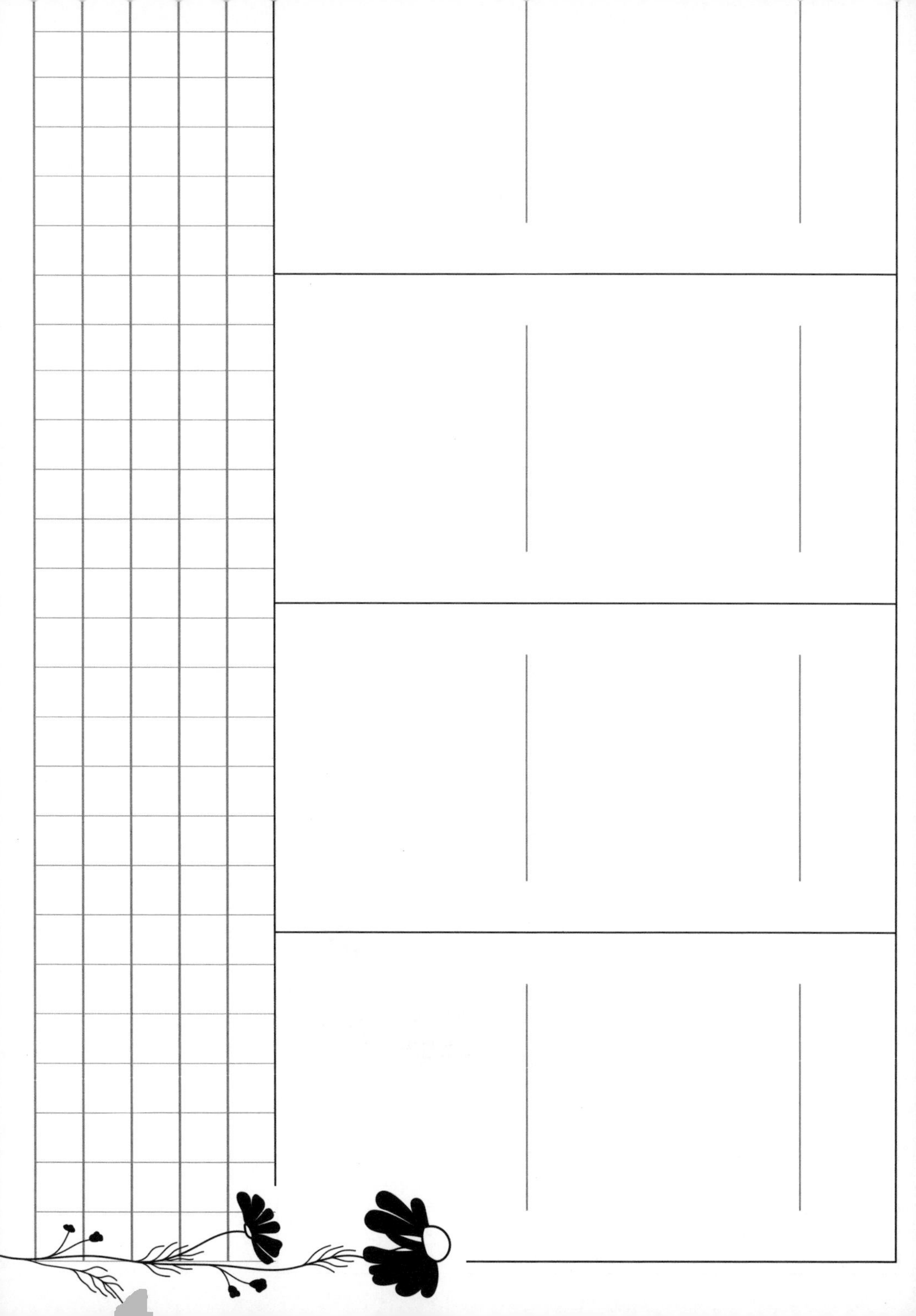

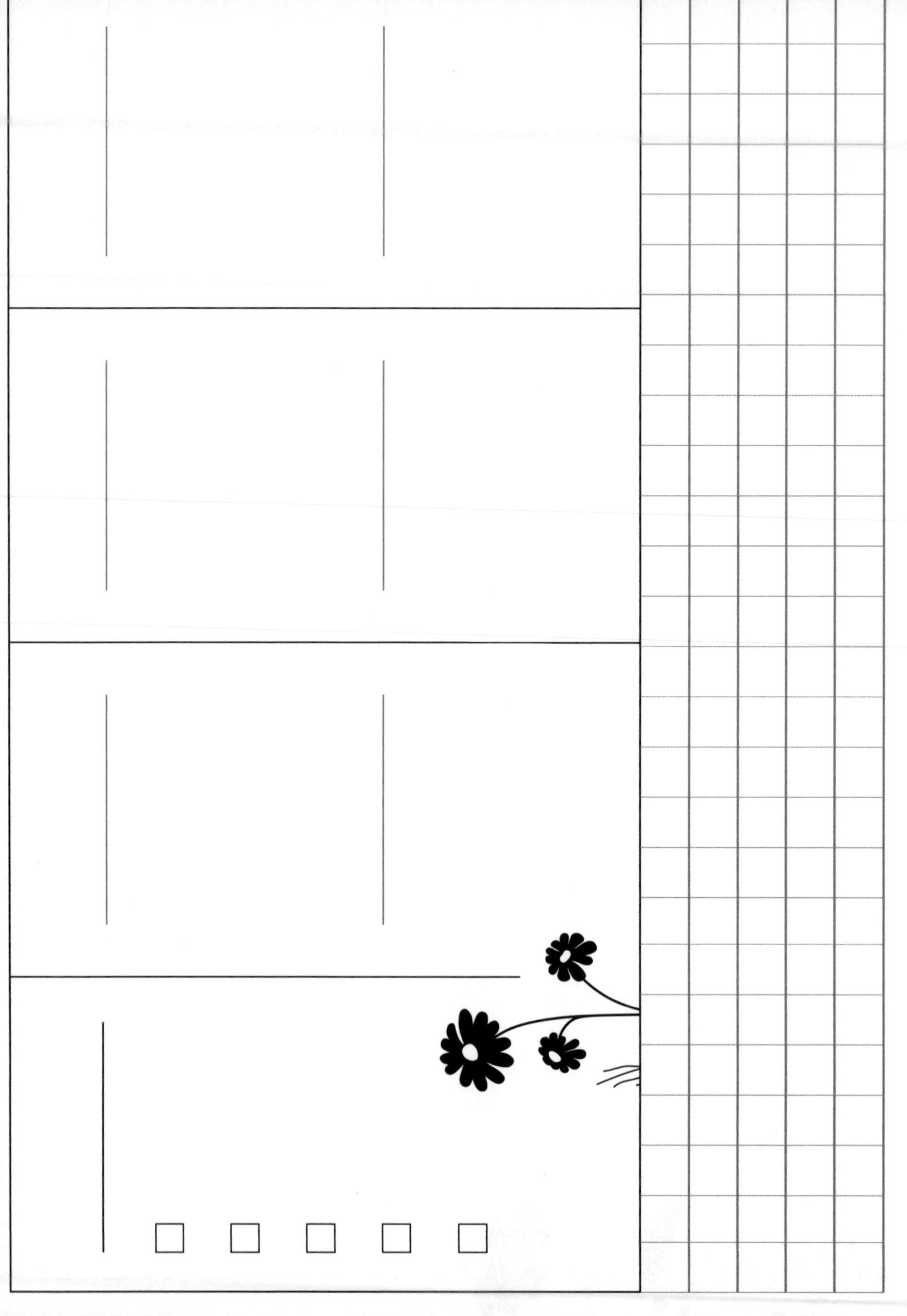

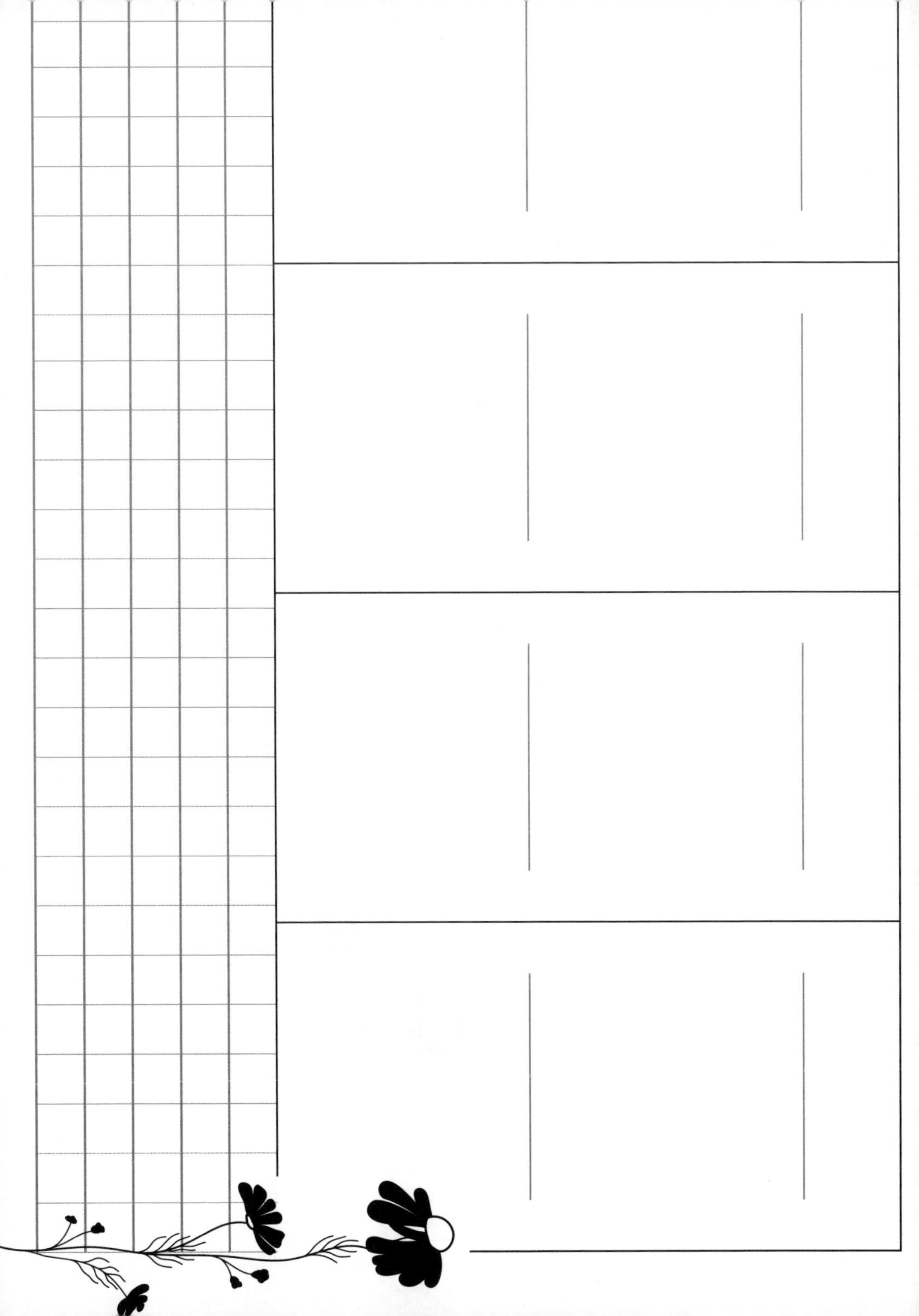

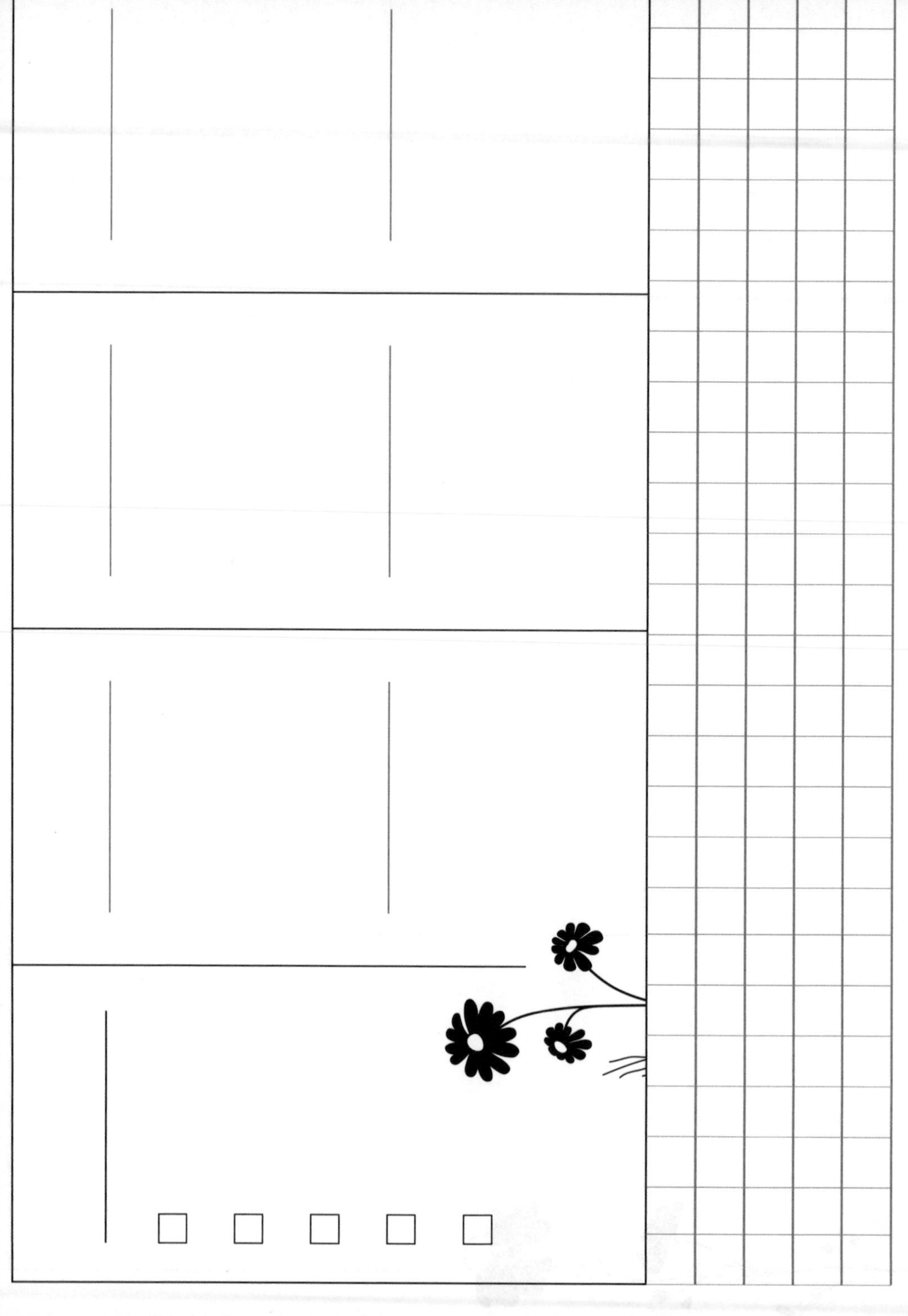

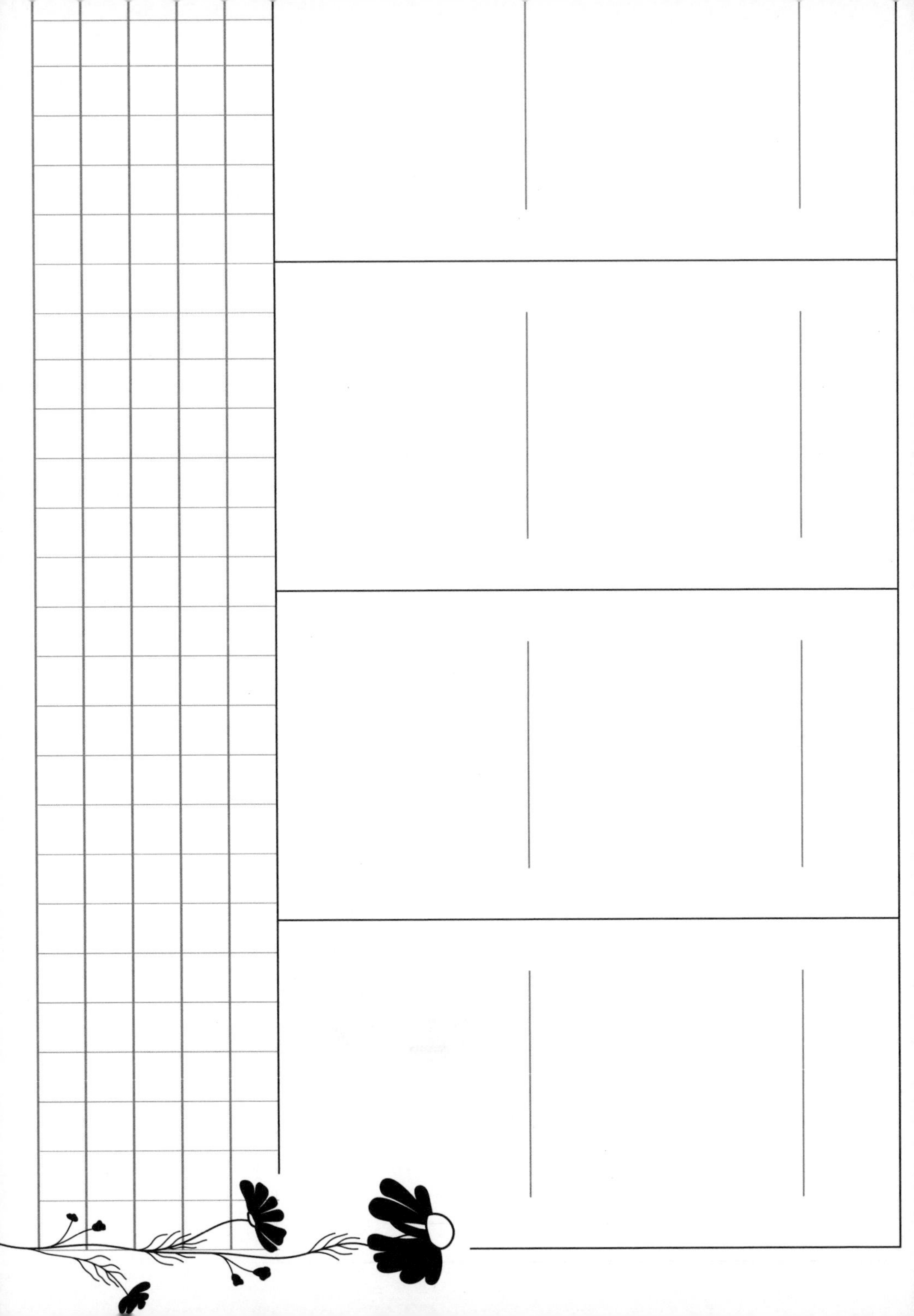

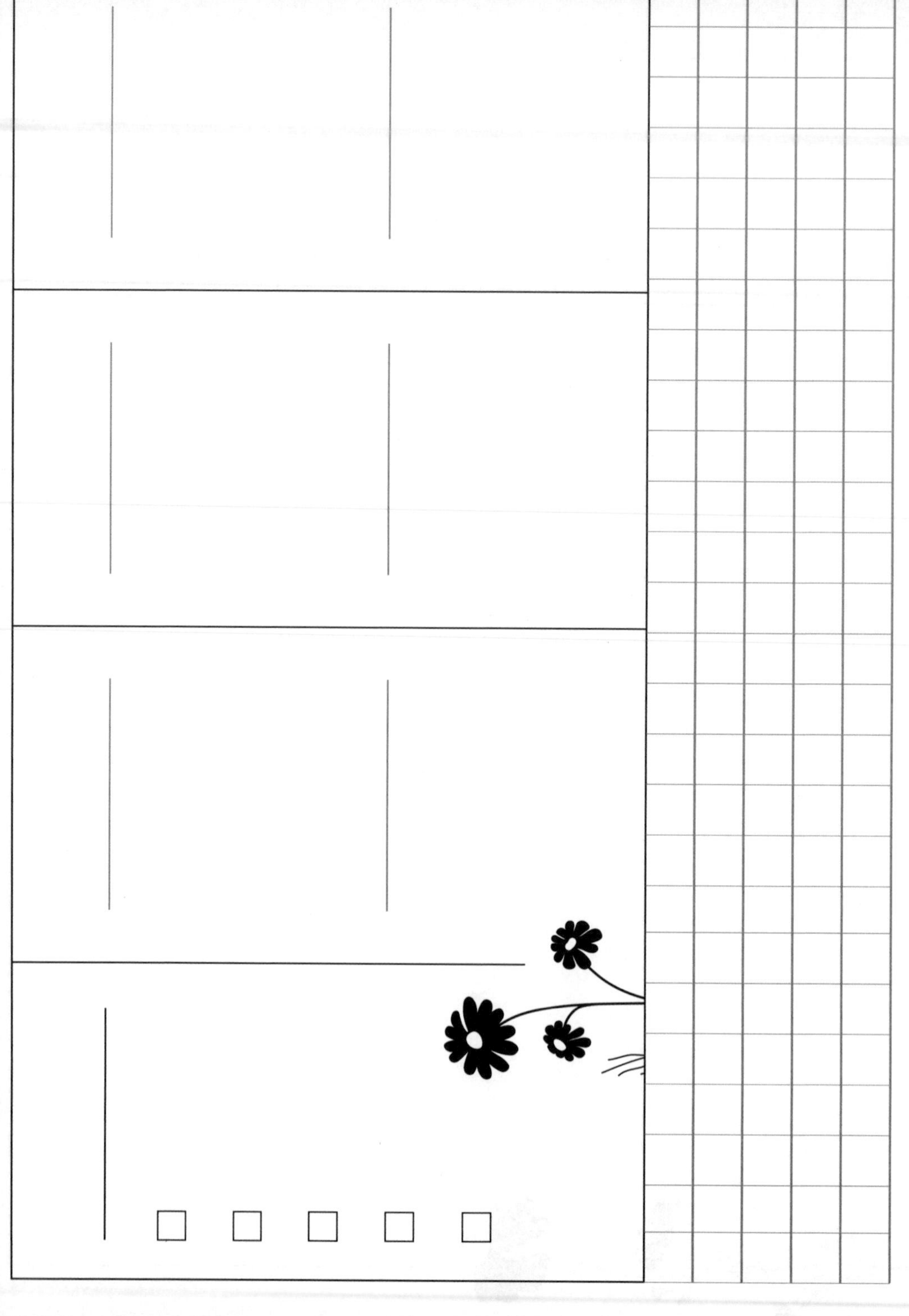

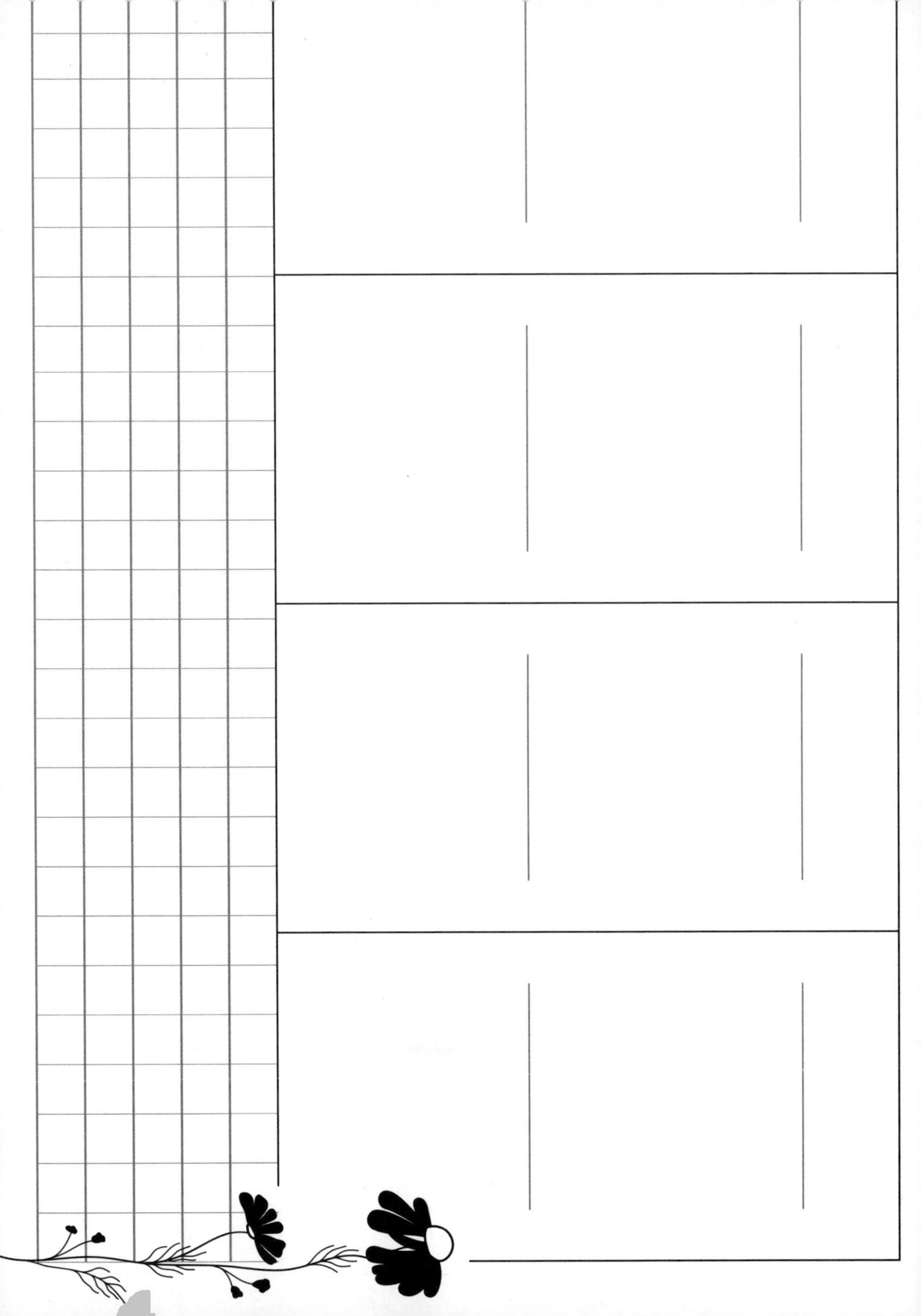

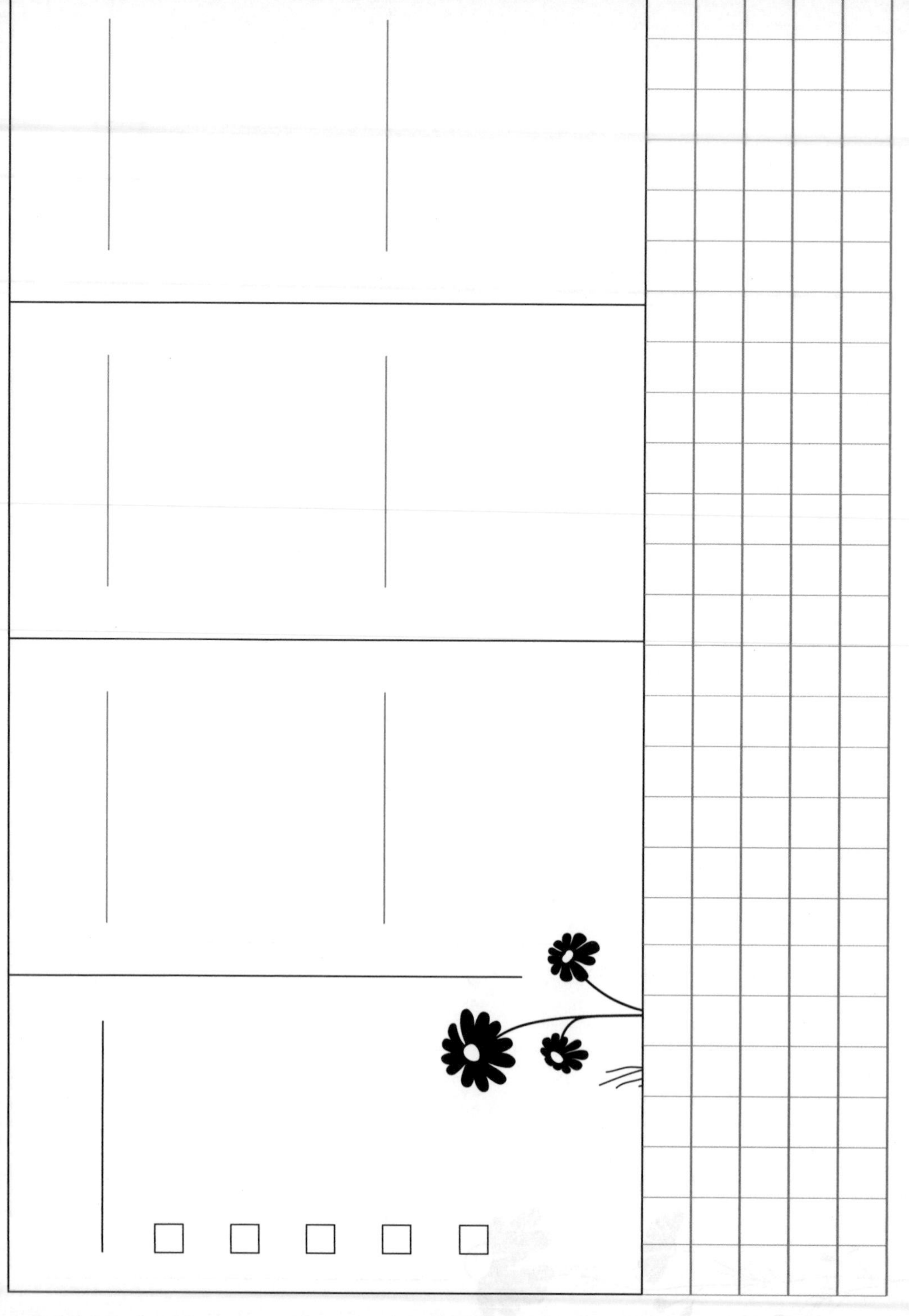

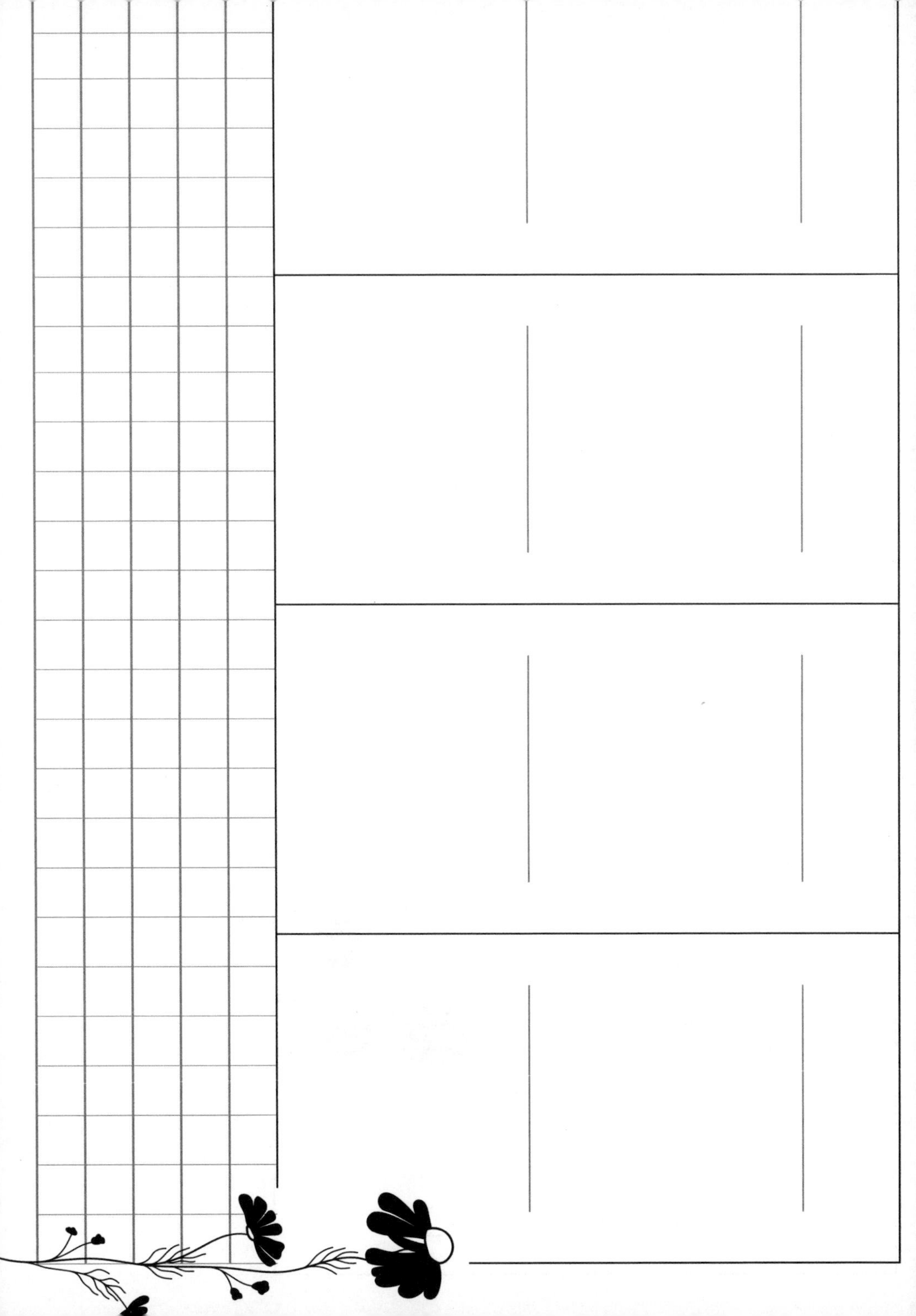

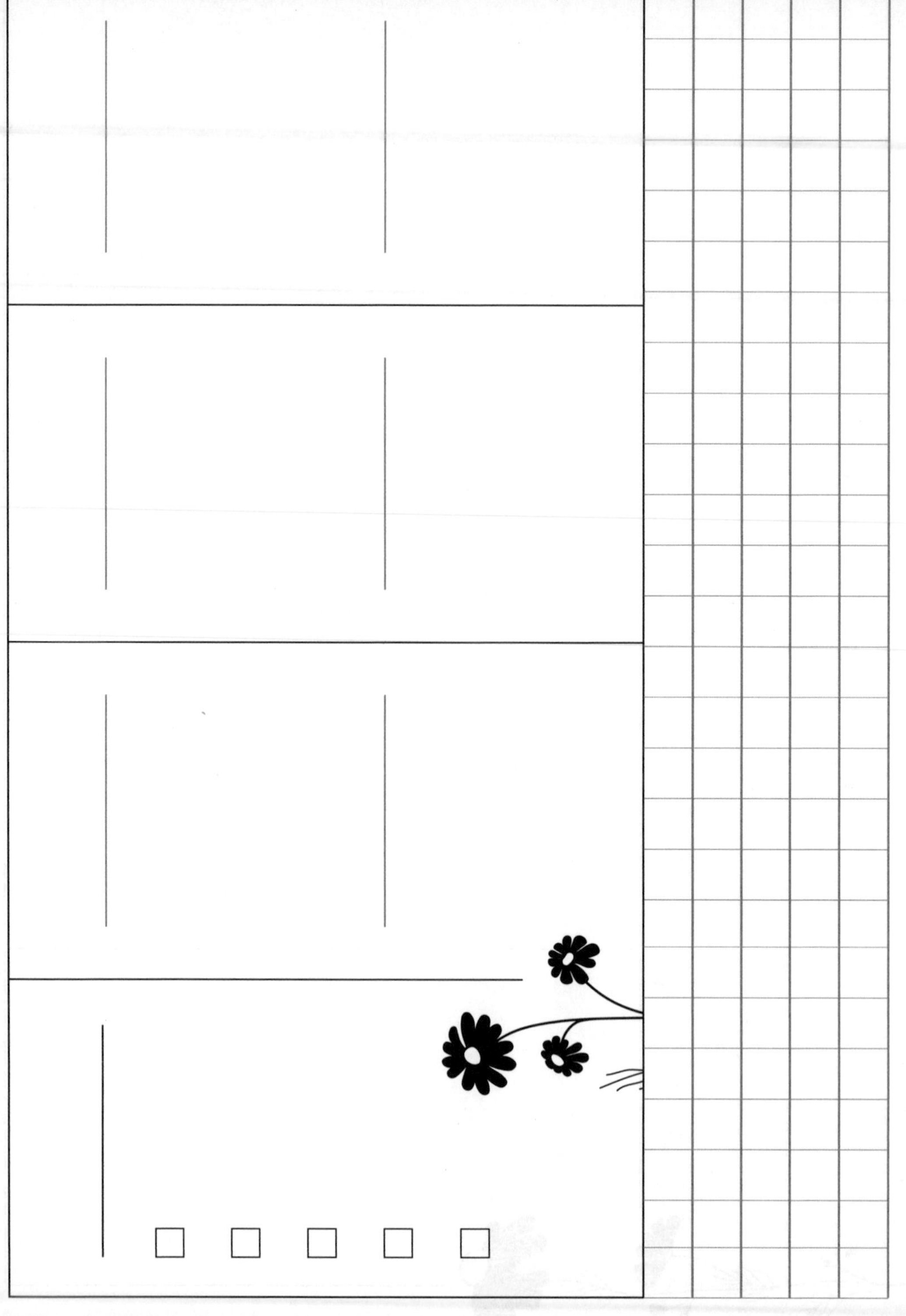

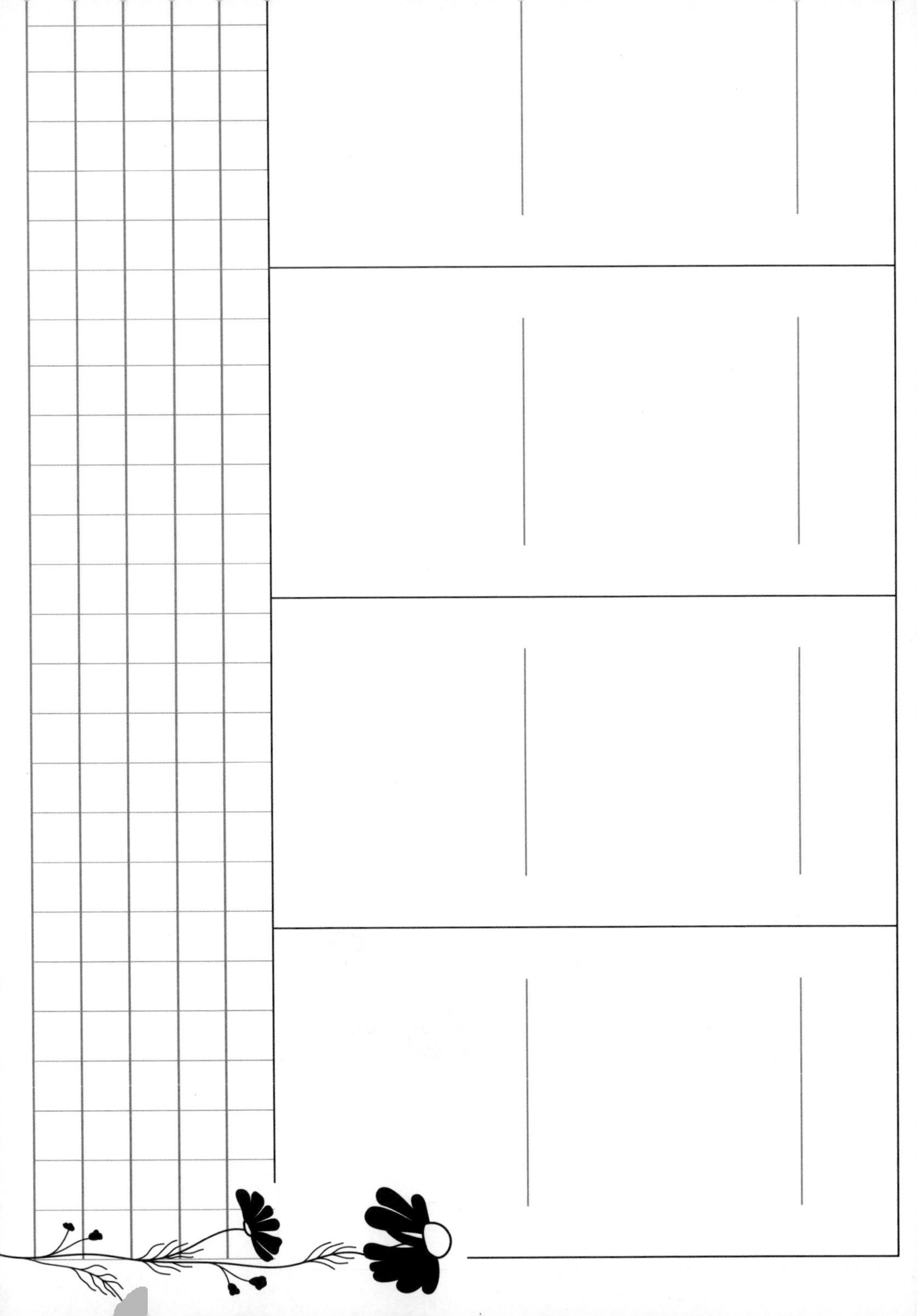

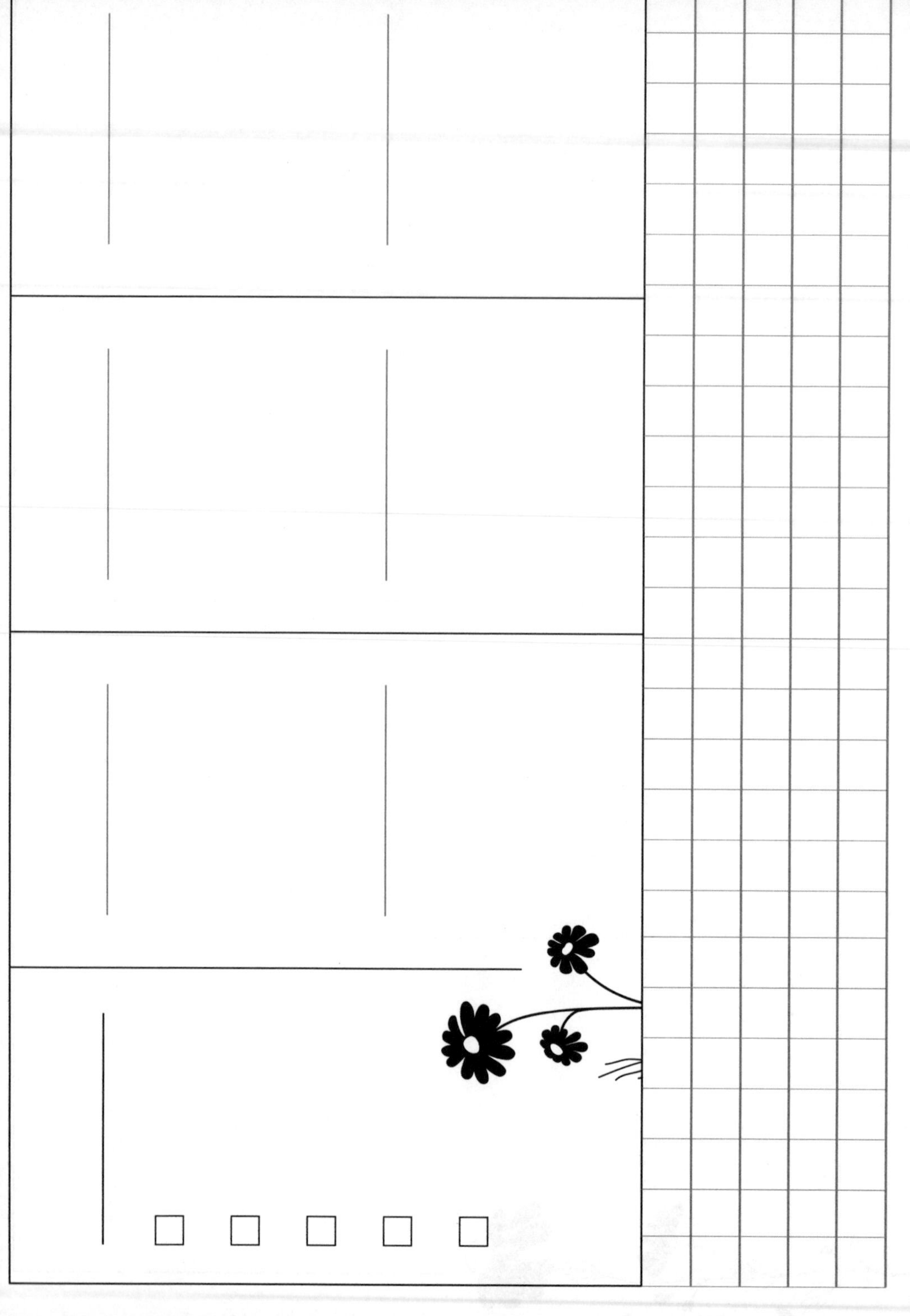

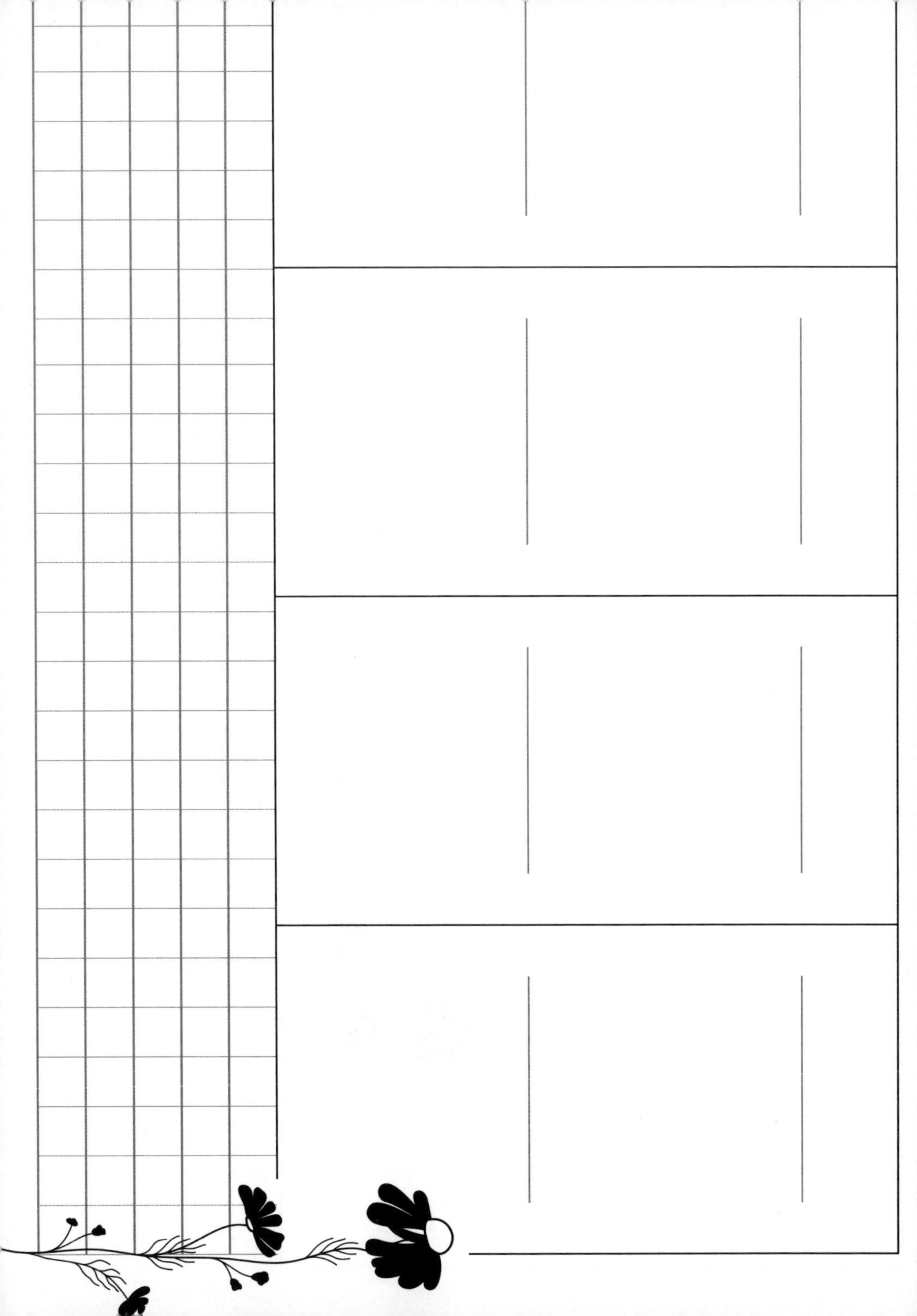

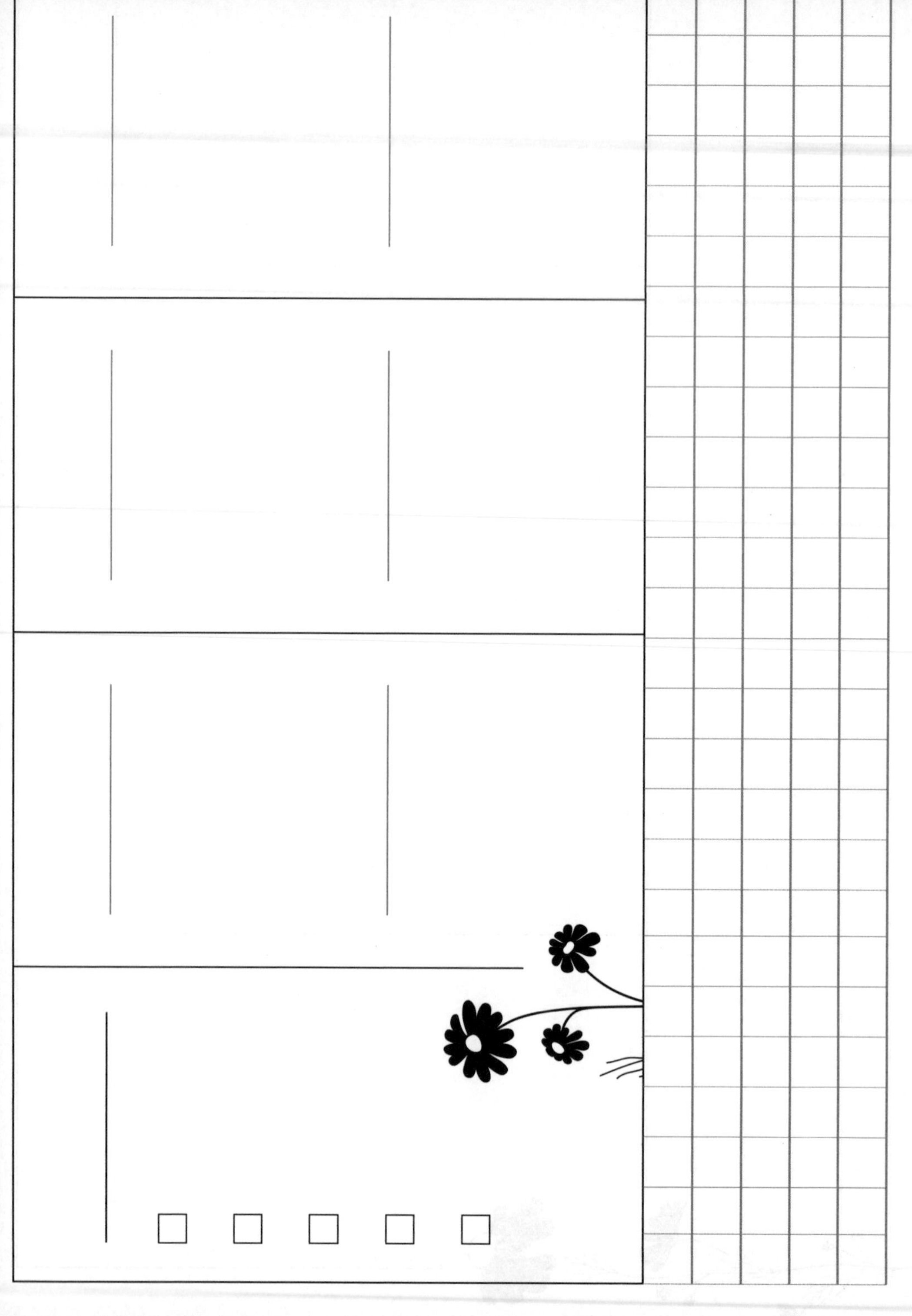

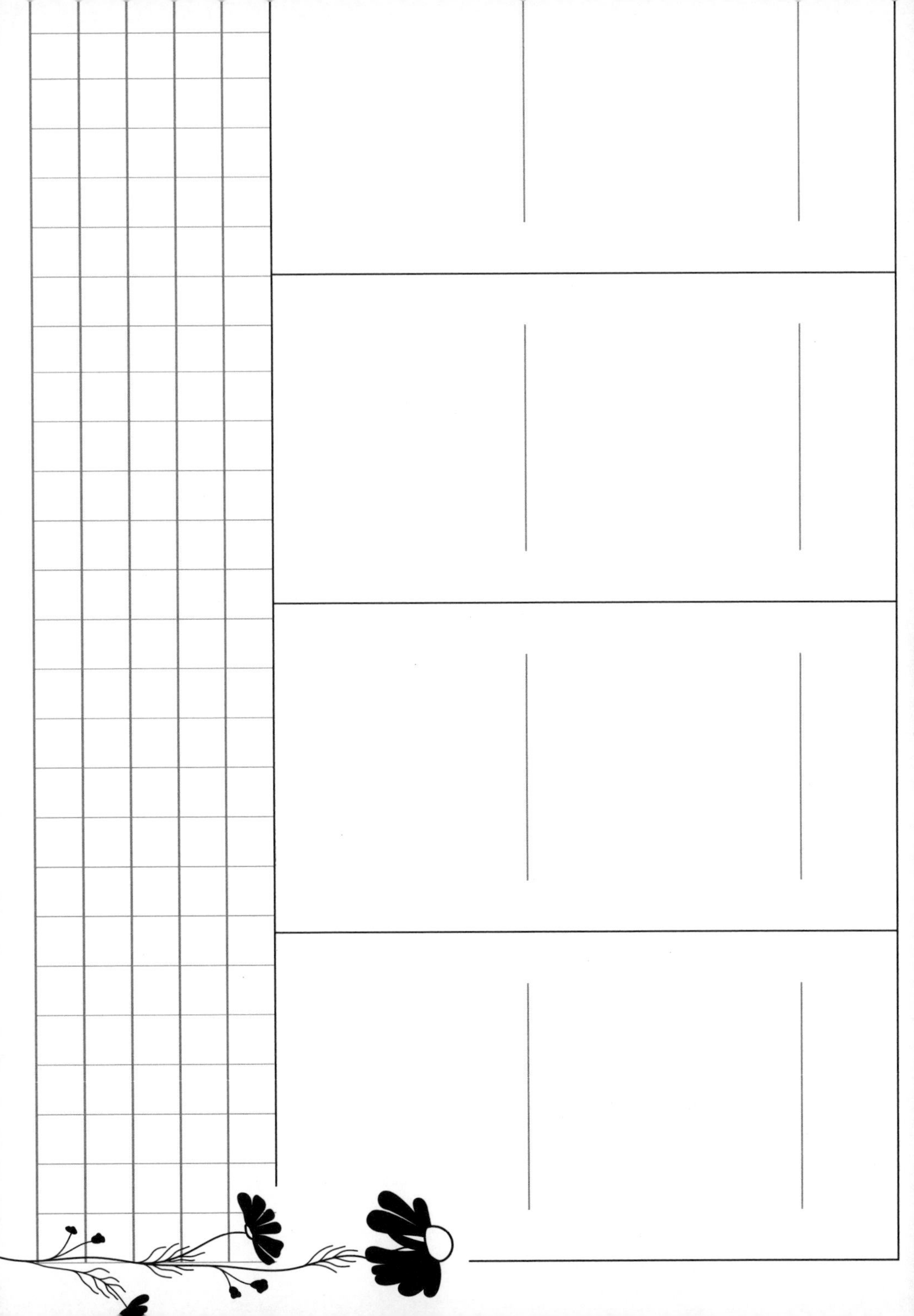